商业与可视化

鲜活的故事

一本书学会可视化演讲设计

STORIES THAT MOVE MOUNTAINS

STORYTELLING AND VISUAL DESIGN FOR PERSUASIVE PRESENTATIONS

［英］马丁·赛克斯（Martin Sykes）
［美］A·尼克拉斯·马利克 (A.Nicklas Malik)◎著　李　桐◎译
马克·D·韦斯特 (Mark D. West)

中国人民大学出版社
·北京·

图书在版编目（C I P）数据

鲜活的故事 ：一本书学会可视化演讲设计 /（英）赛克斯 ，（美）马利克 ，（美）韦斯特著 ；李桐译. -- 北京 ：中国人民大学出版社，2015.10

ISBN 978-7-300-21730-7

Ⅰ. ①鲜… Ⅱ. ①赛… ②马… ③韦… ④李… Ⅲ. ①演讲－语言艺术 Ⅳ. ①H019

中国版本图书馆CIP数据核字(2015)第173037号

鲜活的故事：一本书学会可视化演讲设计

［英］马丁·赛克斯

［美］A·尼克拉斯·马利克 著

马克·D·韦斯特

李桐 译

Xianhuo de Gushi：Yibenshu Xuehui Keshihua Yanjiang Sheji

出版发行	中国人民大学出版社		
社 址	北京中关村大街 31 号	邮政编码	100080
电 话	010-62511242（总编室）		010-62511770（质管部）
	010-82501766（邮购部）		010-62514148（门市部）
	010-62515195（发行公司）		010-62515275（盗版举报）
网 址	http://www.crup.com.cn		
	http://www.ttrnet.com（人大教研网）		
经 销	新华书店		
印 刷	北京中印联印务有限公司		
规 格	185mm×230mm 16 开本	版 次	2015 年 10 月第 1 版
印 张	17.5 插页 1	印 次	2015 年 10 月第 1 次印刷
字 数	341 000	定 价	69.00 元

人是孤独的动物，我们穷尽一生都在试图摆脱孤独。讲故事就是最古老的方式之一。我们竭尽全力让听故事的人说出："没错，就是这种感觉，我也是这样理解的，不是只有你一个人这么想。"

约翰·斯坦贝克（*John Steinbeck*）

世界上存在不会使用车轮的文明，但没有讲过故事的民族绝对不存在。

厄休拉·勒奎恩（*Ursula K.LeGuin*）

讲故事是把想法转化成现实的最有效方法。

罗伯特·麦基（*Robert McKee*）

改善一个演讲的最有效手段就是找到更好的演讲内容。

爱德华·塔夫特（*Edward Tufte*）

关于作者

马丁

马丁·赛克斯（Martin Sykes）编写软件程序已经超过 31 年，在 IT 领域的国有企业和私人企业工作 24 年。从 1999 年以来，马丁一直关注 IT 策略和企业体系架构领域。马丁曾在一些大型企业工作，如葛兰素史克（GlaxoSmithKline）、英国监狱管理局（Her Majesty’s Prison Service）、微软等。在工作期间，他一直致力于研究和发展可视化的演讲模式，其中涉及的项目有生命周期管理、罪犯管理系统，等等。马丁十分清楚，一个好的可视化故事能够说服听众，产生非凡的影响，因此他向许多人传授了相关技巧。自 2006 年加入微软公司以来，马丁开始致力于发展和可视化故事相关的各种方法和实践，而这些方法和实践正在被全世界的微软企业架构师们应用。

马丁是个了不起的演说家，更是一个很会讲故事的人。就像任何一个经常演讲的人一样，马丁让人觉得讲故事是件十分容易的事。然而别人所不知道的是，他费了很多工夫来研究人与人交流的机制和方法。除此之外，马丁还是个相当不错的摄影师，这本书里就有不少他的摄影作品。能够认识马丁并和他一起工作，我感到非常荣幸、非常幸运。

尼克

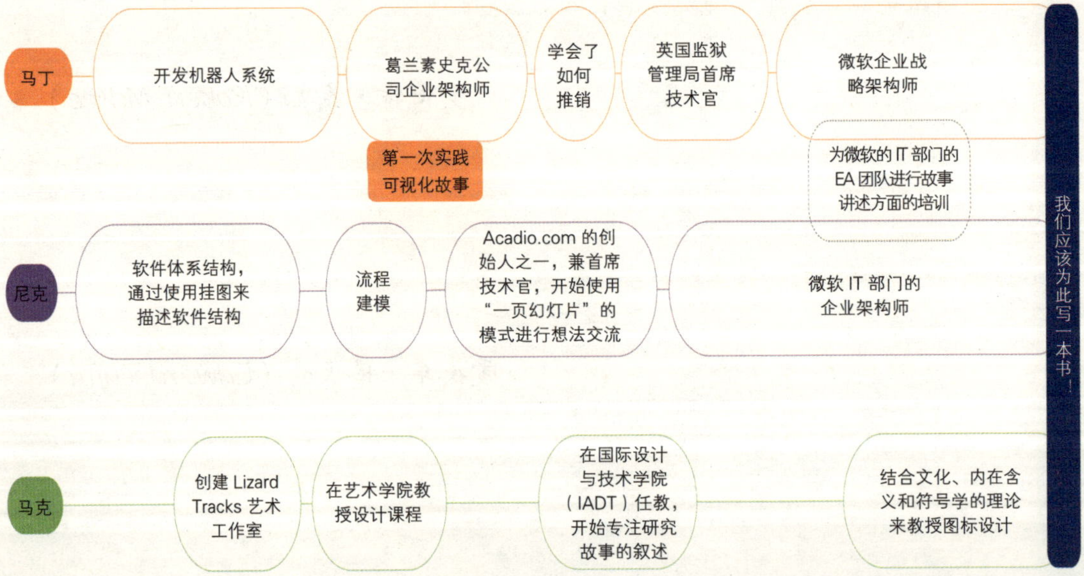

尼克

尼克拉斯·马利克（Nicklas Malik）是微软公司企业架构部门的领导，他的工作就是让改变成为现实。大多数人对企业架构师这一行业一无所知，所以当尼克遇到了马丁，并了解了马丁超棒的演讲方法时，尼克觉得是时候抓住眼前的机遇，好好利用这些想法了。尼克所开发的一些可视化故事，有的被用来支持协调管理，有的被用来教授设计方法，还有的被用来向人们展示如何用一种综合的方法来解决复杂的商业问题。在高新技术领域里工作了32年的尼克现在是一个业余演员和配音演员，还是一个全职爸爸（尼克有三个孩子）。

我最喜欢尼克的大笑。他的笑真的很有感染力。尼克天生乐观的心态能够给人以力量和支持。直到今天我还没弄明白他在微软到底是干什么的，但和他一起工作的那些人一定觉得这是件幸运的事吧！

马克

马克

马克·D·韦斯特（Mark D.West）在美术、设计、音乐、教育和培训领域均有涉猎。他从1997年开始为微软工作，当时负责图像设计，并作为独立的软件供应商为MSN提供产品解决方案。2010年，在为其他几个公司工作或承担外包服务之后，马克为微软服务企业战略小组做演讲设计和数据可视化工作，也是在那里他遇到了马丁。马克拥有整体系统设计的硕士学位，在讲授美术、数学、咨询以及培训方面有10年以上的经验，并且曾为5所学院的设计系做过课程设计。他曾被位于西雅图的国际设计与技术学院（IADT）授予“年度荣誉教育家”的称号，并被西雅图艺术学院任命为专业顾问委员会的成员。

目前，马克正忙于为微软零售店做培训项目，和店铺的顾客们分享我们的故事和经历。

马克是一个非常低调、非常放松的人。他的这种性格和他的设计作品大相径庭，你看了以后一定会大吃一惊，觉得不可思议。马克很擅长教授别人如何设计，并且总会在他的课堂融入一些幽默，因此他的课总是很有趣。

马丁

前言

我第一次在公众面前阐释本书的想法和理念是在2006年的欧洲企业架构会议（Enterprise Architecture Europe Conference）上。在那之前，我研究和使用书中的这些想法和概念已有5年之久。之后，这些理念被不断地更新、完善、修正，不断地被试验、使用，并用来对微软公司上百名员工以及世界上许多知名企业的员工进行培训。

2010年，尼克向我提出了一起撰写这本书的想法。不久，马克也应邀加入我们。尽管如此，撰写并出版的计划在当时仍未成形。在我们做调研和资料搜集的过程中，我发现已经有许多书籍涉及这一领域，这让我一度想放弃写作。然而，在和我培训课上的学生交流后，我意识到了让我们撰写这本书的两个充分的理由：第一，很多书仅仅是针对演讲某一方面的技巧，覆盖的范围相对狭窄，并且没有向读者说明如何把这些技巧融合在一起使用，没有提供一种可重复使用的方法；第二，已有的书中几乎没有一本书是关注实际应用的，没有用一些真实的、经验证过的例子来告诉读者如何在实际中应用这些想法和技巧。而本书的特点恰恰是，用尽量少的篇幅来讲授理论，将重点放在实际应用上。当然，对于读者来说，完整、系统的理论依旧重要，然而当你工作不保，急需用一个完美的PPT演讲来拯救你时，我们相信这本书会提供很有效的帮助。

这本书关注一个最常见的问题，那就是如何将演讲以可视化的方式呈现，并通过演讲来说服听众，让听众接受你的策划、提案或决定。很多演讲者和交流者只是在教育听众，但据我多年的经验，如果你的演讲的最终目的是希望听众做出决定，改变他们的行为，那么仅靠这种“教育式”的演讲是远远不够的。

这本书是为那些不满足于普通PPT演讲方式的人准备的使用手册。这本书关注演讲的内容，并始终围绕着听众最需要了解什么展开讨论。这本书还会告诉你如何理解你的听众，以及他们为什么会接受你的建议并作出行动。这本书也将教会你如何用讲故事的方法来传递想表达的信息，从而影响听众。书中还涉及了如何根据市场的需要，用正确的形式来创建你的演讲内容。

在这个移动互联时代，不管是每天需要给运营中心打无数电话的高级经理，还是24小时新闻节目的追随者，都被大量信息和数据所湮没。我们发现人们越来越没有时间阅读较长的文本，对传统的演讲方式越来越没有兴趣。我们曾看到太多失败的项目计划，而其失败的原因就是演讲者未能打动或说服听众作出项目所需要他们作出的改变。在这本书中，我们会为你介绍一种把所要传递的信息用一页幻灯片来表述的方法，并且基于这种方法，我们会告诉你如何用适当的、综合的形式来讲述一个让人印象深刻的可视化故事。

这个方法已经帮助上百人完成了他们的任务，在此我们三位作者真心希望你会觉得这本书有趣并且有用。如果你有任何问题、任何反馈意见，或是你愿意和我们分享你自己的例子，都可以通过本书的网站或是我们的 Facebook 页面来告诉我们。

马丁·赛克斯

www.storiesthatmovemountains.com

www.facebook.com/storiesthatmovemountains

[illegible]

[illegible]

[illegible]

[illegible]

[illegible]

目录

1 故事的力量

沟通的艺术需要被重新定义…………………… 1
故事讲不好，不是因为 PowerPoint ………… 3
合适的工具让你事半功倍…………………… 4
影响听众是说服型演讲的最终目的 ………… 5

2 一种让你的故事讲得好的方法

CAST 方法和可视化故事图 ………………… 10

3 用正确的方法讲正确的故事

可视化故事图的使用方法…………………… 23
如何让 CAST 方法更高效…………………… 24
两个案例说明 CAST 方法…………………… 25
使用 CAST 方法时最常见的两个问题……… 29

4 一个精彩的故事从“为什么”开始

听众作出改变的三个主要原因……………… 35
时刻牢记为什么改变………………………… 36
所有改变的动机都与个人有关……………… 36
找到“为什么”的三个技巧 ……………… 37

5 筛选并抓住故事的重点

影响改变的三大要素………………………… 52
用头脑风暴高效处理材料 ………………… 54
构建联系，过滤重点………………………… 58

6 理清故事发展脉络，让故事更富有逻辑

连接内容，找出关键点 …………………… 66
理清步骤，关注改变的重点要素 ………… 68
找出事件之间的依赖关系，确定故事发展顺序 · 70
明确的因果关系，让故事逻辑更加清晰……… 72

7 用倒叙法提前预估故事中的风险

从故事结尾出发，倒着在故事中行走 ………… 80
多种设想，为故事发展做充足准备 ………… 82
赢在内容，关于故事内容的最后总结 ………… 91

8 分析听众，找到核心听众群

与听众对话，寻找共同点 ………… 97
创建听众群的权力图 ………… 100

9 了解听众学习和做决定的方式

对听众进行分类，量身定制故事内容 ………… 111
不要让你的偏好决定听众的喜好 ………… 111
分析听众的学习方式 ………… 112
分析听众做决定方式 ………… 114

10 巧设故事结构

7 个基本故事情节 ………… 126
运用多个情节，让故事包含更多信息 ………… 141
平衡真实事件和虚拟内容的使用 ………… 142
整合内容，形成属于你的故事 ………… 145

11 创建故事人物

每一个故事都有主人公和坏人 ………… 153
让听众产生人物联想 ………… 155
增强人物的可信度 ………… 156
设置人物角色：7 种典型角色 ………… 158
巧用拟人化，让听众产生共鸣 ………… 160

12 制造紧迫感，牢牢抓住听众

最大的敌人：自满和注意力分散 ………… 169
能够产生紧迫感的一些因素 ………… 170

你的成功由听众决定…………………………172

13 制订确保演讲成功的讲述计划

考虑听众做决定的时间…………………………180
根据听众的规模做计划…………………………182
案例：如何制订一个演讲计划…………………………185
关于演讲计划的小贴士…………………………192

14 让故事“动”起来——将故事可视化的方法

可视化故事设计流程…………………………199
选择可视化故事的呈现形式…………………………202
构思可视化故事的呈现内容…………………………205
构图的基本方法与设计原则…………………………207
组织故事的内容编码…………………………219
测试你的讲述文稿…………………………223

15 最后的准备：测试与演练

关注开头、结尾和时间安排…………………………234
抓住 6 个关键测试点…………………………237

16 CAST 方法实例：用一天的时间创建可视化故事

17 结论：创造鲜活的可视化故事

熟能生巧，不断练习是关键…………………………254
巧用工具，让讲故事成为一种习惯…………………………255

附录：让故事鲜活的秘籍…………………………258

译者后记…………………………265

故事的力量

1

沟通的艺术需要被重新定义

不管是在生活中还是在商业活动中，我们经常重复同一种模式：学习错误的方法，使用这些错误的方法，然后把这些错误的方法传授给他人。通常，这是因为人们潜在的假设往往是错误的，而人们又不愿意怀疑自己的假设，因此人们常常会重复自己的错误。

下面所讲述的是一个真实的故事，目的是告诉读者，人们在拒绝接受一个正确的观念时有多么顽固。

哪一种更坏：是从不怀疑地反复使用一种错误的方法，还是把这种错误的方法继续传授给他人？

十九世纪，欧洲各地建立了许多免费或价格低廉的妇产科诊所，目的在于降低婴儿死亡率，提高医疗质量。这大大帮助了那些贫困妇女。在一家特殊的医院——维也纳总医院（Vienna General Hospital），有两个产房，一个产房由医生负责接生，而另一个产房则由助产士负责。在由助产士接生的产房中，分娩的产妇死亡率平均在4%左右，而在外科医生接生的产房中，这一数字至少高出了两倍，甚至在一些年份，死亡率竟高达10%。这其中一定有什么问题。1847年，一位名叫伊格纳茨·塞麦尔维斯（Ignaz Semmelweis）的年轻医生比较了两处产房的接生过程，并推断出两者死亡率之间有如此大的差距的原因。产房1中的医生们在很多情况下都是刚刚解剖完尸体，没有洗手就直接给产妇接生，而在产房2中的助产士并不存在这个问题。于是，塞麦尔维斯推断，医生的手上一定带有什么细菌，从而导致了产房中如此高的死亡率。为了证明他的理论，年轻的塞麦尔维斯要求在产房 1 中的医生们必须在接生前用消毒液洗手。最终的结果是：产妇的感染率大大下降，死亡率也随之降了下来。

塞麦尔维斯医生的同事马上在医学界分享了他的研究发现，希望能够以此拯救成千上万人的生命。毕竟，这在当时可是个具有突破性的重大发现。然而，令人惊讶的是，当时的医学家对塞麦尔维斯医生的想法根本不屑一顾，甚至觉得可笑，因为没有人会认为是医生让妇女感染上了疾病！

历史学家认为，塞麦尔维斯医生的发现毫无疑问是正确的，人们理应立刻理解并改正他们错误的行为。然而，塞麦尔维斯医生直到 1858 年才把他的发现写成论文并发表，1861 年才把这些理论和发现写入书中。尽管如此，当时的主流期刊和教科书对他的理论依然没有给予足够的重视，因此，错误的接生方法照旧沿用，而正确的方法却被忽视。毕竟，人们惯有的思维模式是：医生不会让一个健康的人染上病菌的。

1861 年，塞麦尔维斯医生的著作得到了很糟糕的评价，于是他给欧洲各地的医学专家们写了封措辞严厉的信，因此彻底激怒了当时医学界的很多同行。1865 年，有两位同行密谋把他送入了一家精神病院。在那里，塞麦尔维斯医生遭到殴打，两周后死于病菌感染。在他死后，接替他担任匈牙利佩斯产科医院院长的人下令取消接生前必须洗手的规定，此后死亡率增加了 10 倍，却没有人为此抗议。

在那之后，外科医生们仍然抗拒做手术前要洗手这一规定，而这种行为竟然持续了近 75 年！尽管一切证据都摆在他们眼前，却没有任何行为上的改变。到底是什么地方出了问题呢？

很多学者认为，塞麦尔维斯医生虽然是一名优秀的科学家，却是一个很不善于沟通的人。如果当初塞麦尔维斯医生运用一种简单明了的沟通方式，来告诉世人洗手的重要性，也许很多人就不会因此白白丧命了。

所有的新观点、新理论，无论大小，都会受到人们一定程度的抗拒，尤其是当这种新观点需要人们改变他们已经形成的习惯时。如果你想要改变人们的行为，请记住，无论一个观点多么得显而易见，有多少证据和权威的支持，人们的固有想法是相当顽固的，绝不会轻易让位给新的理念。所以，若要改变人们的想法和观念，我们就必须重视沟通的方式。我们的沟通一定要做到清晰、准确、有说服力。

你真的相信仅凭幻灯片上的那些子弹头列表就能改变人们的想法吗？如果说，现有的沟通方式没有效果，那么是该想一想我们的演讲到底缺了些什么。

可视化故事

在过去的很多年中，我们和上百人分享过这本书中的内容。艾尔·诺埃尔（Al Noel）先生是微软公司的首席顾问，关于如何改变演讲的方式，他有如下这番话：

首先，你必须要放开你的思维！不要再用那些无聊的子弹头列表了！那种东西没有任何效果。你必须用一种完全不同的方法。人们每时每刻都在通过我们现代化的沟通技术，了解以可视化方式呈现的不同故事。

很多年以前，我还在部队服役，当时我被分到了第101空降师。大量使用直升机这一想法，对当时的空中突袭师来说还是个很新的理念。我记得在给我们做展示的幻灯片中，有一张图片，上面综合了整个突袭师的军力——一个直升机飞越复杂地形的图片。

任何一个步兵都可以从那张图片中读出它想表达的信息——那就是用一种完全不同的方式来解决当前的困难，并继续前进。不用再绞尽脑汁地去想如何用更快、更迅速、更安全的办法来迈过眼前的障碍了，你必须用与以往截然不同的方法来解决问题。同样，在你的人生中也要像一个步兵理解这个方法一样，用一种前所未有的方法来解决你的问题。这和用可视化的方法来创造和讲述故事的道理是一样的。

奇普·希思（Chip Heath）和丹·希思（Dan Heath）的著作《让创意更有黏性》(*Made to Stick*）中谈到他们在斯坦福大学教授的一门课程。课上，学生们被要求用一分钟做一个演讲，演讲的目的是说服班上的其他同学，所有的学生都会得到相同的材料来准备演讲。班上的一半人要选择持正方观点，而另一半人持反方观点。

正如你想的那样，斯坦福大学的学生们的演讲质量很高，很清晰地传达了信息，表达了他们的观点，且有理有据。演讲完毕，所有的人一起观看几分钟喜剧片以分散他们的注意力。之后，每个人被要求写出刚才听到的每一个演讲的要点，他们只能凭借记忆来完成，因为之前规定了不能记笔记。

实验的结果令所有的学生惊讶：他们记得的内容如此之少。其实，他们要记的内容并不多，只是 8 个一分钟的演讲而已，并且这些学生都是受过良好教育的高材生。10 个学生中只有 1 个人用了讲故事的方式来演讲，并且充分利用情感，真正地关注了关键信息的传递。实验的结果表明，63% 的听众记住了用讲故事的方法来做的演讲中的一些内容。这一结果给了我有很大启发，也就是说，运用讲故事的方法可以将你想传达的信息深深扎根在听众的脑海里。

故事讲不好，不是因为 PowerPoint

在职场上，我们每天都在做演讲。我们需要向我们的同事、上级、客户、合作伙伴、利益相关者们展示我们的想法，进而达成共识，推动新的改变。就算是在家庭和社交圈里，我们也在做演讲，当然这些演讲和工作中的演讲是不一样的。有些时候，一个演讲会带来决定、行动上的改变。然而，我们更经常看到的是一个失败的演讲，即演讲未能产生任何效果。听众也许会从演讲中获取一些知识和信息，但他们不会因此而作出行动上的改变。那他们花大把时间聆听演讲有意义吗?

如果你也像我们一样，厌倦了那些无聊的演讲，或者你也曾听到别人说“刚刚那一小时就这么被白白浪费了”或是“我们有任何的进展吗”。

是 PowerPoint 这个演讲工具不够好吗？不管是在企业还是政府部门，微软的 PowerPoint 已经成了最常见也最常用的演讲工具。在很多重要的会议上，发言人都会被要求使用 PowerPoint。军事指挥官会用 PowerPoint 来向他们的上级汇报当前的形势，从小学老师到大学老师都会用 PowerPoint 为学生授课。显然，PowerPoint 已经成了教学领域、信息共享领域、想法分享领域的通用工具。

我们觉得问题的根源并不在于我们使用的演讲工具。因为 PowerPoint 和一些其他的幻灯片软件是相对较新的工具，而糟糕的沟通方法已经存在了很长时间。实际上，我们所实践的可视化故事的方法绝大多数都是用 PowerPoint 这个简单的设计工具完成的。

合适的工具让你事半功倍

演讲是说服别人接受你的想法的重要手段。然而，一个使用子弹头列表模板的商业演讲，在很多方面远远不能帮你达成预期的目的。

出现这种情况有很多原因。不同的人会用不同的方式学习，会有不同的惯性思维，也就需要不同的方式来被说服，从而做出决定。有些人很注重细节，有些人喜欢直观的图片，有些人需要有清晰的逻辑论证，而有些人需要了解对工作流程的各种影响。你不可能把所有的信息都以表格的形式展示，或者是用最简单的标准化子弹头列表模板展现。然而，还是有很多人会做此尝试。结果就是，听众要么不知所云，要么直接把它忽略。还有什么比这更糟糕的呢？

如果最常见的 PPT 模板并不能有效地说服听众，那么我们为什么还要一再使用呢？爱因斯坦说过："疯狂就是重复做同一件事，却期待不同的结果"。这句话用在这里再合适不过了。大多数以 PowerPoint 形式来做的说服他人接受新观点的演讲，其效果就和用锤子和凿子来切面包差不多。当然并不是用 PowerPoint 做的演讲都这么糟，但大多数情况下效果并不尽如人意。

所以，现在让我们重新出发，来审视一下演讲本身的基本概念是什么。

这是一门关于如何用有效的方法来与他人沟通，传递想法和信息，使人们作出改变，作出实际行动的书。在接下来的章节里，我们将向你介绍能够帮助你达到沟通的效果的方法，我们称这种方法为**"可视化故事"**。

可视化故事（visual story），名词

1. 以可视化的形式来讲述一件事情或一系列事情。

2. 在"一张纸"上把一个想法用一种简单清晰的方式视觉化，目的在于把听众引导到某个结论。

有些时候，一个可视化故事可以是一张很简单的手画草图，有时可以是一些丰富的图像和思维导图的融合，有时也可以是一些信息图。关键在于这是一个用一页纸来表现的故事，目的在于说服人们作出某种行动或改变。

影响听众是说服型演讲的最终目的

可视化故事是一个全新的出发点，用这种模式你可以创建 PPT、制作动画，或仅仅是站在那里演讲。这是一个经验证的、简单易行又有效的交流想法的方式，**你的听众会因此而愿意付诸行动。**

一个可视化故事所起到的作用不仅仅是交流想法，它可以将讲故事的技巧和视觉设计结合起来，从而向特定的听众传递信息。更重要的是，一个可视化故事能够让你的听众作出行动。一个不能促使人们作出改变的想法是毫无意义的，即使这个想法非常地好（比如“做手术之前要洗手”），也会由于欠佳的沟通方式而得不到应有的注意。

全世界每年会有上百万个演讲，大多数演讲都可以被分为三个大类，即说服型演讲、教育型演讲和报告型演讲。可视化故事对于说服型的演讲最为有用，对于教育型演讲和报告型演讲，一般的演讲方法即可适用。我们所开发的方法着重于把需要传达的信息最小化，然后传递给听众，从而影响他们作出行动。可视化故事是将一系列经过筛选的信息，放到一整张图片中表现出来，最终把听众引导到你所期望的结论。

你可以使用多种不同的形式来创建你的可视化故事，但我们重点教授给大家的是使用一页幻灯片的方法，因为我们发现这种方法比其他的形式（如 PPT、视频或是站在白板面前边讲边画出你的想法）更能有效地传递信息。在后面的两页中，我们用一种“可视化故事”的方法向你展示可视化故事的理念，以及如何快速改进一个已有的演讲。第 16 章的内容讲的就是下面这个故事中最后两天发生的事。

用一天的时间创建可视化故事

鲍勃和他的团队花了好几个月的时间来研发一种新产品。他们可以描述出这种产品能做什么，这种产品是如何制造的，造价是多少。

鲍勃的团队已经做过好几次产品展示了，每次都是同样的内容，即用列表的方式展示产品的特性和一系列的优势。

有些时候他们的演讲效果不错，但有些时候听众们似乎有些走神。所以，他们还没有找到那个最重要的听众，就是能够给他们提供剩余资金的那位。

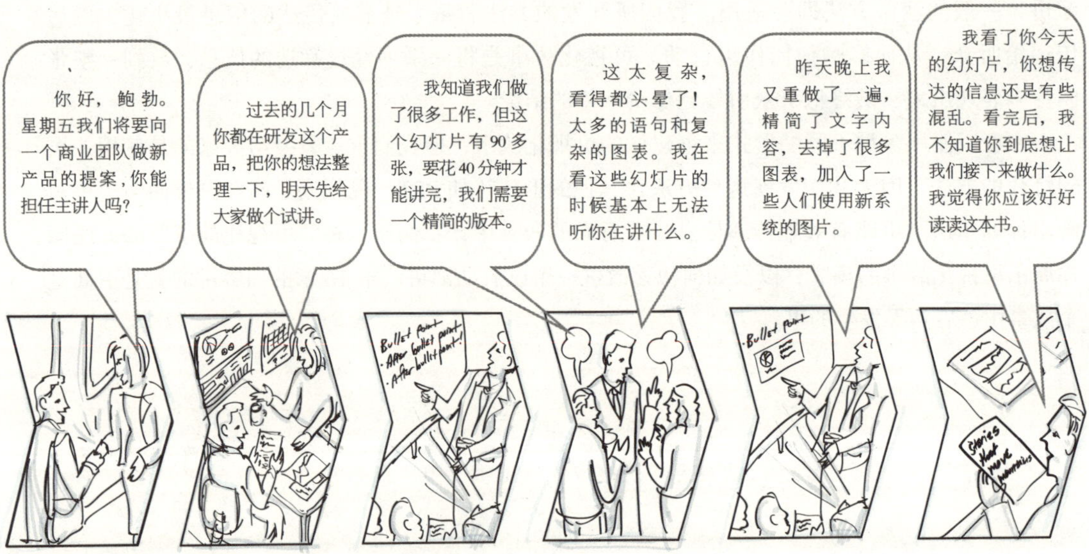

星期一				星期二				星期三			
0900	1200	1500	1800	0900	1200	1500	1800	0900	1200	1500	1800

每天人们都在犯着同样的错误，那就是你向听众展示的是你知道的，而不是听众需要听到的。

一些内容上的精简可以帮助提升听众的体验。

但是，如果你真的需要让听众参与进来，得到听众的反馈，那就该换个方式。是该利用“讲故事”的方式了。

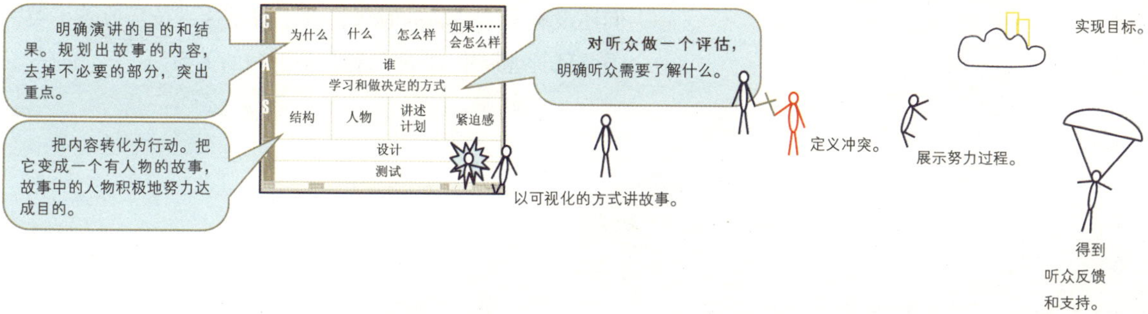

星期四								星期五			
0800	1000	1200	1400	1600	1800	2000	2200	0900	1200	1500	1800

大多数的可视化故事需要超过一天的时间才能完成，但如果你已经有了演讲的内容，在一天之内作出改变也是可能的。

第16章给大家展示了鲍勃和他的团队在星期四和星期五做了些什么。如果你现在就想知道，可以直接跳到第16章，先睹为快。但别忘了，我们在那之前还介绍了好多实用的想法和技巧哦。

有说服性的证据

在可视化故事的方法开发的初始阶段，或者说在我们还没有给它命名的时候，马丁曾用这一技巧改善了英国监狱管理局中 IT 部门和其他部门的关系。

每年，英国监狱管理局的领导们都会聚在一起研究内部不同部门的发展战略。而 IT 部门的负责人会向管理局的领导展示最新的 IT 战略，演讲的时间大约 15 分钟。多年以来，IT 部门负责人的演讲都是 8 页的内容，每一年领导们都对 IT 部门表示认同，但从未对其进行过讨论，因此 IT 部门也被认为对整个管理局的整体绩效没有什么战略上的影响，所以 IT 部门进行改变的机会就这样丧失了——因为领导们认为技术和网络的改变并不是管理局发展战略的重点。

在管理局决定进行重大改革之时，局里任命了一个新的 IT 部门负责人，这一次管理局要做的可不是一个微型的调整，而是所有部门都要进行改组，IT 部门的基础设施和业务范围的更新也在计划之内。当时，我被任命来执行这次 IT 部门的升级任务，并对 IT 战略的实施提供支持。这可是一个雄心勃勃的项目，将会影响到全局所有的重点业务功能。预计在两年的时间里，换掉组织内成千上万的电脑，升级网络和数据中心，并且更换核心业务系统。

如果我不能成功说服领导，让他们理解这一耗资巨大的战略性改变是十分必要的，就意味着需要参与这次改革的人不能够做好给予我们所需帮助的准备，整个项目就会被推迟，费用就会增加，同时也失去了一个改进业务流程的好机会。随着离年度战略演讲的时间越来越近，我们意识到，这是我们改变监狱服务的工作方式的绝好机会，这种机会失不再来。既然我是个新人，也许应该尝试一些新的东西。

会议当天，我们关上了投影仪，没有用幻灯片，也没有使用 8 页长的文件，取而代之的是一张超大的可视化故事的图片。我们屏住呼吸，等待着大家观看后的反应。领导们看到的是一幅监狱的图片，周围是一系列的小故事，每一个都和管理局的不同成员相关，而故事的背景是管理局的整体业务。这些故事展现出了机构重组的细节以及在未来三年中会产生的影响。

当年展示出的那张一页纸估计还保留在监狱服务中心的档案室里，里面的细节太多，在此恕不赘述。总而言之，那张纸展现了一个可视化故事的样子，以及故事的主题。

向大家呈上了这张纸后，产生了显著的效果。当时没有人说一句话，所有的人都在看那个可视化的故事。几分钟后，IT 部门负责人开始讲话，他从监狱的角度谈起重要技术的改变，从图中中心的不同方面来作为出发点，讲述了一系列的小故事。

30 分钟后，底下的人提出了很多问题。45 分钟后，会议被打断了，因为我们超过了规定的时间，但演讲的结果和往年有很大不同。在那之后，所有部门的领导都开始和他们 IT 部门的代表进行一对一的定期会谈。没过多久，IT 部门的发展战略就得到了认可。虽然还有很多问题需要我们回答，但 IT 部门和其他部门之间的关系已经发生了很大改变。

可视化故事的方法

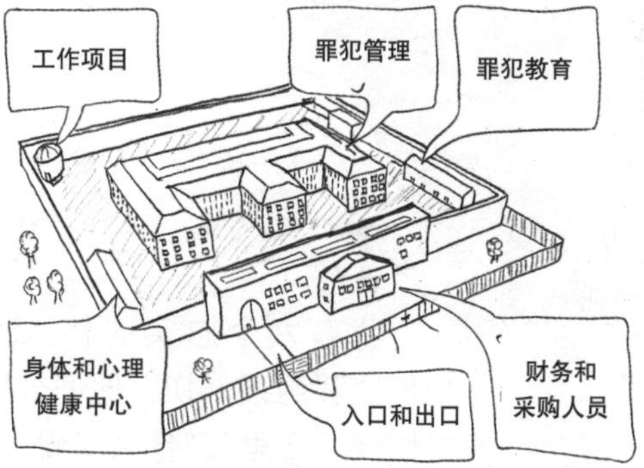

这本书是为教育者、企业改革促进者、创新者和有远见的人士准备的。如果你认为当前的情况很好，或者你的企业不需要任何变革，那么你可能不需要这本书。然而，如果你想影响他人做出决定，作出改进，或者达成改革的共识，请继续读下去。我们能够帮助你。

我们实践可视化故事的方法已经很多年了。通过借鉴各种领域的研究调查，并阅读很多其他团队试图找到有效沟通的方法所做的工作，我们形成了一些自己的研究。我们成功的次数和失败的次数一样多。当审视为什么会失败的时候，我们发现那是因为忽略了分析中的一些内容，或者是太急于将故事转为可视化，而没有首先弄明白可视化对听众来说真正的意义是什么。在成功时，我们很清楚，那是因为首先我们创造了一个很好的、可以用一页纸来表现的可视化故事，且重点表现出要传递信息的精神，然后再用其他的形式来讲述整个故事。

可视化的故事看上去很简单，但就是因为简单才具有非凡的力量。清楚简单的信息更容易被理解、使用、吸收。然而，清晰和简单却不是那么容易、可以随时随地制造出来的。

我们已经把创造一个可视化故事的过程尽可能地简化，但这还是需要花一番工夫才能完成——比你平常准备一个幻灯片要下的工夫还要多。作出改变是困难的，使他人作出改变更是不易，但可视化故事的方法至少可以增加你成功的概率。

你获得什么，取决于你。

今天，你想从哪个角度看世界？

一种让你的故事讲得好的方法

2

我有六个忠实的仆人，是他们让我洞察一切；他们分别是"什么"、"哪里"、"什么时候"、"怎么样"、"为什么"和"谁"。

鲁德亚德·吉卜林（Rudyard Kipling），诺贝尔文学奖获得者，以短篇小说著称

书中接下来的内容将会是丰富多彩的。第1章解释了可视化故事的重要性，而在这一章里，我们将提纲挈领地告诉读者将要学会什么，第3章讲述怎样才能做到充分利用这本书。接下来我们要告诉你一系列不同的技巧，所以我们觉得在最开始应该作一个整体的介绍，这样作为读者的你，可以更清楚明白地理解如何把这些技巧融汇在一起，并且能够了解我们提供的这些技巧是从哪儿来的。接下来的每一个章节都会详细介绍这些技巧的来源，所以你可以根据书后的附录来查找一些你认为比较重要的参考文献。

CAST方法和可视化故事图

下面这个图表叫做"可视化故事图"。我们用这个图来展示创造一个可视化故事的方法和过程，以及过程中的每一个步骤之间的联系。我们把这个方法简称为CAST，分别代表"内容"（Content）、"听众"（Audience）、"故事"（Story）和"讲述"（Tell）。我们把这四个词放在了"可视化故事图"的最左侧。

可视化故事图

C 内容	为什么	什么	怎么样	如果……会怎么样
A 听众	谁			
	学习和做决定的方式			
S 故事	结构	人物	紧迫感	讲述计划
T 讲述	设计			
	测试			

内容行：很多演讲都包含大量的内容，但听众往往不能通过这些内容做出决定。如果你想让你的销售团队寻找新客户，或是让你的 IT 部门实施新的内容管理系统，你演讲的内容就必须能够引导听众，让他们理解为什么应该或必须这样做。

听众行：你需要了解故事的听众是谁，他们需要知道什么，你怎样做才能引导他们作出你期待的反应。不管是希望你的设计团队能够设计出一个新标识（Logo），还是说服你的 CEO 来接受一个新项目，你需要考虑听众中不同的人群组成。

故事行：一旦明确了故事的内容和听众的成员，你就可以开始构思故事的结构了。从我们无数次的实战经验来看，要想做一个引人入胜的演讲，用讲故事的形式比单纯的呈现信息的形式更容易使你的听众了解你的目的，记住你的想法，认同你的建议。

讲述行：现在你可以开始为讲述这个可视化的故事来构思一些话语，查找图片了。试着将这个故事用不同的形式来表达，并对每一种形式都进行测试，看看是否能够达到预期的效果。仔细审视可视化故事的不同表达方式是十分重要的，这样才能确保你的故事清晰易懂，而不是一堆杂乱无章的信息。

我的工作主要是负责用最简单的方法来解决复杂的软件问题和技术问题。通常我需要做出一套解决方案，然后向不同的人解释这套解决方案，而他们每个人都会有各自的问题。

在我设想如何创造一个可视化故事之前，我通常会用一系列的图表来解释我的想法，用不同的图片来表达不同的目的，或者是在幻灯片中用一系列的图表来演示。很多次，当我向客户展示完一张又一张的幻灯片之后，我坐在那里，对自己的演讲颇为满意，并耐心地等着客户们的赞同。毕竟，我向他们展示了充分的证据，告诉他们我的设计是最好的。

然而，很多时候我都失败了。甚至有些时候，失败得非常惨。我用了好长时间试图去弄明白到底是为什么。显然，我理解自己所讲的内容，但为什么客户们不能理解呢？难道我是在对牛弹琴？我是个完全沉浸在自己 IT 世界里狂妄自大的书呆子？还是我是在对一帮西班牙人讲夏威夷语？

在马丁和我分享了可视化故事的技巧之后，一切都改变了。他向我展示了一个完美的可视化故事是如何运用科学的方法，并基于几十年的心理学、语言学、设计学和教育学领域的研究结果，来影响听众作出行动的。在经历了一些实践之后，我整个人都变了。现在的我可以仅用一张纸来讲述整个故事。我不仅能够让人们理解我的想法，同时还能够影响他们，让他们作出我所期望的改变。

我的想法变得吸引人了。更让我惊讶的是，这些想法也变得更容易被记住了。我的一些可视化故事变得十分有“传染性”，我的听众们也开始用同样的故事来向别人传递相同的想法。

好的内容是好故事的关键

在你创建一个故事之前，你必须清楚你的故事是关于什么的。在第 1 章，我们讲过大多数可视化故事的目的在于促使你的听众做出工作或生活上的决定、行动或改变。第 4 章至第 7 章的内容是关于可视化故事图中“内容行”的部分。而在本章中，我们将向你展示一系列改善内容的技巧，以关注你们所期望的结果，并且毫不留情地把与之不相关的任何内容全部删掉。

我们花了近 10 年才算熟练地掌握了 CAST 方法的技巧，而其中最难的部分在于理解内容的重要性，然后才是故事和演讲材料。所以，当你完成一个真正的可视化故事的时候，你会发现，用来理解演讲内容与听众之间关联性所花的每一分钟都会有十倍以上的回报。

内容行有四大元素，即“为什么”、“什么”、“怎么样”、“如果……会怎么样”。

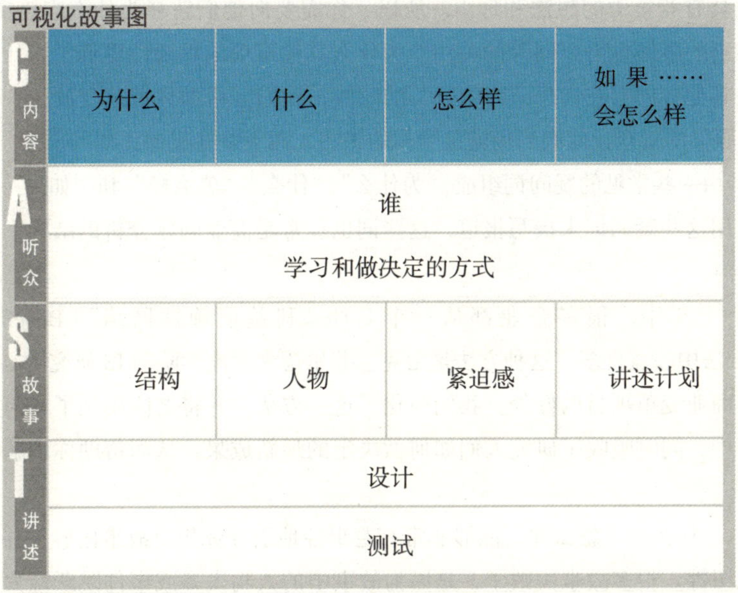

为什么：人们不喜欢改变，如果可能的话，人们会尽量避免做决定。你的故事必须给听众一个明确的理由，为什么要采取行动。我们发现，要想使你的想法最清晰明确地得到传达，最好的方法就是简单直接，尽可能直白地告诉听众需要作出改变的原因。这包括找出任何对听众有影响的外部因素，以及能够与故事相关联的、听众的个人目标。

什么：如果你的听众已经了解为什么需要改变，那么你可能会想，我需要告诉他们如何处理棘手的问题，或者是介绍一些新的东西。然而，你必须全面地考虑改变所涉及的所有因素，以及有可能被影响的，但不应该受影响的因素。在商业领域中，你需要考虑的包括过程、建筑、机械、系统、人、客户体验以及会改变或受改变影响的信息。

怎么样：你还在以为挥几下手，说几个咒语，一切都可以搞定了吗？醒醒吧，这是只有在《哈利·波特》里才会出现的场景。在现实生活中，很多情况下，人们需要花些时间才会做出决定，而改变的过程需要详细周密的计划。好的故事需要大量的行动，有大量的事情发生，你现在所找出的内容将会在最终版本的可视化故事占有很大一部分。有可能的话，你可以从试着用一些新鲜的内容，改变一个已有的活动开始。要确保故事中的某些事始终不变，而其他事情围绕着它改变。在“怎么样”章节中，我们会讲到的一个很重要的技巧，那就是把“怎么样”与“什么”以及“为什么”相关联，将你的计划和为什么故事对你的听众是重要的相关联，这能够让你更容易说服听众，使他们知道你了解他们最关心的是什么。

如果……会怎么样：你的听众很可能不会像你期望的那样认同你的想法，因为永远都有其他办法、其他具有竞争力的想法和理由。所以，你需要向他们解释为什么应该支持你的想法，即使还有许多别的事情也需要同等的关注。为什么其他事项的重要性更低？为什么是在这个方向改革而不是其他方向？在构思“内容行”的时候，我们会帮助你把改变放在一个更广阔的背景下，从而说服你的听众让他们当场就接受你的想法，而不是在遥遥无期的未来。

“内容行”由一些常见的疑问词组成，“为什么”、“什么”、“怎么样”和“如果……会怎么样”，记者通常会使用这些疑问词来撰写报道，这些词也经常是商业问题分析的结构，以及人们学习不同方式的结构。

在上一个十年中，很多企业都从一个名叫“利益依赖性网络”（Benefits Dependency Network）的方法中收益良多。这种方法是由克兰菲尔德大学商学院的 IS 研究中心发明的，可以帮助企业了解商业变革项目的好处。我们简化了这一方法，并将之应用到了如何建立可视化故事内容的技巧中，同时吸收了研究人们如何做决定的最新成果，从而帮助你理解听众需要的到底是什么。

“为什么”、“什么”、“怎么样”能够非常有逻辑性地引导你想出故事内容，并帮你重视故事的合理性和说服性。很多故事失败了，是因为故事中的人物太多或事件跳跃性太强了，并且没有给出合理的理由。归根到底，整个可视化故事图中的内容就是要让你的听众理解他们为什么需要改变，需要改变什么，以及如何改变。当你把这些都融入到故事之中，你会发现你的故事有很好的连续性。“如果……会怎么样”一栏关注的是挑战、后果以及其他可行办法和情况。这些信息可以使你的故事更加完整、全面，能让它深深地扎根在听众的脑海里。

关于想法黏着性的理解来自于一本叫做《让创意更有黏性》的书，作者是奇普・希思和丹・希思。书中的内容都是他们多年来真实的工作经历。希思兄弟在书中描述了如何使一个想法让人牢牢记住，那就是，这个想法必须简单、出人意料、具体、可信、有感情色彩，然后用讲故事的方法讲述这个想法。

我们为什么要为此花这么多力气？因为我们认为，使用科学领域最新的研究成果可以帮助你创造出最吸引人的故事。我们把这些研究成果转化成了一步步具体的方法，供你来参考，最终完成你的展示。

促使听众作出行动

要想选择一个好的故事结构、形式，用一种有效的方法来呈现故事的内容，从而促使听众作出行动，关键的一点是要理解你的听众。第 8 章和第 9 章的内容将是关于“听众行”。“听众行”由两个要素组成，即“谁”和“学习和做决定的方式”。

谁：如果你想要说服听众，首先你得知道他们是谁。如果你能够提前知道坐在下面听你演讲的人是谁，那么你就可以事先了解他们的兴趣点，他们对你想法的支持度，他们对你想让他们作出的行动了解多少，以及他们彼此之间是否有可能互相影响。在有些情况下，你可能从未见过你的听众，你所了解的可能是个大概，非常笼统。这种情况下，我们会教你一种“角色扮演（persona）”的方法，以引导你了解听众从而更好地聚焦听众的动机。

学习和做决定的方式：首先你需要了解听众对你的演讲作何反应，然后再安排你演讲的内容，从形式的选择到讲述的顺序。有些人注重演讲内容的细节，有些人希望了解你的提议对企业其他人会有什么影响。这一部分我们会根据不同人不同的学习和做决定的方式，来帮助你创造出一个真正有效的故事。

在学习 CAST 方法的过程中，我们相信，你将掌握把所有不相关的细节毫不留情地删掉的本领。决定哪些可以留下，哪些必须删掉并不是件容易的事。我们发现最容易入手的切入点是，花些心思认真琢磨你想要影响的听众，然后为他们量身制作一个故事。一定要弄清楚什么能够对他们产生影响？他们是如何接受新事物的？他们做出决定之前需要获取什么信息？

可视化故事图

C 内容	为什么	什么	怎么样	如果……会怎么样
A 听众	谁			
	学习和做决定的方式			
S 故事	结构	人物	紧迫感	讲述计划
T 讲述	设计			
	测试			

如果你希望你的故事能够成功，那么你必须首先解决这个很少会有人说出口的问题：“**这对我有什么好处？**

通过对三个不同职业的实践研究，我们创建了对听众分析的办法。这三个职业分别是：使用股东管理技巧的项目经理，利用影响图和影响方法来向人们推销的销售人员，以及了解人们改变的整个过程的职业变革经理。很多年以前，马丁偶然间发现，顶级推销员在撰写他们的推销文案时用的方法和可视化故事是一样的。

当你试图用一个故事来促使改变发生时，这实际上意味着你在要求听众来完成两件不同的事情。首先，你在要求他们学习，之后你要求他们做出决定。“内容行”所涉及的学习和做决定方式是我们从心理学家、社会学家、销售人员和教育家们所使用的技巧中总结出来的。我们曾使用的一个非常成功的技巧是根据1970年代博尼斯·麦克卡锡（Bernice McCarthy）先生关于儿童如何学习的研究而来的。而这一技巧已经被全世界的教育者广泛使用，这种技巧可以作为可视化故事图首行的结构，并起到过滤作用，从而确保你演讲的内容符合听众们的学习和做决定的方式。

让一个人学习和让一个人做决定是完全不同的两件事。

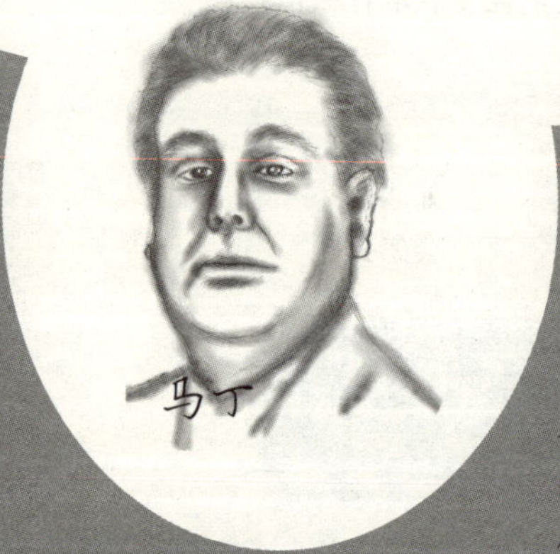

有一次，我领导了几个项目，要在业务部门中实施新的IT解决方案。当时，IT行业里的几大公司的方案都在考虑范围之内，我们要做的就是根据我们的业务需求和软件能力，选择一个最佳方案。当时我们认为我们自己有一套很好的方案，可我们的竞争者也有不同的方案。这些竞争者不仅仅是公司内部持不同想法的人，还包括一些IT大公司的销售人员，他们来到我们公司推销他们的方案，但是他们并不考虑他们的方案是否符合我们的软件能力，以及与其他供应商的契合度。

这些大公司的销售代表所用的沟通技能比我们要有效得多。每次当我们去会见公司的高级销售经理时，才发现他们已经与那些外部的销售团队进行了会谈，并且还预约了下次见面的时间。总之，那些销售代表们有更好的办法，更好的故事来推销他们的产品，原因之一就是他们做足了功课，充分了解了我们的高层主管们需要什么，比我们还要了解！最后，公司还是选择了我们的解决方案，而这仅仅是因为我们最终赢得了采购部门董事会的宝贵一票。

这些销售人员只是在做他们的本职工作，竟做得如此出色。通过这些经历，我总结出一点，那就是我们需要研究销售人员推销自己想法的技巧，并且将之应用到可视化故事的创建中去。

给听众一个印象深刻的故事

可视化故事图中的“故事行”对你建立一个有效、有趣且吸引人的故事有指导性作用。在这一行里有四个重要元素：结构、人物、紧迫感和讲述计划。

结构：一个故事应该有开头、发展和结尾。故事从头至尾犹如让听众们经历了一次旅行。讲故事的时候会运用各种习语、比喻、修辞，并有一条故事主线，来使你的听众和你的想法建立联系。选择一个正确的讲故事的方式和结构能够让你的故事更容易被记住，更能与听众产生共鸣。

人物：听众必须专注地聆听才能最终投入你的演讲中。故事中的人物是至关重要的因素，因为他们能够使你的信息更人性化，能够让你的听众看到他们自己，将他们自己的经历和故事中的人物所面临的挫折联系起来。故事中的人物必须要对听众有意义，但这并不是说故事中的人物必须是人。在第 11 章里，我们将看一看如何为人、物或概念（简而言之，任何需要改变的东西）来创造故事人物。

紧迫感：故事可以分为很多种，但所有的故事都有一个共同点，那就是故事中的人物都处于一个必须作出反应的情况下。故事中的紧迫感能够帮助你着重发展人物的元素，以及能够吸引听众的元素，从而引导听众得到你所期望到达的结论。所以，看一看你的故事中有没有需要解决的冲突，需要解开的谜题，或者要克服的障碍？我们从顶级销售人员处学到了经验，了解了如何能够使你的故事吸引人，打动听众，使他们立即作出行动的方法。

讲述计划：我们已经习惯用不同方式讲述故事。有的时候，你可能会在小组会议上，和你的同事们分享故事；有的时候，需要在董事会的会议室里讲故事；还有的时候可能在公司的食堂。商业故事也可以用电影的形式来表现，或是在度假村，大家围坐在篝火旁讲述。在 CAST 方法有关如何讲述的这一部分，我们会向大家介绍一些不同的讲故事的方法，以及告诉大家为什么用不同的方法讲故事能够增强你所要达到的效果。

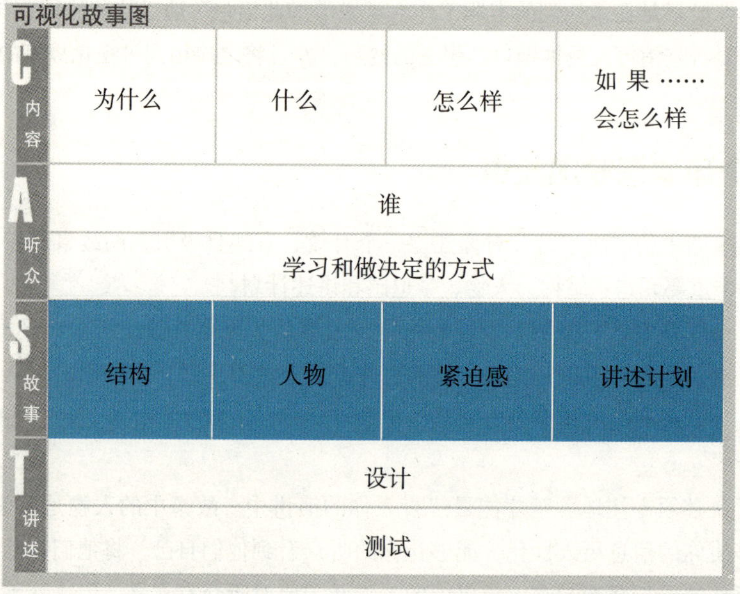

从第 10 章到第 13 章讲的是“故事行”。我们会用大量的文献来向大家提供可视化故事的结构和范围。我们所引用的文献和例子可以追溯到亚里士多德，时间跨越几个世纪，包括世界著名的编剧及演讲家罗伯特·麦基（Robert Mckee），我们还会引用克里斯托弗·布克（Christopher Booker）所提出的七个基本情节理论（seven basic plots of stories），以及由弗拉基米尔·普罗普 (Vladimir Propp) 在一个世纪以前提出的叙事结构和人物结构理论。所以，这几章的内容会十分丰富，把各种理论和观点综合在一起，给大家提供一些灵感和想法，而不仅仅是一些刻板的教条。

罗伯特·麦基认为，故事对于编剧，以及每天在各种舞台、电影、电视上看到的故事的人们来说就是一本书。关于到底是什么使得一部电影成为伟大的作品，或使一个电视节目经久不衰，人们可能有不同的观点。麦基在他的演讲和培训课上有力地指出，这没有一个屡试不爽的模式。我们会引用麦基本人的经历来创造故事的整体结构，并给出在什么时候使用它以及如何使用的建议。

从普罗普的著作和对常见故事情节的分析中，我们会提供一系列人物原型，从而帮助你明确可视化故事中的人物。在很多情况下，故事都会有一个英雄人物、一个坏人和一个帮助英雄的人。但在有些故事中，英雄可能最后变成了坏人，而坏人最后变成了英雄。

可视化故事的目的不在于娱乐大众，而是在于引导人们做出决定或采取行动。为了能够达到这一目的，你通常需要在故事中营造一种紧迫感。紧迫感通常是销售培训课程中的一个核心概念，这些销售人员的目的就是怂恿消费者当场购买，而不是等到明天再做决定。

正如马丁在关于他和来自外部的销售人员竞争的故事中描述的那样，在现实生活中，你也可能会有竞争者（来自内部或外部），这些人也在竭尽全力地去推销他们的想法，而你的听众要从中作出选择。所以不要忽略了销售人员的销售策略，而是应该利用这些策略让它们为你服务。我们的 CAST 方法就是利用了销售人员所使用的技巧。它会让你的演讲和你竞争对手的演讲一样吸引人，也因此获得同样成功。

让听众沿着你的思路得出你想要的结论。

创建可视化故事的目的是讲述

终于到了把所有的元素整合到一起，开始讲这个故事的时候了。“讲述行”的内容将会在第 14 章和第 15 章中涉及。在这两章中，我们会向大家介绍如何创造故事、人物、辅助性内容的可视化元素，并用一种吸引人的方式把这些元素结合在一起，构造一个一页纸的故事图片，然后来测试这个故事是否能够用不同的形式讲述并被理解。

第 14 章的内容是设计，第 15 章是关于如何测试你的故事。

设计是影响你听众的重要组成部分。

可视化故事图

C 内容	为什么	什么	怎么样	如果……会怎么样
A 听众	谁			
	学习和做决定的方式			
S 故事	结构	人物	紧迫感	讲述计划
T 讲述	设计			
	测试			

设计：无论是从你口中说出的话、笔下的文字，还是你使用的图像，只有传递到听众大脑里的信息才是真正能够影响听众的信息。设计是影响过程中至关重要的因素。一个故事无论再有创意、再丰富、再完美，也可能因为没有选择有说服力的视觉元素和好的讲述方法，而达不到预期的效果。举个例子，如果你把提供的两种方案一个用红色的字，一个用绿色的字呈献给观众，那么你的听众有可能认为绿色的是可行的，而红色的是不可行的，但对色盲的人就不会获得这一层的信息。

测试：你的故事涵盖了所有的要素了吗？你包含了所有的必要信息了吗？你有没有注意不要过多地使用红色（开个玩笑）？你有没有演练讲述你的故事，提炼出一页纸的可视化故事来使你的讲述更精彩，以便更好地引导听众做出你想要的决定？总而言之，你要知道怎样确保你的故事是够好、更能打动听众的。当然，没有 100% 的保证，但我们可以指出一些能够导致你故事失败或让听众感到不解的问题。在 CAST 方法的这一环节，我们会介绍 6 种测试方法，来帮助你降低失败率。

通过 CAST 方法，你现在应该已经对故事的内容有了清楚的了解，已经明白每一个元素存在的原因，我们称之为“目的性设计”。故事中的每一部分的最终目的只有一个，那就是如何传达核心信息。有了这个方法，你再也不会花大量时间去构思故事的内容，之后却发现这些内容与主题毫不相关，或者转移了听众的注意力。

设计是你一生中应该不断实践的一种技能，然而有些时候，仅仅是使用一些正确的技巧就可以迅速地带来意想不到的效果，使我们如愿地达到目的。正确的方式是，在你开始创建那些可视化图像之前，先解决图中第四行的内容，这一点让许多人感到惊讶。

马克同意参与这本书的写作，大大提升了我们整个写作团队的能力，加强了我们关于设计方面能够给出的建议方面的能力。马克是设计章节 (第 14 章) 的主要撰稿人，涉及的技巧包括构思、构图、内容编码，总之是用不同的形式（从一页式幻灯片到动画）来支持你的故事的创造。当然，眼见为实。设计的章节还提供了一些来自图像设计和视觉设计分析家们的指导建议，这些专家包括爱德华 · 塔夫特。在他那本经典的著作《美丽的证据》(*Beautiful Evidence*) 中，塔夫特分享了很多能够有效地把数据可视化的秘诀。

最后，我们还要向大家展示一些我们曾创建的可视化故事，以及我们在过去的十年中看到的大量的例子，然后找出 6 种测试方法。这些测试方法虽然不能确保 100% 的成功，但至少能够帮助你立刻发现一些常见问题。测试可视化故事的方法有一些基本的步骤，这些步骤能够确保你已经包含了所有必要的元素和内容，并且考虑到了一些有可能出现的意料之外的结果。

测试不仅仅是简单的演练。有一种沟通技巧叫做“积极聆听”(Active listening)，即用听众熟悉的语言，用重述、译意的方式，鼓励听众及时对你的宝贵作出反馈。通过这种方式，能够确保双方理解谈话的内容。测试可视化故事的过程和积极聆听的方法是相同的，这种方法就是要求测试听众对你的演讲作出反馈，让他们复述从你的故事中得到的信息，告诉你他们对你的故事感受，以及当听完和看完你的可视化故事之后，他们会怎么做。

CAST 是这个可视化故事图当前的英文缩写。一次我无意中翻看笔记的时候发现了这个名字。就在我正输入整个故事，并挑选和控制故事和人物组合的那一刻。

今天，我们用可视化故事图来呈现可视化故事的重要结构，并且提醒你故事中应包含的重要元素。在下一章里，我们将一起看看如何使用这个可视化故事图。

用正确的方法讲正确的故事

百闻不如一见，百见不如一试。[1]

中国谚语

当听众早已忘了你的名字和你演讲的题目时，也许他们会记得你的故事，这也就是为什么很多演讲大师都是讲故事的高手。

奇普·希思和丹·希思，畅销书作者，这句话是他们俩对如何让想法被人们记住的看法

3

① 原文为“Tell me and I' ll forget, show me and I may remember; involve me and I' ll understand.”这句谚语在西方国家广为使用，很多权威书籍都将其出处标注为中国谚语（Chinese proverb），但并没有明确的出处。——编者注

可视化故事图的使用方法

CAST 方法和可视化故事图是同步发展起来的。我们觉得应该有一个简单的图示来帮助人们记住这些步骤和方法，让人们能够抓住重点信息，决定怎样来构思和设计这个故事。可视化故事图使用了一个非常简单的表格结构，不管是用纸打印出来，还是在白板和挂图上复制都很方便。你可以从我们的网站（www.storiesthatmovemountains.com）或者是本书的网站（www.wiley.com/go/storiesthatmovemountains）下载可视化故事图的模板。我们在很多场合都会使用这一模板，使用的方式也是多种多样，希望你也是。

有时，任务的截止期限渐近，而我们手边还是一大堆素材——想法、关于听众的资料和部分完成的材料，等等。如果你学会了 CAST 方法，你就会发现，其实可以把你手头所有的材料填入这个可视化故事图中相应的部分，然后开始迭代就可以了。

在另一些情况下，我们会让小组来完成故事的拓展，有些时候让听众里的重要成员也参与进来。通常，我们会以一场头脑风暴来作为开端，让每一个人对创造故事感兴趣。在头脑风暴时，小组里的引导者会先在白板上画出可视化故事图，接着，给每个人发一沓便笺，让他们把想法写在便笺上，然后把纸贴在图中的任何一个部分。15 分钟后，引导者开始沿着可视化故事图中的每一个部分贴的纸条与大家分享。当大家知道了同伴的想法后，第二轮的头脑风暴和想法归类开始。这种方法能够确保在 30 分钟内，每个人的想法都能被大家所了解，这是创造一个可视化故事的基础。

多数情况下，可视化故事的创造期需要几周，而不是几天或几个小时。使用可视化故事图能够帮助大家跟踪团队的进展。随着故事的发展，最核心的信息会凸显出来。我们也经常看到人们用可视化故事图的电子版在小组里分享大家的想法，或者是把可视化故事图打印出来，挂在小组讨论室的墙上。

如何让 CAST 方法更高效

迭代

过去十年我们所创造出的可视化故事，没有一个是一次就完成的。真实情况是这样的：人们一起工作，不断地讲述故事，反复讲述，最后找到最正确的方法。这一过程有时候需要几天，有时候需要几个月。每一个故事都需要很多次测试，听取很多听众的意见，以及做很多次设计的迭代。

可视化故事图中的每一个板块都对应着本书的某个章节。在每一章的结尾，你会看到一个检查清单，建立这个清单的目的是让你在完成 CAST 方法的某一部分时，记得检查一下是否包含了最重要的东西。这些检查清单的模式都是一样的，能让你在书中很快能够找到它们，对整个过程有一个大体的认识。在创建整个可视化故事的过程中不断进行迭代的时候，别忘了返回已完成的清单，它能更好地让你了解进程。

整合

我们发明 CAST 方法和可视化故事图的目的在于提供一个能够确实有用的结构。这个方法的一个好处是，能够把不同部分的内容整合在一起来创建一个吸引人的故事和视觉设计，从而确保演讲关注的是听众需要知道的信息。如果你发现自己跳过了这一方法的某一个环节，或者是某一环节的内容和可视化故事图中的其他内容不能很好地融合，那么这个时候你就应该停下来想一想到底哪里出了问题。

在接下来的每一章里，我们都会用两个例子来解释可视化故事是如何被创造出来的。这两个例子的页边都有统一的颜色，以便你可以提前快速浏览例子的内容。我们试图用这些例子来向大家展示各不相同的部分是如何被整合到一起的。

创新

CAST 方法能够把一些非常实用的技巧整合在一起，但这些技巧不是全部。在书中的一些章节，我们也会介绍一些其他技巧，我相信你们中的很多人曾使用过一些和这些技巧有一样效果的方法。我们的建议是，首先你要理解 CAST 方法中每一个步骤所希望看到的结果是什么，然后把你自己的经验和技巧融入到我们所讲授的方法中。

最终你将会创造属于你自己的 CAST，而这会是最适合你的工作方式，也是最适合你的公司企业文化的 CAST 方法。

两个案例说明 CAST 方法

当我们决定撰写这本书以后，我们参考了很多同类书籍，看看能否对这本书的写作方式有所启发。大部分的书都使用了例子来阐释每一个观点，但我们发现这些例子要么彼此之间没有关联，要么就是太过理论化，或者过于简化，还有些只是为了表现结果。于是我们决定一定要有所不同。最终，我们打算通过两个例子在每一个章节向读者展示究竟应该怎样做才能创造出一个好的可视化故事。这些例子都是根据真实的案例创建的，只是在名字和细节上作了改动，目的是让我们能尽可能多地展示每一个技巧。在本书的结尾，我们会完成所有的例子，而你将完整地看到我们是如何使用 CAST 方法的。

第一个例子是关于玛丽娜的故事。玛丽娜想开始自己的事业——对其他的私人教练给予支持。玛丽娜所遇到的挑战和使用的方法可以适用于面临相同问题的人们身上。玛丽娜的故事被用来展示 CAST 方法是如何帮助你发展故事的想法和内容的。

第二个例子是汤姆的故事。汤姆是一家知名医院的 IT 部门主管，他希望获得大家对一个重大改组项目的支持。汤姆所遇到的问题和很多参与复杂的商业项目、与许多利益相关者共事的人面临的问题一样。汤姆的例子可以展示出如何把一个故事融入到一个现有的方案中，以及如何设计一个复杂的演讲过程，而这在大型企业中是经常会遇到的。

在接下来的两页中，我们会分别介绍这两个例子，并解释一下玛丽娜和汤姆所面临的情况。

在第 16 章还有一个虚拟的例子，这个例子融合了我们这些年为企业和机构所创造的可视化故事中所遇到的一些情况。你在第 1 章已经看到了这个例子的开头了。在第 16 章，我们会把这个故事的最后两天用一个例子向大家展示，如何在非常短的时间内运用 CAST 方法来准备一个很重要的演讲。与之形成对比的是，玛丽娜关于个人培训师的例子和汤姆的城市大学一样的例子都历时几周的时间，才完成了内容的构思、测试和最终的讲述。

创建你自己的例子

这些被实践过的例子能够帮助你理解 CAST 方法以及其他很多技巧。我们建议你在阅读本书的过程中，试着去创造你自己的例子来检验你的想法，而不是等到读完整本书以后再创造。

如果你能够在阅读本书的过程中创造你自己的例子，那么我们相信，当你需要在短时间内创造出一个可视化故事的时候，你会更加清楚哪里是需要关注的重点。

案例 1：私人教练

玛丽娜

我叫玛丽娜。在当了很多年的药剂师和医疗管理员之后，我发现自己想要一种新的生活。我试图寻找一个能够让我有激情的事业，最终我决定重新回到大学，读一个认证私人教练的课程。我发现，一个能够让你喜欢的工作很可能无法给你带来经济上可观的回报。我同很多的健身房接洽过，但都不能令我满意。因为健身房 1 小时对顾客的收费是 50 美元，而我只能得到其中的 15 美元，这还不包括我的交通费、应缴的税额和其他的开销。

因此我决定开设自己的健身工作室，这样顾客就可以到这里接受我的私人健身训练。 我知道如何运营一个公司，我的丈夫有很多商业经验，他可以给我不少帮助。然而，开设一个工作室是很复杂的——注册，建立账户，做市场调研，线上和线下广告，还有让人头疼的每周要付的账单。

你可以找到书中页边为黄色的部分来提前了解这个关于私人教练的例子。

有好几次，我都想有没有一个公司能够帮我做这些烦人的工作呢？每一天，当我试着去建立这个工作室时，我都不能够专心地做我本来的工作——做一个私人健身教练。

于是，我的丈夫同我一起开始考虑一个新的想法。为什么不创建一个能够帮助私人教练建立他们自己的训练工作室的服务网站呢？客户们可以在网上找到这个服务，通过注册找到最近的教练工作室，了解教练的理念，并通过网上论坛和其他学员们一起分享他们的经历和反馈。

在线支付服务可以解决会员费和培训费的问题，学员们可以通过银行直接向教练们支付费用。这一服务还可以解决法律方面的费用，提供在线营销，以及向教练们提供如何运营的步骤和方法。

要想达成我的目标，我需要私人教练们参与进来，尤其是那些已经拥有了自己工作室的教练们。我们给公司起了个名字叫做 Optimal Balance，并开始建立我们的网站，推出一些服务，这样我们就可以和投资商一起合作。可视化故事的目的是说服工作室拥有者和私人教练，告诉他们这是一种非常可行的商业模式。也许我必须要做几个演讲才能获得足够数量的工作室拥有者参与到我们的网站，但一开始我只需要找到 10 个愿意付钱的客户就可以开始运营。所以这个可视化故事必须是对这些关键的听众量身定制的，目的是让他们对我们的理念感兴趣，并且愿意尝试这种新模式。

案例 2：城市大学医院

城市大学医院是这个国家排名前五位的医院之一，也是一个具有领先优势的研究中心、医疗培训中心，每年接纳近 50 万名病人。这是一个很棒的工作，我对于我们所做的事情感到骄傲。我叫汤姆，是医院 IT 部门的领导，我们的工作是提供 IT 系统支持，来确保医院的所有科室——从病人信息到房间安排等——都可以正常工作。

最近，医院的信托人同意了一项历时三年的扩建和改组计划。计划包括在已有的急诊部旁边建立一个重症监护病房大楼。这个科室每年医治近 7 万的病人，也是使用新科技和方法来提高病人医护质量的科室。

然而不幸的是，IT 部门在过去的五年一直没有找到投资方或协调方来支持这个计划。在我来到这里之前，管理董事会刚刚决定把 IT 服务部门重新纳入管理董事会的掌控之下，在这之前 IT 部门一直外包给外面的公司。

你可以找到书中页边为蓝色的部分来提前了解这个关于城市大学医院的例子。

改革计划是我的新团队能够展示自己实力的处女秀，能让其他科室的人看到 IT 部门是非常重要的。能拥有这样一个机会实属幸运，然而我们必须要说服很多人，让他们相信我们能够完成这项工作。

病人数据当前保存在不同的系统中，也有很多只以纸版的形式保存的数据。医院里积存了大量的信息，在过去几年中有很多复杂的程序来解决这些数据带来的问题。我们也要对 IT 部门进行大的调整，从而保证建设新重症监护病房大楼的计划成功。因此，我们需要得到临床科室的支持，需要得到护士以及行政人员的支持，当然还有来自改革方案管理董事会的资金上的支持。

每一个人都很支持扩建和改革计划，但我们还需要做很多工作来说服管理层和重要的员工，让他们了解 IT 部门进行改革的重要性。他们已经围绕着现有的问题研究了好几年，但还是没有意识到这对改善未来没有任何帮助。 因此，我需要一个可视化故事来描述我们即将需要作出的改变。这个故事需要解释我们对未来的设想，以及我们将如何实现这些目标，还要告诉听众，成功取决于每一个人的参与。我本人经历过很多大型的改革项目，所以我知道要取得成功各部门的合作与配合是必不可少的，而准确无误的交流则是能够把各部门联系在一起的关键。

“请你告诉我，离开这里应该走哪条路？”

“这要看你想上哪儿去，”猫说。

“去哪里，我不在乎。”爱丽丝说。

“那你走哪条路都没关系。”猫说。

“只要，能走到一个地方。”爱丽丝又补充说了一句。

“哦，那行，”猫说，“只要你走得够远。”

刘易斯·卡罗尔（Lewis Carroll）
《爱丽丝梦游仙境》

马卡里雄性东北虎，摄于2009年。
英国野生动物遗产基金会

使用 CAST 方法时最常见的两个问题

我们发现一个最常见的问题是，在创建可视化故事的过程中人们总是因为没有真正理解为什么要创建故事而浪费了很多时间。

很多次，我们看到人们付出了很多努力来创建一个故事，然而仅交代了一些背景信息，并没有抓住重点。如果你不能对故事的目的有足够清晰的认识，那么我建议你，从可视化故事图中的“内容行”和“听众行”开始做起，从而清楚地了解创建故事的目的。

第二常见的问题是，创建了一个可视化故事，但对如何讲述这个故事没有一个明确的计划。

我们见过很多的演讲加入了很棒的故事和图片，但听众并没有看到这些。这是因为作者没有想到应该怎样把他准备的信息传递给听众。可视化故事图中的“故事行”和“讲述行”就是用来确保可视化故事能够传递到听众中的每一个人，让他们听完之后愿意作出行动。

所谓组织，就是你在开始做什么事之前做的事，这样当你开始做的时候就不会搞得像一锅粥了。

兔子罗宾，《小熊维尼》

不计划的人是注定要失败的。

温斯顿·丘吉尔

想象一下《爱丽丝梦游仙境》里的柴郡猫如果变成一只老虎会怎么样？马卡里是一只漂亮的老虎，但是它可没有柴郡猫的性格。在你发展你的可视化故事时，想一想这个例子吧。好的可视化故事能够将不同的部分相互平衡，从而确保每一个部分都能和其他部分很好地融合在一起。这样做的好处是显而易见的，因为这能够积极地影响听众的想法和反应。如果你的可视化故事中有些元素和其他部分不一致，那么听众得到的信息很可能就是“我不知道这条路通向哪里”。

可视化故事图

C 内容	为什么	什么	怎么样	如果……会怎么样
A 听众	谁			
	学习和做决定的方式			
S 故事	结构	人物	紧迫感	讲述计划
T 讲述	设计			
	测试			
作者	你	目的	第一个故事	日期 现在

到我们的网站 www.storiesthatmovemountains.com 来下载可视化故事图吧。你可以一边阅读这本书一边利用这个图表创造你的第一个可视化故事。

开始

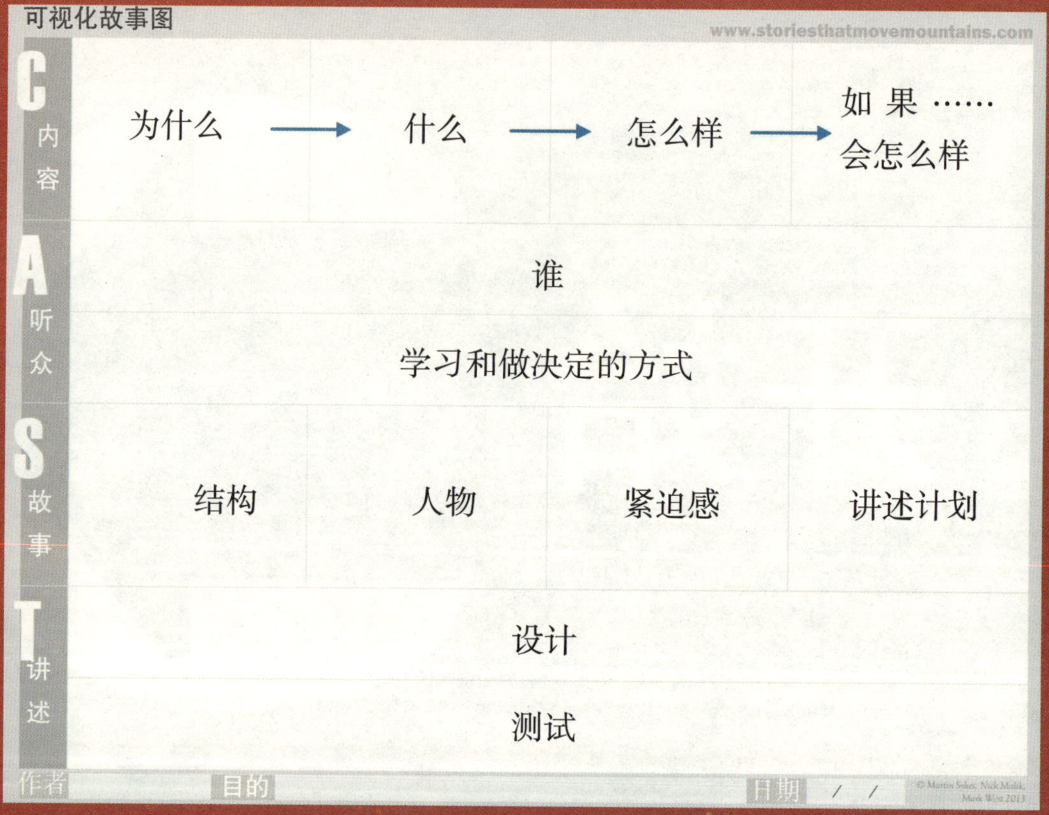
可视化故事图
www.storiesthatmovemountains.com
C 内容
为什么
什么
怎么样
如果……会怎么样
A 听众
谁
学习和做决定的方式
S 故事
结构
人物
紧迫感
讲述计划
T 讲述
设计
测试
作者
目的
日期 / /
© Martin Sykes, Nick Malik, Mark West 2013

内容

4 一个精彩的故事从“为什么”开始

预测未来最好的办法就是去创造它。

彼得·德鲁克，管理学大师及管理学理论之父

倘若一个人拥有了他生命的为何，就几乎能容忍所有的如何。

摘自著名德国哲学家弗里德里希·尼采1888年著作《偶像的黄昏》（*Twight of the Idols*）

CAST 方法的第一个步骤就是要清楚为什么需要改变。西蒙·斯涅克（Simon Sinek）在他的书中《从“为什么”开始》（*Start with Why*）中讲的就是世界上伟大的领袖和有影响力的人是如何做到在演讲中从“为什么”开始，然后才是“怎么样”和“什么”。如果你的听众明白了为什么需要改变，那么他们就会更加容易接受改变。

你可以用这一章教授的技巧作为填充你可视化故事图的开始。第一遍就是要找出你希望人们作出改变的核心原因。接下来，你要创造的可视化故事一定要将这些原因阐释出来。

在我们的培训课上，我们发现很多人已经明确了他们希望人们所作出的改变，然后可视化故事就仅仅是在描述这个改变。假设你希望你的生活、公司或你的居住地发生一个改变，要知道一开始人们对此的态度还是非常小心谨慎的。

通常来讲，你希望发生的改变都是有原因的，但我们在这里让你找出的原因是除了私人原因以外的其他原因。这一章会告诉你如何找出能够让听众认可的原因。我们会帮助你找到需要改变的原因，并且把“你”从故事中去掉。

一旦你找出要作出改变的原因，那么你很可能会觉得改变迫在眉睫。在第 5 章里，我们会和大家分享一些找到故事紧迫感的技巧，从而能够更好地说服你的听众。同样，在这种情况下也要做到小心谨慎：你可不能指望你的听众也像你一样觉得改变迫在眉睫。

听众作出改变的三个主要原因

避免从你自己的角度出发并不是件容易的事。我们会给你提供一些方法，教你用一种中立的方式检测你的动机。在这一章，我们的目的就是帮助你了解一个最重要的问题：“为什么你的听众需要作出改变？”

虽然每一个故事都有自己的重要因素，但这里给大家讲的是通常人们会作出改变的三个主要原因。

- **改善当前的情况。**如果你将要讲述的故事属于这一类的话，那么你需要了解当前的情况的痛点在哪里，并且要展示你的解决方法是怎样消除当前存在的问题。这里的“痛点”指的是任何的不方便，缺乏效率，潜在利益的丢失，或是任何身体上、情感上或经济上的不适（你会在这章的后面找到关于对“痛点链”的定义以及如何解决痛点的技巧）。
- **介绍新事物或有用的事物和理念。**也许当前的情况没有什么问题，但是你希望能够引进一种新产品，新项目，或者是一种能够提升效率、提升营业额或增添趣味的方法。在这种情况下，要想说服你的听众有些困难，因为当前不存在任何痛点，所以没有可以利用的紧迫感。如果你的故事属于这种情况，你就必须说服你的听众，让他们相信你的提议能够改善他们的生活，而且很可能会以一种他们从没想过的方式。VCR 和 iPad 不都是这样产生的吗？

- **达到某种个人目的**。这种故事是你为自己创造的故事，它的目的是吸引一些认同你想法的人。个人故事的内容通常是关于自我提升，如获得一个新工作，或是减肥，等等。

时刻牢记为什么改变

首先，你要回答一个问题："为什么"。然而，在我们的培训课程上，大多数的人一上来就直奔他们的电脑，开始创建幻灯片。有些时候，我们听到的理由是"我就是想收集一下自己的想法"。这样做的一大问题是，要想把这些想法转化为一个最终版本的演讲，需要花费很多的时间和精力。每一年，成百上千个小时就这样白白浪费了，而这就是因为人们在还没有想清楚到底需要传达什么信息之前，就急于开始动手准备他们的演讲。除此之外，大多数关于如何改善演讲的书都假设你已经知道了你要讲的故事内容。在这本书里，我们建议大家，一开始一定要明确你要传达的信息，这样才能了解你要解决的问题是什么。

在这一章，你会对你需要解决的问题有一个清楚的认识，而这是你整个故事的基础。所有需要被改变的事情，所有的活动，都要和原因"为什么"挂钩。通过使用这种方法你也将更好地认识你的听众。

这一方法是需要迭代的。虽然你从"为什么"开始，但很快，你就会开始做笔记来记录一些内容，而这些内容对你发展"谁"、"什么"以及"怎么样"部分是会有帮助的。之后，在你创造这些部分的内容时，你可能会发现一些其他原因，从而需要回到"为什么"这一部分，更新一些细节，或改变关注点。不要想着一开始就做到十全十美。这一工作是可迭代的，所以在创造故事的整个过程中，你一旦有了新的想法或发现你忘记了什么重要原因的时候都可以进行修改。

所有改变的动机都与个人有关

改变是一件关于个人的事情。没有生命的物体是不会在意他们是不是被改变，但是人会。人们会有各种情感、期望、各种关系。如果你希望这些情感都为你工作，你就必须作为一个人和每一个个体对话。如果你想让你的听众在意你，那么你就必须让他们觉得你在意他们。

有一些改变的动机是利他的，纯粹是为了别人的福祉，但在大多数情况下，你所希望的改变若想得到支持，你必须向听众解释一个问题“我能够从中得到什么好处？”。试着把这个问题当作是你的听众每天收听的一个广播节目。时不时地，广播节目中突然发布的一条消息吸引了他们的注意力。这些原因或“为什么”就是这些节目中偶尔发布的一条消息。如果你不能让你的听众思考“我能够从中得到什么好处？”，那么你的故事就失去了它应有的影响力。

我不在意

所以，在这一阶段，你所应该关注的就是换位思考，站在听众的立场想一想“他们能够从中获得什么好处”。好处可能是商业目标或是个人梦想，或许是能够满足他们自我价值的实现，或者是第一次尝试一些有趣的事物，也可能是成为一个好的团队工作者或是一名好的员工。在企业发生改变的情况下，个人参与的原因很可能与企业自身追求更高的目标不同。你必须理解企业宏观上的目标和其中作为个体的个人动机，并确保在你的故事中将两者都体现出来。

当听众能够了解他们能够从改变中得到什么好处之后，他们通常会问第二个问题：“你又能从中获得什么好处呢？”作为提出改变和讲故事的人，你的听众很自然地会有欲望了解你的动机，并想要了解你能够从这些改变中获得什么。大多数人的演讲中并不会考虑到这一点，然而这确实是一个重要的问题，而你应该从一开始的时候就要着手解决这一问题。如果你的听众不相信你的动机，那么他们也很可能不会相信你的故事。

找到“为什么”的三个技巧

在这一章的剩余部分，我们会介绍三个能够帮助你找到“为什么”的技巧。这三个技巧叫做“五个为什么”、“痛点链”和“结果设想”。选择一个最适合你的技巧，并且试着解决最大的痛点。毕竟，你所提出的解决方案必须是听众相信它能确实起作用，能够确实着手实施的方案。

技巧一：五个“为什么”

理解一个改变的重要性通常是一个自我反省的过程。论证一个解决方案是“合理的”并不难，因为对于演讲者来说，这是自然而然的事。但是，如果你要向其他人说明这个想法是切实可行且合理的，那么你首先必须忘掉自己。对于我来说，这其实就是一个分析游戏。我会使用“五个为什么”技巧来刨根问底，发现最根本的动机。

记得有一天，我带我的孩子到一个游戏厅玩。我的儿子安迪当时只有五岁。我们俩当时的谈话如下：

安迪：爸爸，我们需要停车吗？

我：是的，我们需要现在停车。

安迪：为什么？

我：我们正在驶进一个加油站。

安迪：为什么？

我：因为我们需要给车加油。

安迪：为什么？

我：因为汽车需要汽油才能把我们带到游戏厅。

安迪：为什么？

我：因为我已经用光了油箱里所有的油了。

安迪：为什么？

我们的问答一来一去有好几个回合，最后以彼此一连串的傻笑结束。当然，我的儿子仅仅是觉得这样一个劲儿地问为什么很好玩儿，而我也故意回答得很短，这样就可以给他机会继续不停地问“为什么”。

作为一种分析技巧，“五个为什么”的游戏更加地发人深省。比如说，在我之前参与的一个项目中，我发现我需要说服一群商业领袖，让他们给我们所有的客户创建一个单一的电子商务体验，而不是根据我们的每一种产品，创造不同的体验。我一开始的出发点就是假设我需要使用一个可视化的故事来传达“我们需要给客户创造一个单一体验”的信息。下面的内容是紧随其后出现的“五个为什么”。

为什么我们需要一个单一用户体验？因为我们的客户目前有六种不同的电子商务体验，这可不好。

为什么这不好？因为每一种不同的体验保护不同的产品，有时候价格不同，或促销的程度不同，客户对此不是很满意。

为什么客户不满意？因为客户不能确保他们获得了最优价格，除非他们把每一个电子商务体验都试过，但是这太花时间了，一般人根本做不到，因此客户抱怨连连。

为什么这会花费很多时间且会让客户抱怨连连？花时间是因为每一种体验都是不同的，这简直就像是一场“寻宝游戏”；之所以让人讨厌是因为看上去我们似乎在隐藏最实惠的优惠，这样一来好像没有人能够找到这些优惠似的。因此，客户对公司感到不满意。

为什么我们要在乎客户满意度？因为不满意的客户不会再次到我们的网站上消费。

> “五个为什么”的方法是由丰田汽车公司的丰田佐吉 (Sakichi Toyoda) 发展而来的。今天这已经变成了广泛使用的一种工具，成为众多被广泛使用的、改善经营的方法之一，如同六西格玛（Six Sigma）、精益生产（Lean）和持续改善 (Kaizen) 一样。

现在，根本原因已经很明显了。在询问了五个“为什么”之后，真正的原因显现了。我们只需要一种电子商务体验，因为除此之外的任何其他做法都会损害客户忠诚度。而忠诚度是我可以测量的。

“五个为什么”的游戏要求你从一个问题开始，然后不断地问“为什么”，连续五次，每一次都比上一次更深一层。当然，在有些情况下，真正的原因不一定非要问五次才出现，而在有些情况下，你可能需要继续问下去才能找到真正的原因。然而，大多数的人都可以在“小于等于五个为什么”之内就找到根本原因。

下一页中的例子就是本书中首个出现的“经验证”的例子。在这一例子中，尼克和玛丽娜用“五个为什么”的方法来找出小型私人教练工作室需要作出改变的动机。

所以，从你自己的观点开始。当你第一次问“为什么”的时候，你的思考处于自我观察层面，在这一层面，你可以找出各种有用的观察结果。而当你再一次问“为什么”的时候，就需要你抛开自己观察的角度，转向别人的立场，来理解别人潜在的需求。

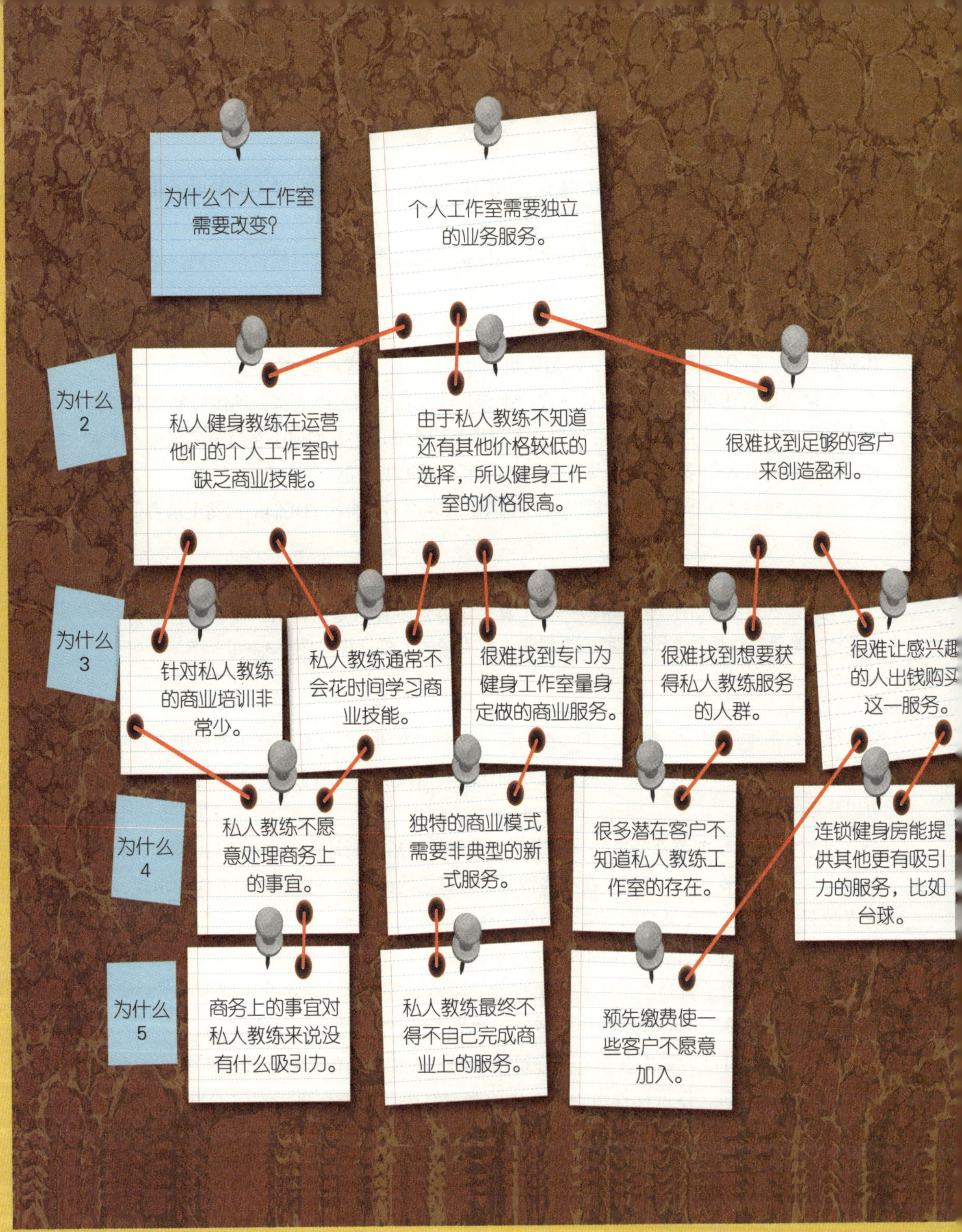

玛丽娜将索引卡片纸钉在她书桌的墙上，并使用“五个为什么”技巧来找出为什么私人教练们会想要使用她的 Optimal Balance 网站提供的服务。

技巧二：痛点链

“痛点链”（pain chain）的概念来自销售技巧。这个词语指的是在一个企业组织中存在的痛点（或痛苦），或问题，而这个痛点对不同的人（根据他们的层次和责任的不同）的感受也是不同的。在可视化故事中，痛点链技巧可以帮助你找到你听众中相关的人或人群，了解如何才能使你的故事对不同的人产生不同的感触，并找出这些人当前对痛点作出反应的不同方式。

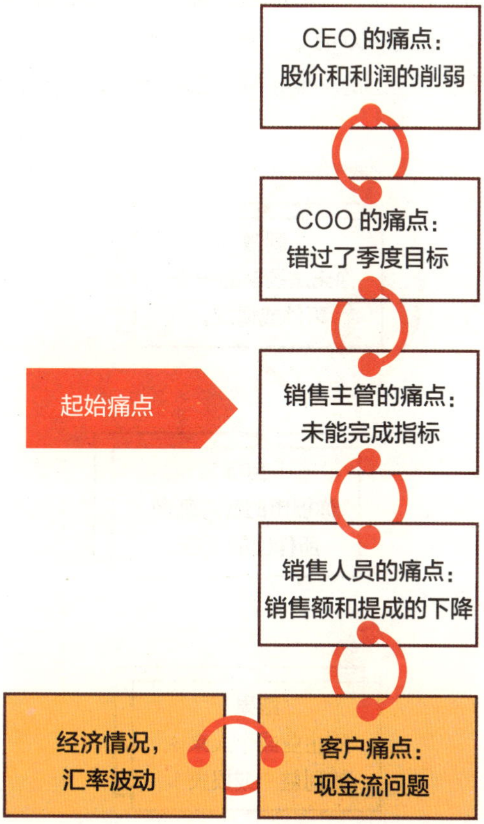

你可以从痛点链中的任意一个地方开始，向任意一个方向发展。在本页图示的例子中，痛点链是从销售主管发现未能完成指标这一痛点开始的。这一痛点在组织中上上下下都存在，以不同的方式影响了不同的人。这一痛点可以在个人层面和企业层面上存在：从个人层面上来看，销售人员失去了获得提成的机会；从企业层面上看，它影响了企业总体业务利润。在这个案例中，痛点链的根本原因出现在链条的底部。主要客户群体的所在国的经济条件导致了很大的现金流的问题，从而丧失了未来的销售机会。

痛点链可以在企业内部纵向发展，根本原因可以在任何一点开始，并进行扩展。痛点链的技巧并不能够帮你理解随着时间带来的改变（而这一点是“五个为什么”技巧可以做到的），但是它能够帮你建立一幅完整的图像，包括它涉及的各种人、群体、企业等，以及他们各自的观点。所以，你的故事需要解决听众中每一个人的不同痛点。

然而，并不是所有的这些痛点都和你要创建的故事有关。在这本书中，你会一直看到我们给出的一个建议：有意地作出选择，包括或去掉痛点链上的某个人。当你做出决定后，一定要考虑其对整个故事的影响，以及听众能够理解故事并和故事产生联系的能力。如果你把故事的目标听众中一个很有影响力的人去掉了，那么听众的成员还会接受这个故事吗？他们还能够使用它并且分享它吗？

痛点链的技巧通常会产生一些有消极意义的词语，这是很自然的，因为这是找出“痛苦”的过程。然而，如果是为了创建故事，你所传达的信息通常需要经过修饰之后才能展示痛点，因此你应该使你的信息变成一个更积极的信息。

在这一章的后半部分，我们会讲述城市大学医院的例子。在例子中，一开始我们会创建一个关键问题的思维导图，之后会建立一个痛点链。

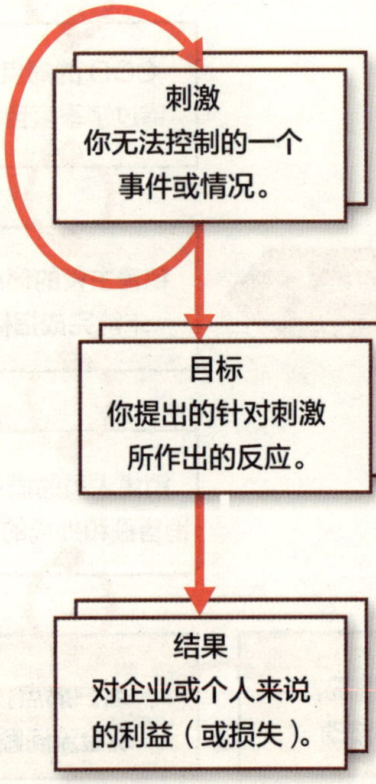

这种方法是一个很好的商业分析技巧的简化版本。这种商业分析技巧你可以在一本由约翰·沃德和伊丽莎白·丹尼尔（John Ward and Elizabeth Daniel）撰写的名叫《福利管理》（*Benefits Management: Delivering Value from IS & IT Investments*）的书中找到。

技巧三：结果设想

第三个技巧提供了一种方法，来审视个体或企业如何对一些不在自己掌控范围内的事件作出反应。在电影和文学领域，主人公通常会发现自己不得不对一些他们无法掌控的事件作出反应。这些事件可能会引导他们踏上一段旅程，或是经历一场个人的转变，最终的结果是使他们自身发生了改变或使这个世界发生了改变。

从图中最上方的“刺激”开始，也就是从驱使改变发生的事件或情况开始。这个刺激往往来自于听众中某个人的影响。它可能是在过去已经得到改变（因此不是可变的）或是即将发生的一个事件，也可能是一个你的市场中新加入的竞争者，也可能是潜在的自然灾害。重要的一点是，刺激和实现未来目标的能力之间要有清晰的关联。换言之，现有的痛点是不够的，必须还有痛点与不能实现一个有价值的目标之间的关联。在左边的图中，每个人都有一个他们不能实现的目标。

每一个刺激都可以和一个或多个目标相连，并且刺激和目标之间会有某种联系或依赖性。每一个目标都描述了你期待的改变导致的结果的某一部分。于是这些结果就成为了一种衡量或展示你已经实现目标的方式。当然，一个目标可能会有多种结果，而一些结果可能会有多个目标。

试着用丰富的语言来描述这些目标，解释未来会发生什么不同的事情。描述一下在未来情况会有什么不同，以及当改变完成时，你的听众们将能够做些什么。在一些情况下，这些未来的情形用可视化技巧来完成是再合适不过的了。闭上你的眼睛，想象一下未来的你。现在，赶紧写一段描述未来的话吧，或是画一个草图或思维导图来捕捉一些关键点。

在描述最终结果所带来改变时，一定要尽可能地详细。对于那些涉及企业结构上的改变来说，结果可能是一些商业度量，如订单或现金周期时间，等等；对于个人的改变来说，结果可能是减轻的体重或是跑 1 公里所用的时间。在最佳情况下，你应该能够找出衡量的标准、当前的价值、目标，以及到达目标所需要的时间。这一时间基础可能在之后的 CAST 方法中会是一个十分重要的要素，从而有助于故事中发生的事件按序排列。

当你已经有了大量的内容，然后才开始用 CAST 方法时，要注意以下几点：首先，你要在不同的列表中放入你的刺激、目标和结果；然后，花些时间将每一个刺激和一个或多个目标相连，接着再和一个或多个结果相连；完成之后，去掉任何没有和其他部分相连的内容；如果联系不够有力、清晰，那么你需要考虑一下这些内容是否确实和故事有关。

第 16 章中的真实案例显示了“结果设想”技巧是如何用到已有内容中的。

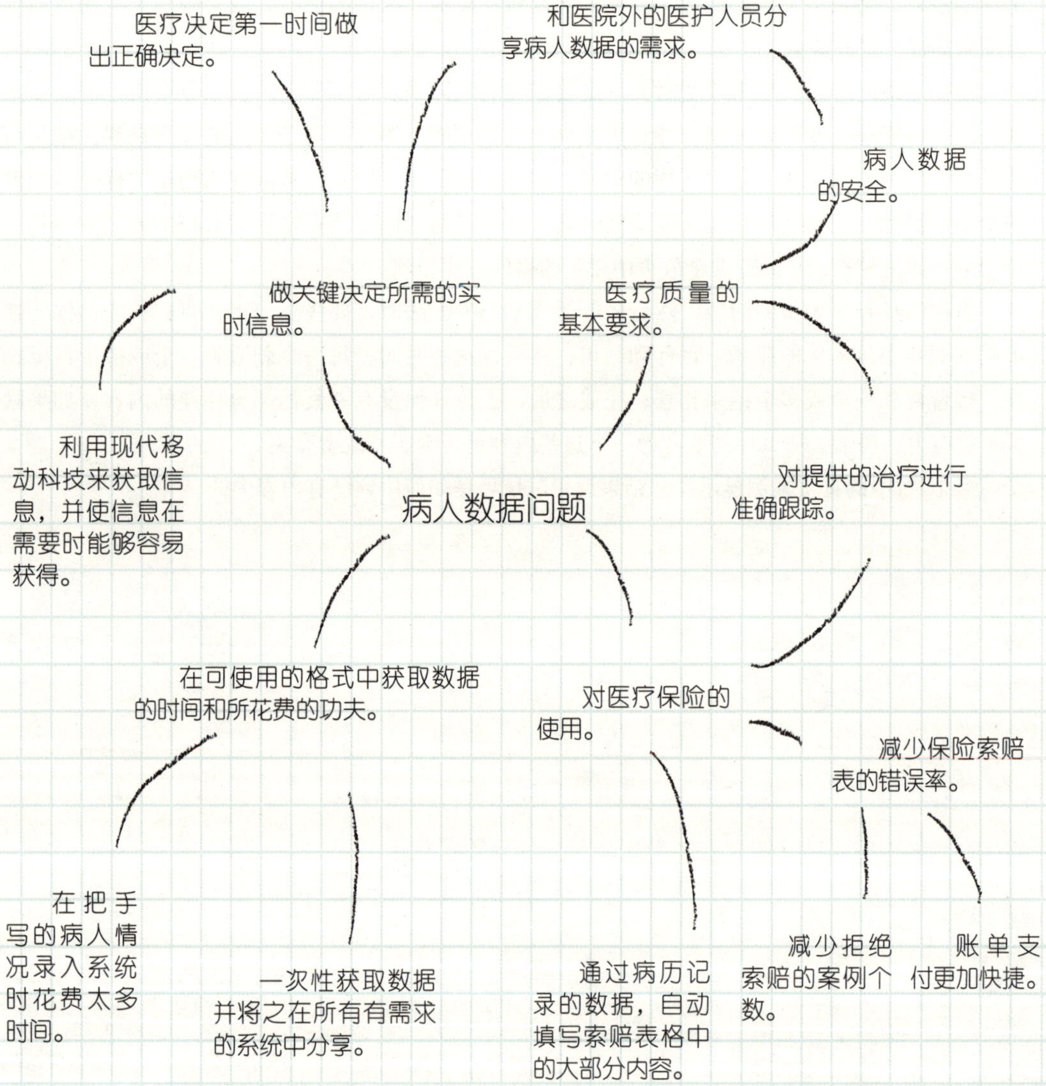

在所有关于 CAST 方法的章节中我们都用了城市大学医院的例子来展示汤姆是如何发展他的可视化故事的。书中大部分内容来自汤姆的笔记本，他将告诉大家他的故事是如何一步一步发展的。本页的内容来自于与 COO 领导的团队开会时使用的白板。在会议室他们对病人信息问题进行了头脑风暴式的讨论。

痛点链

克劳斯——CEO

三年的转变计划能否实现取决于成本控制。在保险索赔方面犯下的错误所引起的财政上的损失相当于在接下来三年中我们必须节省的全部金额。

伯尔尼德——COO

IT 系统的问题需要花钱才能解决，但病人数据的错误或许会引发医院的财务问题，并损害医院的声誉。

艾伦——财务总监

很难从我们系统中的数据中收集医疗保险公司索赔申请表所需的信息。很多索赔因此被质疑或拒绝。

卢克——病人数据总管

由于数据质量问题，我们对病人的护理目标未能完成。但提高数据质量又需要花费大量时间和精力，这会使员工抱怨。

护士

在多个系统中输入病人数据容易产生错误，而护士要为此负责。

护士

病人数据记录在太多不同的地方，这使得在紧急情况下找到所需信息变得困难。

总结

1. 当你了解痛点链中的人群时，痛点链就能很好地工作。

2. 在痛点链中，不同的人对同一个问题在不同层次时会有不同的感受。

3. 很多人都能感受到痛点，但我们需要护士来做最大的改变。

在领导小组的会议中，汤姆有机会向卢克询问，病人数据问题对他来说意味着什么。在接下来的几天，他有机会询问管理层的其他人和护士们同样的问题，这使得汤姆可以根据他们的回答建立这个痛点链。

始终关于听众

你的“为什么”是针对观众还是针对你自己？也许你有一个改变必须发生的截止日期，或是有一个需要达到的销售目标？这些原因对你来说可能是非常充分的理由，但对听众来说没有任何意义。所以，请确保你的故事始终关注的是听众听完这个故事后会如何改变。在听完了你的故事以后，他们为什么要以不同的方式思考和作出行动？**如果在你的故事结束后，他们的态度完全没有改变，那么你就是在浪费每个人的时间。**

积极因素和消极因素

思考一下你提出的改变的好处和坏处。考虑未来，考虑如何实现改变的目标，以及改变所能带来的好处。然后想一想可能遇到的阻碍和困难，以及改变有可能带来的不利因素。事先想好这些问题，思考需不需要在故事中包含这些内容，总好过于在你演讲的时候，听众中有人向你提出这些你始料未及的问题。在很多案例中，我们看到人们在创建故事时，都只是关注改变带来的积极影响，而最终在演讲时被听众提出的关于消极影响的问题弄得措手不及。所以，先发制人，事先考虑到消极因素，这样听众们会明白你没有隐藏什么，你也会得到听众的信任。

收获 > 付出

改变带来的好处一定要大于当前的痛苦，以及改变自身有可能带来的一些不理想的因素。举例来看，学习使用一个新的数据系统可能会很麻烦，尽管这个系统能够节省时间，使工作变得更容易。即使你向听众展示了最终的结果是值得的，但如果他们认为整个改变的过程是痛苦的，很多人还是会继续抵抗改变。所以，你所要做的就是告诉听众痛苦是暂时的，而最终的结果带来的好处则是长期的。

隐性或显性的痛苦

我们目前所讨论的痛苦大多都是“显性”痛苦。也就是说，这些痛苦我们可以很容易地找出来，这些痛苦是人们可以描述出来的，也是他们正在经历着的。但对于那些新产品或全新的理念来说，痛苦可能是隐性的，听众们自己甚至都还没有意识到这是一种痛苦。

在美国的医药行业，我们时不时会看到一些新词出现来形容那些人们已经患病时间很长的疾病。通过给这些疾病起一个新的名称，将这些隐性的痛苦变得可见，并把它们和当前的情况联系起来，你就可以激发人们消除痛苦的欲望。

举个例子，为了能够刺激消费者购买漱口水，制造商们会告诉我们一些关于“牙龈炎”的知识。牙龈炎其实指的就是牙龈发炎，通过使用这个医学名词，这些制造商们使这种疾病听上去更严重。如果你的改变是一个关于产品的介绍，而这个产品听众并不确定他们是否需要，那么给这一产品解决的问题起一个名字也许会起到意想不到的作用。

隐性痛苦还可能和你从未考虑过的问题相关联。在电子书阅读器介绍给人们之前，很少有人会想到自己需要一本电子书，因为把图书馆装进口袋并不是很多人愿望。然而，当前的网络上已经有了成千上万本电子书可供下载，因此拥有一个电子书阅读器的好处变得显而易见。可是不要忘了，当电子书阅读器第一次被作为产品推销给人们时，其解决的痛苦是隐性的。你的听众中是否也拥有一些隐性的痛苦呢？

个人议程还是职业议程

你的“为什么”是和听众的个人议程相关？还是和他们的职业议程、社交议程或是工作议程相关？这些不同的议程对你的故事所受到的支持程度十分重要。一个个人议程对个人的承诺来说是一个强有力的影响者。然而，若没有来自企业或一个社会团体的支持，个人议程很可能要受制于团体需求，从而确保它不会破坏良好的现状。若是你的“为什么”和职业的或工作上的议程相关，那么你的想法可能不会得到很多的支持，尤其是当这个团体并不同意你想法的目标时。

战略痛点还是策略痛点

策略上的痛点通常是最紧急的，也通常是十分个人的痛点。它也许是失去了工作的痛苦，或是未能完成指标，或是个人信誉的丧失。通常来说，这些痛苦持续的时间并不长。尽管策略痛点可能会对制造改变的紧迫感十分有效，然而，一旦改变被接受了，策略痛点也有可能很快消失。而战略痛点是一种更持久的痛苦，所带来的障碍也是长期的，除非改变被接受并且被完全地完成，否则战略痛点会一直存在。

如果你已经找出了战略痛点，那么请确保这个战略痛点和某些策略痛点相关，从而能使听众立即作出行动。如果你只是找到了策略痛点，那么看一看是不是有潜在的战略性的“为什么”需要解决。你可以使用“五个为什么”方法来完成这一点。

明确具体的细节

详尽的细节能够让听众更容易相信你的故事，更能吸引听众的注意。所以，使用一个对你的听众来说十分重要的事例吧。事例中的数据一定要准确详细，但也别使用太多细枝末节的内容，你应该使用那些对故事的发展有帮助的具体信息。

你能够测量改变的结果吗

你能够找出测量痛点的方法吗？并且这一方法可以在未来被用来展示改变正在发生？有没有一种测量方法能够显示改变已经完成了？从测量的角度来描述终极目标能够向听众展示一个好的结果会是什么样子的。

牢牢抓住听众的注意力

你能用一句话来概括你的目标吗？用简短又吸引眼球的语句来定义你的目标，能够让人们很好地记住，并且让你的听众明白你所传达的信息。可不要使用那些又长又多的从句，甚至是一段话那么长的句子来描述。重要的是让你的听众能够产生共鸣。所以，目标一定要用强有力的词语来表达，这样才能激发人们聆听故事的渴望。比如：

让计算机出现在每张办公桌和每个家庭中。

比尔·盖茨

两倍的速度，一半的价格。

史蒂夫·乔布斯对 iPhone 3G 的描述

在之后每一章的结尾，我们列出了一个清单，提醒你潜藏的陷阱。

当心

按照这些步骤，确保你搜集到了所需要的信息，来解释为什么你期望的改变是必要的。

不要评判或过度分析。我们在这章里提供了3个技巧，来帮助你理清你的理由“为什么”。如果你不确定已经理解了听众需要改变的原因，那么请使用痛点链的方法。如果你的原因“为什么”听上去太牵强，那么请使用“五个为什么”的方法来更深入地理解原因所在。如果你一开始有一大堆的数据和信息，却没有条理，那么可以先创建一个结果图。选择一个或使用一个技巧，抓住重点，做下去。

做好迭代的准备。我们的目标就是快速地用CAST方法开始创建你的故事。随着你慢慢创建故事，对整个可视化故事图有了更好的理解，你会在之后不时地回到开始的这一部分，来修改原因“为什么”。

小心使用你自己的故事。当改变涉及其他人的时候，很有可能出现的一种情况是，把你自己的愿望和价值观放到故事之中，因此忽略了听众的角度和观点。除非这个故事是关于你个人的改变，否则的话，请时刻提醒自己从听众的角度来描述“为什么”。要做到这一点，就要设身处地为听众着想，并问自己一个问题：“他们能从中得到什么好处？”

检查清单

- ☑ 检查是否包含了所有的“为什么”和“为什么不”。
- ☑ 检查改变的原因是否能够解决所有的痛点。
- ☑ 关于问题的定义，要确保你的定义能使听众相信他们能够切实地解决问题。
- ☑ 列出改变的原因，确保这些原因回答了听众们“我能够得到什么好处”这一问题。
- ☑ 用一句话来描述目标，直指故事的核心。
- ☑ 弱化或去掉你自身的利益，从而保证你的故事反映的是听众的利益。

筛选并抓住故事的重点

愿上帝赐予我们平静，让我们忍受必须忍受的事；愿上帝赐予我们勇气，让我们改变可以改变的事；愿上帝赐予我们智慧，让我们分辨事物之间的不同。

莱因霍尔德·尼布尔（Reinhold Niebubr），美国杰出的神学家，被誉为“20世纪基督教神学的继往开来者”。他的著作对20世纪和21世纪的美国政治领袖产生过深刻的影响。上面这句话出自他于20世纪40年代撰写的《静心祷告》（*Serenity Prayer*）。

5

不要想当然！这会让你和我都变得愚蠢。

奥斯卡·王尔德（Oscar Wilde）

摄影 斯蒂夫·弗莱彻(Steve Fleicher)

“告诉你，我是一匹马……一匹马”

大多数人都会以先入为主的态度进行假设。我们可能自以为了解管理层做出的决定背后的动机，或者假设其他人对情况的理解和我们是一样的。在很多 IT 部门，有一种假设已经存在了好多年，那就是公司的电脑需要被管理。因此公司的 IT 部门或是来自外部的专业公司需要提供所需的系统和服务。然而，随着越来越多的员工使用 Facebook、即时通信软件和电子邮件，这一现象正在改变。一些企业甚至已经开始让他们的员工将自己的笔记本电脑、家里的电脑和智能手机与公司的网络连接。于是，当前很多企业都存在的一个问题是，如何在 IT 部门的责任和员工的期望之间找到平衡。

到底应该由谁来管理信息，并且保证信息的安全，这个问题应该被重新审视。很多企业在业务需求、在线服务以及究竟哪些公司可以提供服务等方面又有了新的假设。

如果你的听众已经对你提出的改变的背景原因有了认识，那么就意味着一些人已经对那些需要作出的改变，或是改变的实施有了想法。这是再自然不过的事情了。我们经历过上百个改变项目，其中从来没有对问题进行假设的情况，这几乎是不存在的。而在这一阶段，来自听众的假设可能是阻碍你演讲的最大问题之一。在你向听众呈现故事内容的时候，你的听众也在对那些需要改变的不同事宜以及如何改变等问题进行假设。在你的故事中，一旦你开始向听众讲述问题在哪里，听众就会开始假设这些改变应该如何被实施。

大多数情况下，可视化故事都比较简短，仅关注改变或要做出决定的几个关键要素。我们发现，把“什么”和“为什么”清晰地联系起来能更好地让你抓住故事的重点，减少听众作假设的个数。在这一章里，我们会介绍一些技巧，来帮助你找出哪些细节是可以利用的，哪些细节是需要摒弃的，这样你就可以让听众专注于重要的内容上。

在阅读了我们前几章里的讲述之后，你可能认为所需要的就是一个可视化故事图。然而事实并非如此。可视化故事图是用一页纸来总结关键要素、故事的结果和内容的好方法。但要想使你的故事有效果，你还需要使用几页纸来记录你思考的过程。虽然这样做有些麻烦，但结果是值得的。

影响改变的三大要素

在 CAST 方法的这一部分，你需要审视已有的故事内容，并且找出将会改变影响的所有因素：物、人、过程或任何活动。

物：可以指具体的事物，如：地点、大楼或机械。从无形的层面上来看，这里的“物”可以是电脑程序或是信息模式。我们之所以选择“物”这个字，是有一定用意的，虽然这个字用来解释什么可以被改变显得有点含糊不清。

人：根据改变的不同结果，人们可能会需要作出不同的反应，或是发展的新技能或能力。有时也需要改变使改变发生所需要的人员数量，或是考虑对企业行为或企业文化进行改变。从个人层面来说，你可以改变你自己，或是改变你和其他人的关系。

过程：指的是人们在工作时所做的一系列活动，或是在改变的情况下所做的活动。从企业层面来看，一个过程的改变可以包括法规、法律方面的改变，或是对工作时间的期望的改变。

一定要考虑你所提出的改变可能产生的所有影响，不能仅考虑你最感兴趣的那部分，或是对你的提议最有利部分。研究显示，如果你在提议中涉及了那些改变过程比较不受欢迎或不太容易的部分，那么听众会觉得你的演讲更有说服力。在你找出“什么”需要改变时，请确保你包含了所有可能的结果，既包含好的结果也要包含不好的结果。

改变，从根本意义来说，就是指做出一些不一样的事。然而，改变不总是仅限于改变已有的东西。假设你的企业当前正在新增加一个部门来管理在巴西的业务。这就可能需要成立一个委员会来进行人员招聘，以建立巴西的管理团队。一旦业务运营顺利，这个团队就会解散。你需要有一个办公室，雇用剩余的员工，让你的业务适应新的文化。你原先的办公室还会保留，但现在会和新的地点建立联系，一些人员可能不会意识到现部门的成立，一些人可能需要派往巴西，一些人可能会有新的同事。

在大多数故事中，故事都是围绕着主人公面临的改变而不断深入发展的。在这个巴西的例子里，这个核心改变可能是人员的招聘。当然其他的改变也很有必要，但并不是可视化故事的主要元素。随着不断发展你的可视化故事，你会找出这个核心所在，但不要以为你很快就能找到真正的核心。使用下页的表格来找出尽可能多的内容。在这一章的后半部分，你将会把这张表中的内容和“为什么”要改变或做决定的原因结合起来。

我们很少会看到从一开始找出的要素会一直持续到故事的结束。有一些要素会在中途改变，有些会在故事发展过程中出现，而有些可能随着故事的发展被舍弃。还有一些要素从始至终都不会改变，但却是故事发展所不可缺少的。这些要素自己不会改变，却能够促使改变发生。

	开始	以不同的方式来做	停止	不会改变
物				
人				
过程				

找些纸来，完成这张表格，从你已有的材料开始。如果你卡住了，看看下一页的头脑风暴来找点儿灵感。

很多人都急于马上从行动清单上入手，但行动需要以一定的基础为前提。所以还是先重点找出那些将会受到影响的要素吧，这会帮助你找到故事中的人物和事物。

在这一章的后面，你会看到在私人教练和城市大学医院的例子中使用了这一表格。

用头脑风暴高效处理材料

1968 年，日本质量控制领域里最具有影响力的人物之一石川馨（Kaoru Ishikawa）描述了一种用于发现复杂系统故障的方法。这一方法的出现使“根本原因分析”领域前进了一大步。通过创建一个可视化的模型“故障原因”，石川馨发明了一种非常容易使用的工具，帮助人们使自己的想法条理化，并且找出常犯错误的原因。他的模型石川图（又被称为“鱼骨图”）自创建以来，就成为了质量控制领域的核心组成部分。

石川馨把头脑风暴的内容分成几大类，并把它们放入了一张任何人都可以理解的图表中。尽管他一生的成就都和质量控制有关，被视为质量控制界的传奇人物，但他最为人所知的还是这个图表，以及形成这一图表的知识体系。

如果把石川图背后的方法用到可视化故事中，很可能会产生意想不到的效果。直到今天，人们还在使用的这一方法其实是一种鼓励进行创新性研究调查的机制，从某种程度来说是一种头脑风暴。我们使用这一方法来深入研究促使改变发生所需的要素，而这些要素和你在第 4 章找出的原因“为什么”是紧密相关的。

所以当你觉得完成“改变要素矩阵表”有困难时，可以试着使用这一方法。如果你仍然觉得很困难，找不到应该包括什么内容，这可能意味着你还需要花些工夫来理解你所提出的改变的真正范围是什么。

以下是我们整理的三个大类：物、人、过程。这三大类中的每一个都可以进一步分为几个小类，来帮助你找出什么需要改变。以下是我们给出的一些例子。

物

- 技术和工具
- 信息源
- 设施和地点
- 资源
- 资金

人

- 文化
- 技能与经验
- 动机和奖励
- 意识与利益
- 协议与关系

过程

- 实践或程序
- 评估标准
- 依赖关系
- 商业模式
- 运营模式

这些小类大多和商业改变活动有关，但也可以稍加改变，将其应用于有关个人改变的故事，或是更广泛的社会改变。你也可以把这张表作为起点，然后做些适度的调整来使之适用于你的情况。我们把每一大类又分出了 5 个小类，这些只是根据我们经验所总结出例子，你自己完全可以决定把它们分为更多或更少的类别。后面的图表显示了我们是如何将这些分类与改变要素矩阵表结合起来使用的。这个图表设计得有些抽象，以便我们可以解释整个过程。如果你跳到下一页，就会看到这些分类和改变要素矩阵表是如何在私人教练中的例子中得到使用的。

下图中白板的左边是三个大类，以及每个大类下分出的小类，这个图是根据石川图的样子设计的。你可以把你的图设计成这个样子，或者是设计成一个转轮的样子，就像在私人教练的例子中的那样。最重要的是，对每个小类进行分析思考，并一直问同一个简单的问题，那就是："在这一小类里我们需要改变什么？"

请把每一个想到的答案都记录在便笺上。在改变要素矩阵表中，我们通常用不同颜色的便笺来代表不同的变化类型。经过这一头脑风暴后，你会获得 15~100 个不等的便笺，以及大量的想法。下一步就该把这些想法进行过滤和整合，然后把它们填入改变要素矩阵表中。使用不同颜色的便笺能够帮助你很快地把想法填入适当的格子里。随着把便笺移入矩阵表，你可以顺便修改一下用词，并且把相似的概念放在一起。

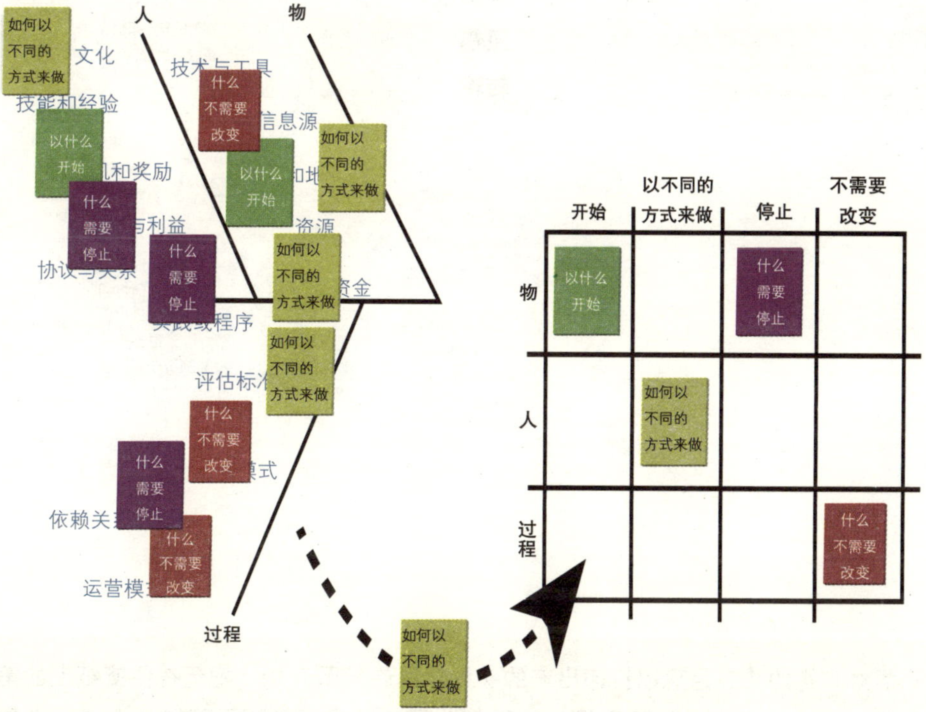

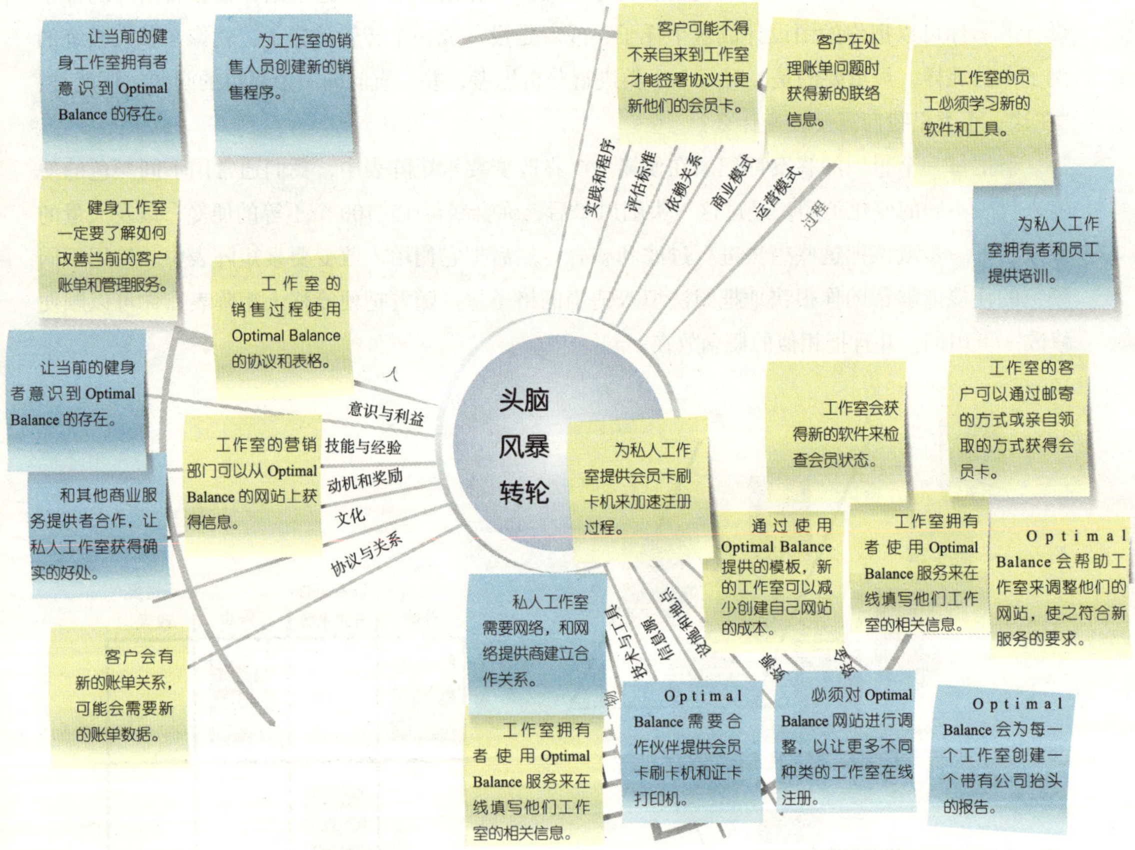

玛丽娜和她的丈夫尼克以打印出来的头脑风暴转轮图开始，把记在便笺纸上的笔记贴到转轮图中相应的部分。头脑风暴的过程帮助玛丽娜找出了要想获得私人工作室的青睐 Optimal Balance 必须作出的改变。

	开始	以不同的方式来做	停止	不需要改变
物	工作室会获得新的软件来检查会员状态 工作室拥有者使用 Optimal Balance 服务来在线填写他们工作室的相关信息	必须对 Optimal Balance 的网站进行调整，来让更多不同种类的工作室在线注册 Optimal Balance 会为每一个工作室创建一个带有公司抬头的报告 为私人工作室提供会员卡刷卡机来加速注册过程 工作室的客户可以通过邮寄的方式或亲自领取的方式获得会员卡	健身工作室一定要了解如何改善当前的客户账单和管理服务 通过使用 Optimal Balance 提供的模板，新的工作室可以减少创建自己网站的成本	工作室可以继续提供他们现有的服务 设备或设施不需要更改
人	Optimal Balance 为工作室的销售人员创建新的销售程序 工作室的员工必须学习新的软件和工具 让当前的健身工作室拥有者意识到 Optimal Balance 的存在 工作室拥有者使用 Optimal Balance 服务来在线填写他们工作室的相关信息	工作室的销售过程使用 Optimal Balance 的协议和表格 客户会有新的账单关系，可能会需要新的账单数据 工作室的营销部门可以从 Optimal Balance 的网站上获得信息 客户可能不得不亲自来到工作室才能签署协议并更新他们的会员卡	这一栏空着也没有问题，这说明不需要我们停止做任何事情也能完成这项改变	工作室可以以它们期望的方式雇用和培训教练
过程	和其他商业服务提供者合作，让私人工作室获得确实的好处 Optimal Balance 需要合作伙伴提供会员卡刷卡机和证卡打印机 让当前的健身者意识到 Optimal Balance 的存在 私人工作室需要网络，并和网络提供商建立合作关系	Optimal Balance 会帮助工作室来调整他们的网站，使之符合新服务的要求 客户在处理账单问题时获得新的联络信息 为私人工作室拥有者和员工提供培训		工作室不会被迫出售它们不希望出售的产品 工作室可以呈现独特的产品和理念

玛丽娜把便笺移动到一张表格中。开始时她有些担心表格空着的“停止”栏，但最后觉得这样也没有问题。事实上，她的 Optimal Balance 是关于“改变”而不是关于“停止”的。玛丽娜和尼克使用不同颜色的便笺纸来提醒他们每一个想法最初是由谁提出的，这样做的目的是在之后的创建过程中能够方便随时增添一些细节性的信息。

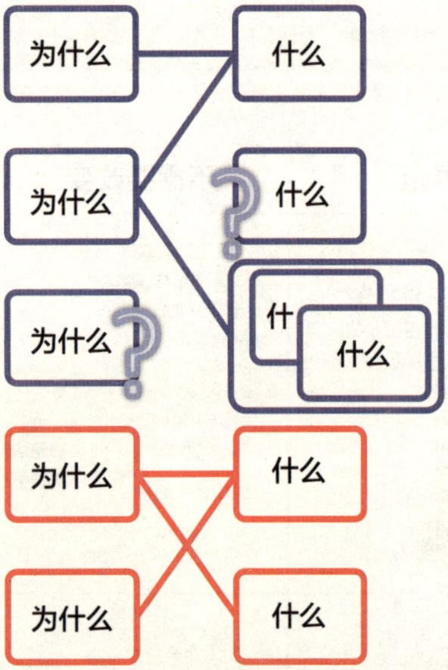

构建联系，过滤重点

你很可能看过一些电影，里面的人物看上去似乎没有什么动机，周围的人物关系都是被设计出来的，结果就是整个情节不能让人信服，让人觉得整个故事没有任何意义。这些电影存在的问题在很多的演讲中也会见到，即各部分的关系十分薄弱、牵强，不能让人信服。

所以，若想使各个部分的关系更加明确、紧密，你所要做的就是把第 4 章找出的原因“为什么”和“什么”联系起来。所有这些物、人或过程都应该和原因“为什么”中的至少一条内容建立联系。这样做是为了确保你在思考改变的同时，也考虑到了为什么要改变。你可以跳过几页，直奔这章关于城市大学医院的例子，来看看在真实的案例中这一方法是如何工作的。但在这里，我们想用一个更加简单的图来解释一下，如何把“什么”和“为什么”的内容连在一起。

这个方法是可重复的，可能会需要将不同的内容进行重新组合、分组，从而使想法达到一致的水平。我们被问过很多次，到底什么才是正确的水平，但关于这个问题没有一个正确的答案。这都取决于故事所需的细节程度。

这是你第一次需要把内容的各个部分进行连接，当然这不会是最后一次。所以开始吧，花些时间来理解各部分之间的关系。你只需要遵循以下 4 条规则。

- 如果每条“为什么”都能和每条“什么”进行连接，那么意味着你没有花足够的时间对它们进行分类。或许你应该继续做分组的工作来把内容上升一个层次。
- 如果一条“为什么”可以和很多条“什么”连接，那么也许你应该把“什么”分组到一个更高的层次。
- 如果一条“为什么”不能找到一条对应的“什么”，那么要不就是“什么”里面缺少东西，要不就是这条“为什么”需要删除。
- 如果一条“什么”不能找到一条对应的“为什么”，那么要不就是“为什么”里面缺少东西，要不就是这条“什么”需要删除。

这个过程可能有点混乱，但就和数独游戏一样，尽管做吧，会一点点解开谜题的。不要担心该如何对这些想法分组。如果一些想法之间相互有联系，那么你应该在故事中把它们分为一组，从而使故事更合理。

如果你认为不得不重新调整“为什么”才能让整个联系看起来更有逻辑性，那么回到第 4 章的末尾看一遍检查清单吧。

	开始	以不同的方式来做	停止	不需要改变
物	重新看一遍病历，来为培训准备一些案例。	在处方系统和病人病历之间建立直接的链接，从而自动将处方链接到医护档案。		
人	通过学习小组来分享经验和新想法，从而简化并改进数据获取的过程。	对医院的护士们进行关于医院新系统的培训，培训内容为如何有效地获取数据。培训时使用常用语言，而不是叙述性语言。	让医生和专家们停止在自己的病历本上记录病人情况，或是在打印出来的病历上记录。	信息正确性的检查仍由信息记录者负责。
过程		将保险账单过程简化且自动化。	停止每天工作结束后把手写病历复制到病人档案的步骤，这一步骤实属多余。	药剂师继续负责在给药时检查病人病历和处方系统是否一致，从而保证病人安全。

汤姆继续分析员工会议上的笔记，以及对一些员工的采访内容，从而了解到底应该改变什么。这是一个很好的开始。把这些内容填入这个表格能够让他们意识到在这一项目中可能仍存在一些假设，一些需要再回来返工的地方。

为什么

保险索赔

☐ 降低拒绝索赔的案例个数。

☐ 减少为回答询问所花费的时间。

☐ 减少上交申请索赔所需的时间和精力。

数据质量

☐ 获取一次数据。

☐ 所有的数据从电子病人档案中获取。

☐ 减少数据加密错误。

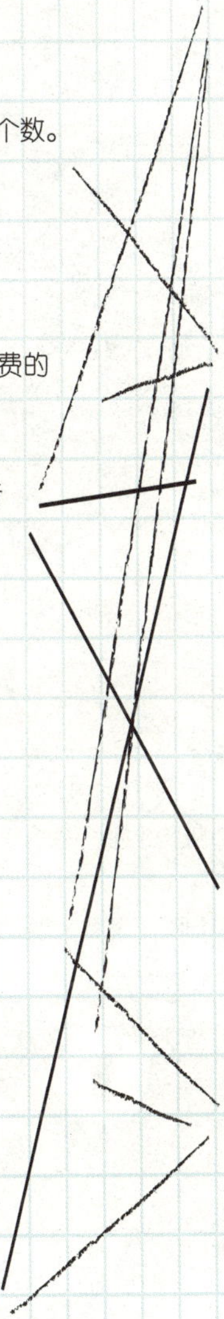

什么

数据标准

数据获取

☐ 让医生和专家们停止在自己的病历本上记录病人情况，或是记录在打印出来的病历上。

☐ 所有人都必须把获取的病人数据录入到电子病人记录系统。

数据验证

数据集成

☐ 在处方系统和病人病历之间建立直接的链接，从而自动将处方链接到医护档案。

病人报告

保险索赔

☐ 简化保险索赔账单的过程，并使之自动化。

培训和发展

☐ 根据病人记录档案创建一些案例。

☐ 通过学习小组来分享经验和新的想法，从而简化并改进数据获取的过程。

☐ 对医院的护士们进行有关医院新系统的培训，培训内容为如何有效地获取数据，培训时使用常用语言，而不是叙述性语言。

总结

第一次将“为什么”和“什么”相连时产生的问题比解决的问题要多！

将清理过的“为什么”列表和改变相连，归入我们目前使用的业务流程清单，这说明我们没有全面地考虑数据验证和病人报告的问题。

也许数据标准和病人报告应该从整个故事中去掉？在领导会议中，这两部分在“为什么—什么”连线中没有得到突出。

汤姆的IT团队已经就病人数据问题工作一段时间了，并且对所有的重要活动使用了一系列业务流程名称。汤姆把这些和他们的笔记结合起来看，使用这些业务流程名称来为这些改变分类。他还花了一些时间，来处理保险索赔问题和数据质量问题，并把改变的原因分成了两组。

当心

按照这些步骤，确保你收集了需要用来解释需要改变“什么”的信息。

①**考虑所有会被影响的要素。**确保你既包含了改变的好处，也包含了改变可能带来的坏处。回到“为什么”格子中有关改变的原因来记录这些原因。

①**去掉有趣但不相关的内容。**你所关注的改变或决定可能会有很多有意思的内容。但如果这些内容与改变的原因没有直接关系，你就应该去掉他们，不管这些内容有多么有趣。

①**你在创建新的内容吗？**如果你正在把新的想法填入表格，而不是对已有的想法进行过滤和整理，那么你其实是在用这个模型来找出你思考时遗漏的内容。在开始发展故事之前，确保你了解这一点。

检查清单

- ☑ 把已有的内容填入改变要素矩阵图的对应部分；
- ☑ 使用“头脑风暴”来将“什么”进行分类、扩展、再提炼；过滤并将“什么”和“为什么”的内容相连接；
- ☑ 如果“什么”和“为什么”中的有些内容不相匹配，这说明一定需要增加或减少一些内容；
- ☑ 在这个故事中是否过多地体现了你自己？很有可能！当然这没有什么不对，这可以让你在讲故事时充满更多热情，但请确保故事的内容一定是听众所关心的问题。

6

理清故事发展脉络，让故事更富有逻辑

千里之行始于足下。

老子

“没有行动的想象是白日梦，而没有想象的行动是一场噩梦。”

日本谚语

当一家企业计划一个新项目时，通常项目经理必须列出需要完成的所有任务，并且把这些任务细分一下，以便能够找出每项任务所需的资源，然后随着项目的进行，管理并跟踪这些任务。在这一章，我们对可视化故事的内容做的事情和项目经理的工作差不多。在这一章你获取的信息将会是你故事中的人物所要经历的一系列活动的基础，不管是从字面意义上说，还是从比喻意义上说。

在你考虑一个改变到底应该“怎么样”发生时，想一想故事人物所要经历的事件的顺序。这一顺序必须合情合理，才能使听众相信你的故事，而听众也应该能够从人物的经历中获得共鸣。你的故事还可能有一些意想不到的转折，一些为了解决特定问题所需要的次要情节，以及所有人物都处于危机的故事的高潮。你的故事绝不能是一连串杂乱无章的场景，这会让听众不知所云。那些闪回、多重相互交叉的故事线还是最好留给那些预算达 8 位数的好莱坞大导演吧。我们现在讲述的内容有一点超前，我们将在第 10 章具体讨论如何搭建故事的结构。现在你所要做的就是明确所有的步骤和故事内容的细节程度。

假如你告诉人们他们到底需要改变什么，他们就会按部就班地完成，是不是？这恰恰是一个错误的假设，很多聪明人都是因为这一点，最后没有达到预期的效果。

CAST 方法之所以要从“为什么”和“什么”开始，其原因到目前为止应该很明确了。在一个可视化故事中，你需要理解“为什么”听众应该想要改变，以及要改变“什么”才能达到最终的目标。没有“为什么”和“什么”，就很难选出故事中应该包含的活动。

这一章向你提供了找出可视化故事的“发展方向”的一些技巧。这些技巧能够帮你从“什么”出发，找出“怎么样”，然后把“怎么样”排列成序，最终通过讲故事的方式表述出来。

~~你建造，他们就会到来。~~

连接内容，找出关键点

所谓可追溯性，在一个可视化故事中指的是你可以从“为什么”中画出一条线连接到需要改变“什么”，然后再继续连接到“怎么样”完成这个改变。

当你在筛选故事中的活动时，可追溯性的作用就显现出来了。如果你不能展示你计划为公司建立的 Facebook 页面如何能够更好地解决客户投诉问题，那么也许你根本就不需要一个 Facebook 页面。对大多数人来说，这个例子可能看上去显而易见。然而在很多关于改变的项目中，对那些提出改变的人来说，有些活动很显然是必要的活动，但经过思考后会发现，这些活动可能对改变的发生根本不起任何作用。在很多情况下，项目计划中真正所需要的活动被忽略了，没有人察觉到这一点。

诚然，一些活动可能做起来很难。很多情况下，这些活动之所以没有被给予足够的重视，是因为没有人想为这些活动负责。更糟糕的是，直到项目的最后，这些活动依然没有人去做，大家只是期待着奇迹的发生。然而请记住一点，困难的挑战比简单的活动更能造就好的故事。听众想听到的是你故事中的人物是如何应对挑战的，所以请确保这些虽然困难却十分重要的活动是你故事的核心部分。

对于项目计划者而言，所有的活动都要依据一定的依赖性和资源来进行有序管理。顺序是至关重要的，正如要盖一栋房子，你必须在打好地基的基础上，竖起四面墙。一个项目计划者也会首先遵循某种顺序并考虑各个活动之间的依赖性。在实现改变的路上，会有一些具有里程碑意义的时刻，这些里程碑标志着某些活动已经完成了，一些改变的结果已经可以看到。这些里程碑是你故事中的重要元素，它们是故事中的人物在进行下一阶段的改变之前所取得的阶段性成果。

Q. 一个项目计划与可视化故事的模型之间有什么不同？

A. 一个典型的项目计划包括所有的活动，而不仅仅是最重要的几个活动。你所做的筛选工作是非常重要的。而对一个可视化的故事来说，你需要关注的是对你的听众来说最有意义的几个步骤，能够直接解决听众所面临问题的步骤，以及在改变的过程中取得重大进展的、具有里程碑意义的节点。

要想描述出横穿拉斯维加斯的旅行路线，你可以仅画出几个重要的路口和一些特殊的转弯处，而不需要详细地描述出你将要经过的所有建筑和街道。

你所画的地图和真实的世界是不同的，在两者中间还可以有各种细节程度不同的街道地图。街道地图通常不会显示每一个路标、每一个地标性建筑、商业中心或是每一棵树的位置，但街道地图仍然非常有用。你可以用它来考虑不同的路线，计算到达目的地所花的时间。找出你的可视化故事所需的细节程度和你每一次给人指路时用的方法差不多。你只需给出足够的细节及一些关键路口的信息，确保问路人不会迷路即可。之后，你可以再筛选一些细节或增加一些图片，让听众觉得你选择的线路更有吸引力。

理清步骤，关注改变的重点要素

你已经知道了“为什么”要改变，你也已经知道了要改变“什么”，现在你需要关注“怎么样”让改变发生。从当前的情况出发，需要完成多少步才能达到未来理想的目标？这一问题的答案可能需要一些详细的分析。

也许你已经有了自己的答案，那么接下来就花一些时间将你对这一改变的描述汇集到一起。这些描述可能包括战略、项目计划、一系列的活动以及任务清单，等等。在大多数的可视化故事中，不可能将所有的细节都涵括在内，但是你会需要一些细节作为故事的开端，这至少会让你明确所有的改变将以何种方式发生。

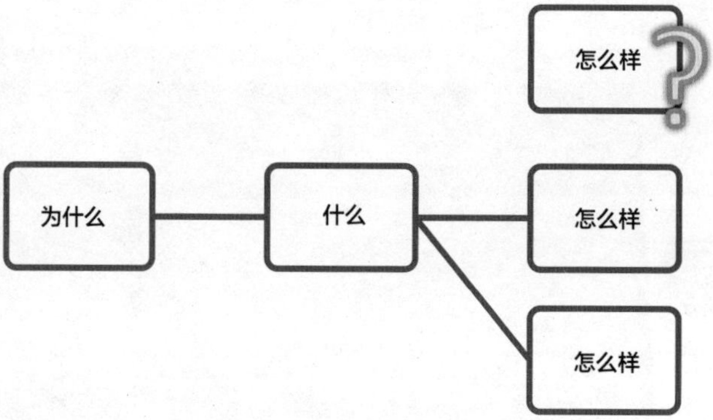

在这一章里，你所找出的每一项活动都应该和你在第 5 章中找出的“什么”中的某一条相连。如果你发现“什么”中的某一条找不到一个对应的活动，但又确实有一条“为什么”和它相连，那么请退回上一个步骤，重新考虑那条“什么”到底应不应该出现在那里。通常来说，这是由于那条“什么”还不存在，而你找出的活动可能是这条“什么”第一次发生的情况。

很多有故事可讲的人都很聪明、有思想，但讲出的故事往往没有效果。可视化故事中最难但也是最重要的一个原则就是，关注改变的重点要素。如果你做到了这一点，就能使一个没有效果的故事变成一个真正有影响力的故事。在 CAST 方法的开始，你找出了“为什么”听众应该关心故事的结果。你需要毫不犹豫地关注最重要的部分，那些对听众能够产生作用的部分，只有这样他们才会注意你的演讲。

从第 5 章建立的改变要素矩阵表开始吧（如果你的情况和城市大学医院案例中汤姆的情况一样，已经对“什么”做了分组，那么你可以直接从分组后的内容开始），然后找出一系列能够被一起改变的人、过程、物。没有所谓唯一正确的方法，但你必须从某个地方着手，所以就这样做吧——从某处入手！这样做的结果可能是会把人们使用的东西和他们工作的流程联系到一起。

接下来，从“什么”的第一组开始，写下它们将如何被改变。你不需要对每一条“什么”都这样处理，它们之所以在一个组里就是它们彼此是相互联系的，但每一个组都会有一些活动，即使这个活动属于“不需改变”一栏里的“什么都不用做”。如果你的项目计划或任务清单中有一些内容不能够和“什么”需要改变中的内容相连接的话，那么就把它们从你的计划中去掉，或是在“什么”中增加一条内容。

如果你发现，对不同的组群使用的步骤都是一样的，或者你发现某一条“什么”和其对应的“怎么样”的组群中细节的程度有所不同，那么你有可能需要将它们重新进行调整。一遍一遍地重复这个步骤，直到你觉得一切都变得合情合理，同时你需要把改变要素矩阵表中的所有内容都分成组。现在，你可以回到第 5 章中城市大学医院的案例去看一看汤姆列出的一个关于“什么”的清单，然后在这一章后面关于这个例子的内容中，看一看这些组群是如何和“怎么样”中的每一个步骤联系起来的。

有一个可以检查你的组群细节程度对可视化故事是否合适的快速方法：看一看这一组群的活动中最开始存在的某一复杂性问题，然后检查组群中的活动是不是得到了解决。等到第 10 章讨论如何搭建故事结构时，你就会发现这个“复杂性问题——解决方案”的检测方法非常有用。

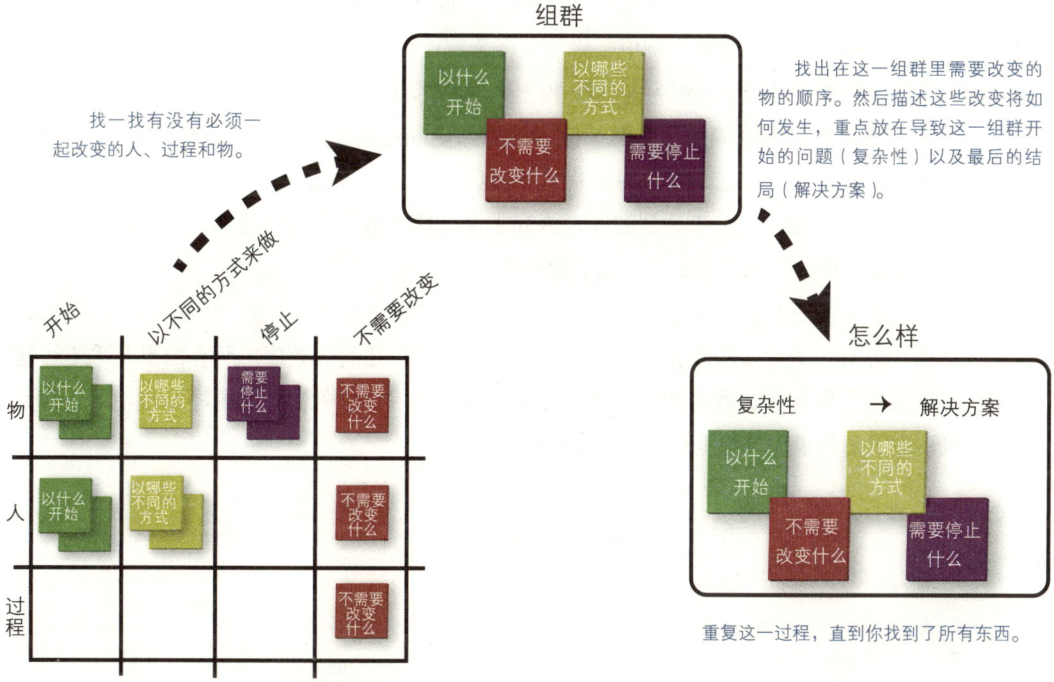

找出事件之间的依赖关系，确定故事发展顺序

找出各个事件之间的依赖关系可能需要几分钟或几个小时不等。这完全取决于你内容的结构是否有条理。我们的目的不是要建立一个最终版本的全面计划，而是理解必要的步骤以及给每个步骤起名字（项目经理一定很了解这一活动，但你不是在计划一个项目，你只是在创建一个可视化的故事）。很多企业的可视化故事都是由项目团队来创建的，而这些项目团队已经有了一个项目计划，现在他们需要了解如何与他人沟通这个计划中所描述的改变。如果你的情况和这相似，你可以把计划中的活动直接引用到这一章来。

我们将要**怎么样**

改变**什么**

这是因为**为什么**

把上面这句话放在你的内容中所有的句子前，从而保证你有足够的细节来使各部分内容之间的关系变得合理。在私人教练案例中，你可能会读到这个句子："我们要开展一个员工培训项目，让员工学习新的注册程序，作为提供专业问题解决方案的一部分。"

在下一页你会看到玛丽娜的私人教练故事的思路是如何形成的。她已经修改了故事内容，并且只关注 4 项活动（在"怎么样"一栏里有所显示）。在每一个活动后面都有一大堆在之后可能会添加到故事中的细节。对于计划和梳理内容来说，这是最好不过的状态了。玛丽娜还用了不同颜色来表示"什么"和"怎么样"之间的关系。

玛丽娜花了很大工夫才找出故事中的"怎么样"，并且把"怎么样"和"什么"和"为什么"相连。然而，还有一个重要的步骤，那就是找出"怎么样"之间的顺序。所有的事几乎不可能在同一时间发生，即使有这种可能性，你的故事也需要有一个供你讲述的顺序。现在，让我们来明确故事中的每件事和关键里程碑的发生顺序吧。

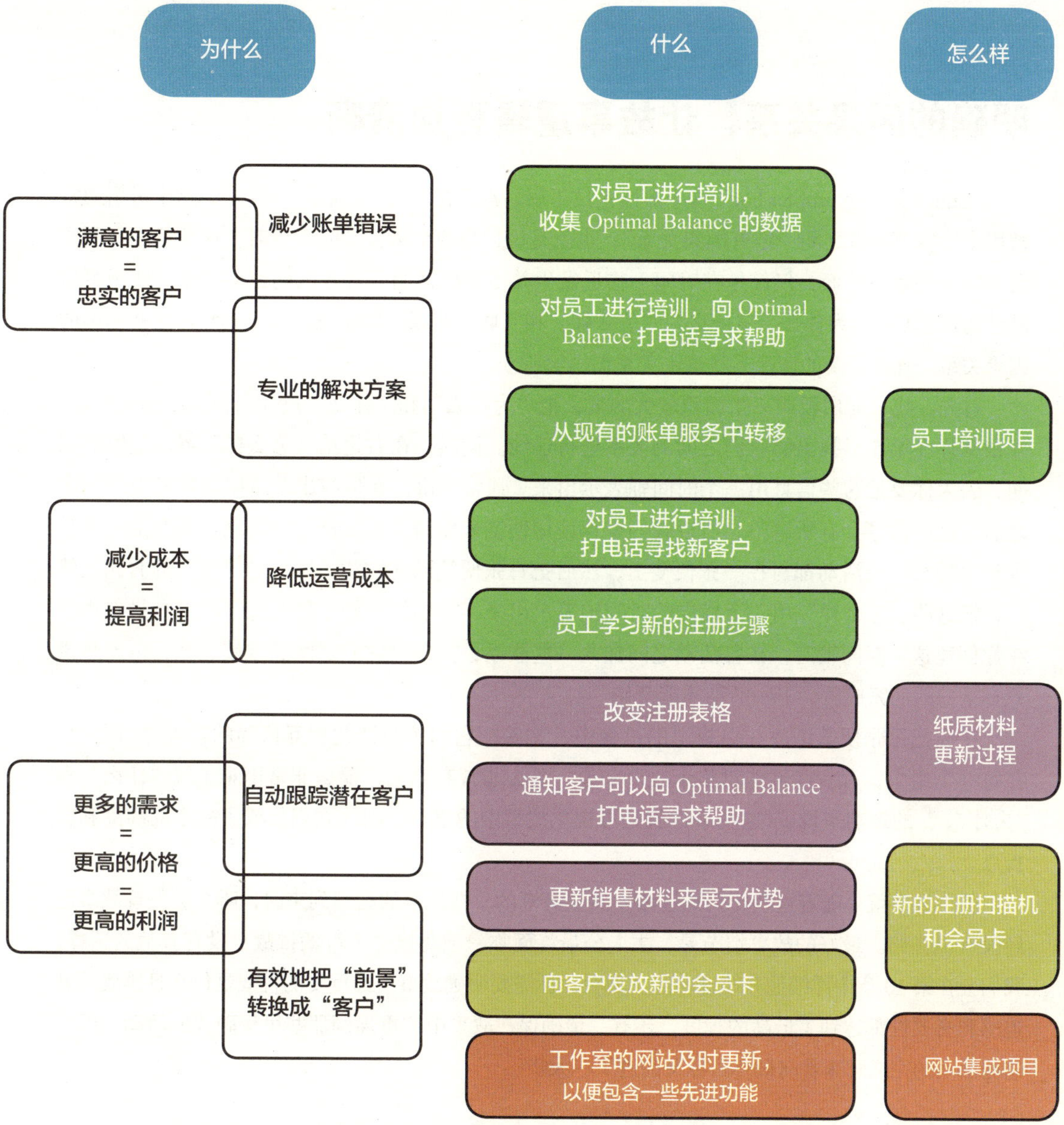

玛丽娜用她的个人电脑创建了一张简单的幻灯片，用来显示她所收集到的信息。她把这些信息分成组群，最终找出了决定成败的四个重大项目。现在，玛丽娜可以看出什么是需要发生的，以及它们是如何和“为什么”相连接的。

明确的因果关系，让故事逻辑更加清晰

“Cum hoc ergo propter hoc”这个短语是拉丁语，意思是**“由于，因此，所以”**。这个短语通常被用来形容“两者之间一定有因果关系”，也就是说，当两个事件同时发生时，这两者之间通常会有因果关系。然而，仅仅是在时间上临近发生并不足以证明两者之间的因果关系。使用可追溯性的理念来把“为什么”、“什么”、“怎么样”相互联系起来，能够确保你了解它们之间明确的因果关系，并在需要的情况下将这一关系展示给听众。

首先，找一面白板或一张面积较大的纸，把“为什么”和“什么”放在白板或纸张的左边，并根据你在第 5 章找出的它们之间的关系进行连线。同时，在右边给“怎么样”留出足够的空间，因为你要把这些信息用一个时间轴表示出来。通常来讲，在你找出故事中事件发生的顺序之后，这些信息会有所调整，所以我们推荐使用便笺来填写“怎么样”的信息。把在上一个步骤找出的每一个活动都写在一张便笺上，然后把每张便笺贴在它相关联的“什么”的右侧。然后，把这些“怎么样”用一个横向的时间轴表示出来，故事的开始在最左边，结局在最右边。在你创建这一时间轴时，在各活动之间加入一些联系，来显示它们之间的依赖关系，也就是说只有某一活动完成后，下一活动才能开始。

在你把每张便笺纸放在白板上的过程中，试着把它们按照彼此相互依赖的程度进行分组。在每一个组中，有一些事件对整个故事来说，要么非常有意义，要么非常困难（就“什么”和“为什么 ”的影响来说）。这些事件就是可视化故事中的重点，因为它们促成了故事的高潮和转折点。

整个故事就是随着这些转折点逐渐发展至高潮的。在故事的高潮到来时，听众会发现故事已经没有回头路。最好的故事情节是，主人公最终面临一项非接受不可的挑战，没有其他的选择，我们会在第 10 章中详细地介绍这一点。现在，你需要明确故事中最重要的挑战是什么且挑战的紧迫感和必要性都达到了最高的程度。还有，请确保在故事中注重强调那些里程碑式的活动，因为这些活动的完成意味着向最终目标又前进了一大步。

有很多的绘图应用可以帮助你很快地画出那些方块和线条，并把它们相互连接，你也可以随意地改变它们的位置（PowerPoint 就可以做到）。但是要记住一点，这个步骤的目的是让你梳理信息，因此不要在设计页面布局上花费太多的时间。

你最终完成的图应该和下面的图示差不多。当然在你的图中，在每一个“为什么”、“什么”、“怎么样”方格中都会有很多内容。有些时候，把“怎么样”方格中的内容再细分为更具体的内容可能会更好，当然这完全取决于你在上一个步骤对内容的细节程度的要求。

在这一步，关键在于每一条“为什么”都要和前一个和后一个有逻辑上的先后关系。在下一页中，你会看到汤姆是如何把他城市大学医院的案例进行梳理的。在进行分析时，他发现项目中的一些部分表达得不够明确和充分，还有些内容对可视化故事来说并不十分必要。汤姆的里程碑来自于他的项目计划。由于每一个时间之间的相互依赖性，汤姆需要确保一个里程碑彻底完成后，下一个里程碑所涉及的活动才能开始。

第 16 章会介绍另一个案例，来解释如何从“为什么”追溯到“怎么样”，这一案例中的相互依赖关系会更为复杂。这三个例子展示了不同的细节程度，以及内容之间的相互关系。关于最高层次的挑战和里程碑的数量，没有一个固定的标准。这取决于你故事的复杂性，以及你之后要选择的讲故事的形式。现在试着开始创建你的故事结构吧，先试着找出 3~5 个里程碑，看看这样是否可行。

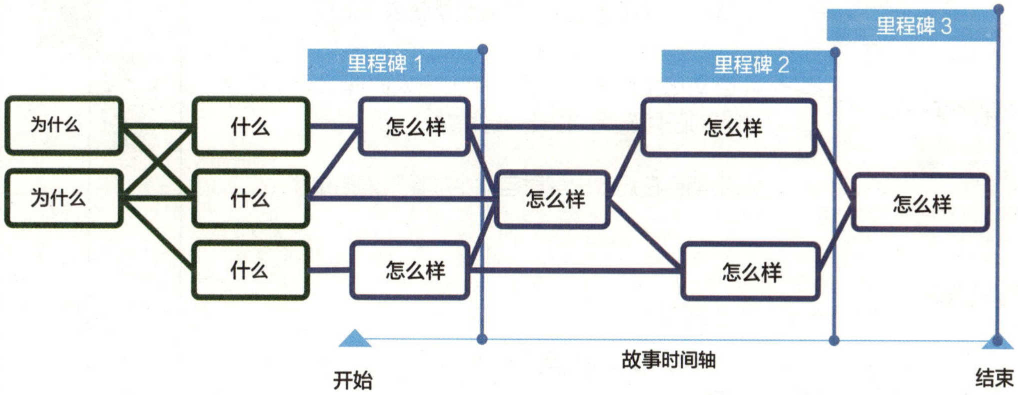

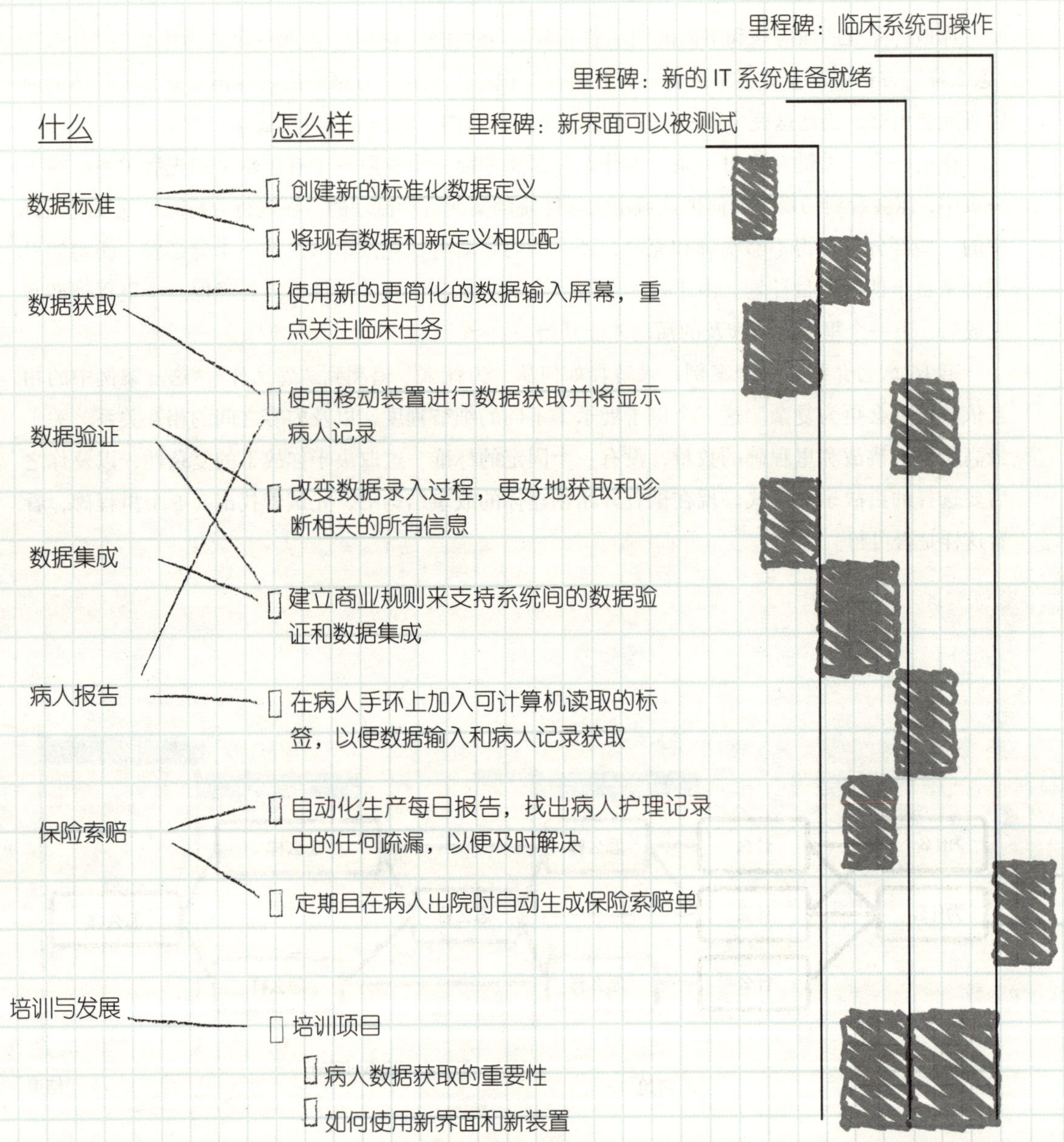

汤姆使用了他的 IT 团队已经开始起草的项目计划来找出与可视化故事的主题最相关的活动。他并不需要担心资源和时间等问题，但这确实提供了一些主要活动的顺序，以及三个有可能和故事相关的主要里程碑。

领悟

1. 我们有两个故事，一个故事是关于如何改变病人数据获取和其在医院系统中的使用，另一个是关于保险公司病人医护的账单问题。这两个故事之间有很多相似之处，但我们也许需要两种不同的方式来发展故事。

2. 有关数据标准化的工作是一个关键因素，但这主要和 IT 团队相关。怪不得上一个针对项目领导委员会所做的演讲不怎么好。匹配图显示了我们听众中不会有人关心数据标准的问题，这只是其他工作能够完成的一个前提而已。

行动：把数据标准这一部分从可视化故事中去掉。虽然这部分内容对整个项目来说很重要，但我们不需要把它放在故事中才能获得支持。

3. 病人报告是项目的一个重要部分，但却在“为什么——什么”分析中没有凸显出来。到目前为止，我们一直在关注难度最大的内容，也就是数据获取的改变，而没有关注需要被改善的病人报告输出，但这对护士和医生对信息的获取是很重要的。

行动：“什么——怎么样”匹配图显示，没有人理解经改善的病人报告的价值在哪里。返回“为什么——什么”匹配图，将“所有的数据在电子病人档案中获取”和“病人报告”链接起来。把“病人报告是建立在新的病人记录数据的基础上”的这一点包含进来。

汤姆和拉尔夫一起重新看了一遍所有当前已找出的活动。目前他们已经找出了几个需要特别关注的领域，同时也找出了对他的团队来说重要的部分和对医院其他人来说重要的部分之间的区别。

当心

按照这些步骤，检查你是否已经收集到了足够的信息，来解释你预期的改变将“怎么样”发生。

项目计划很少会关注一个好故事所需的活动。一个项目计划通常是根据所需的资源来制订的，且通常会把许多较小的任务集合成一个较大的任务，以便更好地管理。而一个故事的基础是矛盾和互动，故事中最重要的活动是那些对人物和听众最有意义的活动。项目计划中的里程碑通常是指在改变过程中某一重要步骤得到完成，而可视化故事中的里程碑是指克服了最大的挑战。

在你筛选和分组时，保留不同版本的内容。也许你会发现之后你需要返回到一个更高层次的细节，或是你之前研究过的某一结构。用照相机是一个快捷简便的方法。现在大多数的手机都带有照相功能，能够很方便地拍下白板上的内容或笔记上的内容。所以要养成随时拍照的习惯，如果你不需要这些图像，你也可以很方便地将它们删除。

聆听他人意见，避免自我分析麻痹。有些时候，故事的内容会看上去太过庞杂，你可能完全不知道从哪里下手。不要担心，不要想着一次就把所有的事情做到完美。给自己一个时间限制，对自己要求严格一点，先完成第一轮的筛选和整理。然后把你的计划给一个朋友或是同事看一看。通常来说，我们发现这种和另一个人一起分析的方式更容易，所以听一听别人的意见和反馈吧。

检查清单

- ☑ 首先给“什么”分组，然后为每一组找出一条对应的“怎么样”，注意复杂性问题、解决方案和任何例子。
- ☑ 利用你已有的计划和任务清单作为出发点，但要确保每一个“怎么样”都能通过一个“为什么”和一个“什么”连接。
- ☑ 每一个“什么”至少要有一条“怎么样”与之对应。
- ☑ 对“为什么”、“什么”、“怎么样”进行依赖性分析，然后找出可视化故事的里程碑。

用倒叙法提前预估故事中的风险

最初，我的脑海中会浮现一个故事中的画面。然后我会问自己一系列的问题，以此来创造这个故事。也许你可以将这种写作和绘制插画的方法叫做“如果……会怎么样——接下来怎么办”。

克里斯·凡·艾斯伯格（Chris Van Allsburg），儿童图书作者和插画师，凯迪克大奖[1] 获得者

如果你睡着了，会怎样？

如果在熟睡中，你进入了梦乡，会怎样？

如果在梦中，你来到了天堂，并在天堂摘取了一朵奇异又美丽的花，会怎样？

如果当你醒来，发现那朵花还在你的手里，又会怎样？

啊，会怎样？

塞缪尔·泰勒·柯尔律治（Samuel Taylor Coleridge），英国诗人、哲学家、英国浪漫主义运动奠基人之一

7

① 美国凯迪克大奖（The Caldecott Medal），美国最具权威的绘本奖。——译者注

之前的三章关注的是你希望看到发生什么。然而，人生往往不会是如此简单，只有一条路可走。你的听众很可能会有不同的想法、意见，会思考其他可能性。在听了你的故事之后，他们会思索未来，想一想如果你提出的改变发生了，他们能够做些什么，有没有其他的方法能够达到同样的目的。所以，如果你仅仅是引导听众，而忽略了让听众来引导整个故事的话，是不明智的。

别让听众抢了你的风头。为什么要等到别人指出你故事中的风险、挑战和潜在的缺陷？这些你完全可以自己来做，事先听取听众的观点，来处理这些问题。在你提出问题之后，把这些问题放在当前的背景中，然后解释这些问题将被如何解决。这样做的话，你会更容易让听众相信你的故事。

一切都是相对的。你可以把你的提议和一些不好的提议对比，从而使你的提议显得更好。你可以说，若不采取任何改变或是使用其他提议的话花销会更大，或是说对听众来说更不利。你应该好好看看这些提议和你的提议之间的区别，并考虑在你的故事中如何使用它们，来作为支撑你观点的一种方式。如果听众觉得当前的情况已经很糟糕了，你还可以向他们展示更糟糕的可能性。总而言之，请记住一点，今天处理的危机要比明日出现的问题更容易掌控——但前提是你必须愿意付出行动，且愿意预测未来有可能出现的问题。

在这一章中，我们会介绍两种技巧，这两种技巧能够帮助你找出值得考虑的“如果……会怎么样”。这两个技巧是：从故事的结尾出发，倒着在故事中行走，和思索其他可能的局面。使用这两个方法，或任何你自己的方法来发展你的想法，然后回到你在第 6 章创造的“为什么—什么—怎么样”时间轴模型，把这些想法作为脚注加入进去。

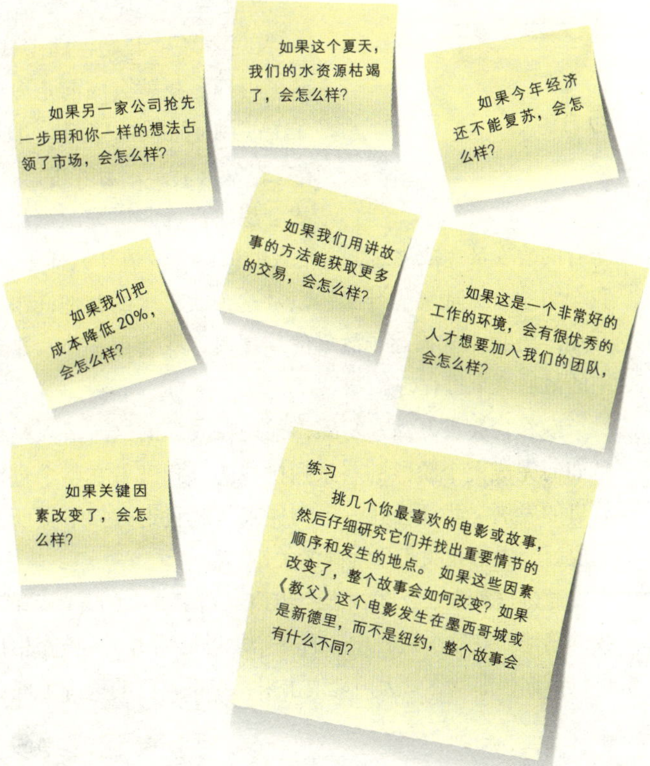

从故事结尾出发，倒着在故事中行走

有些时候，找出所有“如果……会怎么样”最好的办法就是执行改变，然后看看究竟会发生什么！其实并不是这样的，最好的办法其实是通过想象力。我们在这里推荐的方法就是从故事时间轴的末尾出发，倒着看整个故事。

为什么要用倒叙的方法呢？这是因为采用相反的顺序往往能够打破习以为常的思考过程，从而能够帮助你发现人们的假设和不同的观点。

这个技巧是我个人最喜欢的技巧，也是我在发展故事情节时多次使用的技巧。

我是在12年前学到这一技巧的。在前面的内容中，当我说“walk backward”时，我指的是它的字面意思“倒着走”。也就是说你需要让自己沿着故事时间轴倒着走。我通常会从背对着墙壁开始，墙壁代表着“今天”，然后故事中有多少个里程碑，我就会向前走多少步。当我向前走的时候，我会想象自己是在时间轴中行走，直到我到达故事的终点。然后我闭上眼睛，想象未来，开始讲述它。

我会想象自己是听完故事后的一名听众。首先，要想象一下，在所有的改变都完成之后，这个人的世界会变成什么样子，在描述时要使用各种情感类的词语。我会想这个人能够做什么，以及这个故事中的其他同事、朋友以及所有人彼此之间如何产生互动。当我完全描述了故事的结尾时，我会退一步，来到“为什么—什么—怎么样”时间轴中的最后一个里程碑。

接着我会重复这一步骤，描述在故事的这一节点是什么感觉，前方的挑战是什么，人物是如何完成上个阶段的一系列挑战的。我试着在整个过程中紧闭双眼，以便让我更好地关注故事的发展。我还会让一个同伴来帮助我走过如下页所示的内容。我的同伴会在每一个步骤完成后，提醒我关于里程碑的关键信息。

通过这种方式，我一步一步地走到了故事的开端。这时候，我睁开双眼，然后重新看一遍我的笔记。在这个过程中，有一个能够聆听并且记笔记的人是很有帮助的。如果你没有其他人可以帮你，那就尽管大声地说出来，录下自己的声音（现在大多数的智能手机都有这个功能）。

有时候，我会以故事中不同的人物身份来重复这一过程，从而获得不同的观点。这个方法能够帮你找出不同人物所面临的风险和问题。

从本页的最右边开始，向左移动！

从这里开始

背对着充足的空间，从这里开始。闭上双眼，把自己置身于改变已经发生的未来。说一说在这里的感觉是怎么样的。此时，改变已经完成。在改变完成之后，你能做哪些你今天不能做的事？

向后退

回到“为什么—什么—怎么样”时间轴中的前一个里程碑。说一说当完成了之前所有的步骤，进入这一阶段时你的感觉怎样，以及你对下面的步骤感觉如何。想一想未来真的到了这一步时你能够做哪些你在今天做不了的事情。

你现在回到了今天

说出如果实施这项改变的话会是什么感觉。睁开眼睛然后重新检查你的笔记。

多种设想，为故事发展做充足准备

我们无法预测未来，但是我们可以为未来制订计划。在《远见的艺术》（*The Art of the Long Views*）中，彼得·施瓦茨(Peter Schwartz) 描述了一种叫做局面设想（Scenario Planning）的技巧，来思考“如果……会怎么样”。这个技巧远不是简单地预测未来，然后开始想如何为未来做准备，找出某一局面发生的条件。如果你发现你的故事中，其他可能的结果占了故事的很大一部分，那么就花些时间来详细描述这些其他可能的局面，并且要真正了解能够导致这些局面发生的关键因素，这样做是值得的。

这里，我们提供一个更加简化版的局面设想方法，你可以自己独立使用这一方法，或是在一个小组中使用，来考虑你故事中有关“如果……会怎么样”的内容。一开始，你需要回到“为什么”，看一看结果匹配（Outcome Mapping）方法。故事目标的背后是一些驱动改变发生的因素和力量。看一看这些驱动力，然后考虑如果这些驱动力改变了会怎么样。

我们想用下面这个例子来更好地解释这一技巧。在印度西部，某年干旱严重，一直得不到好转。地方政府的政策是首先为甘蔗厂提供工业用水，最后为当地的食品生产供水。结果是，谷物大片死亡，成千上万的穷人不得不转移到孟买和普纳等大城市。这一大规模的人口迁移推动了需求的改变。一个非营利组织希望能够影响政府官员改变他们的政策，让他们首先支持农业生产。这个非营利组织决定使用局面设想的方法来描述未来可能形成的局面。

第一个驱动力是，近期长时间的干旱意味着当地的自然环境正在发生改变；第二个驱动力是，对甘蔗产业的工业用水资助消耗了大量的水资源。

这两个关于可使用资源和人口迁移的驱动力被作为两个维度列在了下页的图示中。如果你要使用局面设想方法的每一个步骤，你现在则需要花很多时间创建每一种不同情况的故事。对于你的可视化故事来说，通常了解一下四个可能性之间的区别就足够了，然后想一想你的故事从哪里开始最合适。

你所面临的情况可能是，你会有很多个驱动力。为了使局面设想方法更加便于操作，并且能够在一定的时间内完成，你需要选择两个最主要的驱动力。对于每一个驱动力，找出可能出现的最极端的情况，然后看一看你是否能够排除任何不可能的情况。

更名多关于印度西部干旱的信息可以在 AlertNet 网站上找到，网址为：
http://www.trust.org/alertnet/news/west-india-drought-fuels-migration-to-cities。

在这个例子里，故事假设干旱会持续下去，并且农村地区因为干旱，生活日益困难，人们也会继续向城市迁移。如果雨水在明年又再次降临会怎么样？如果前往城市的移民数量下降（因为迁移的主要是年轻人）会怎么样？如果减少对甘蔗工业的用水分配不能使贫困的农民获得用水会怎么样？在这种情况下，你可以考虑让你的人物之间进行对话，从而提出关键的问题，然后看一看故事背后的驱动力是否已经发生了改变。

一些关键因素或事件的转变，可能会导致一个故事的彻底改变。了解这些关键因素和事件是什么，能够使你的故事变得更有力，并且能够帮助你思考听众有可能会愿意讨论的其他可能性是什么。 在后面几页，我们会继续城市大学医院和私人教练的案例。汤姆和玛丽娜第一次需要考虑如果一切没有按照计划进行会怎么样。在每一个案例中，他们都会设想未来，然后描述一个理想的结果会是怎样的。

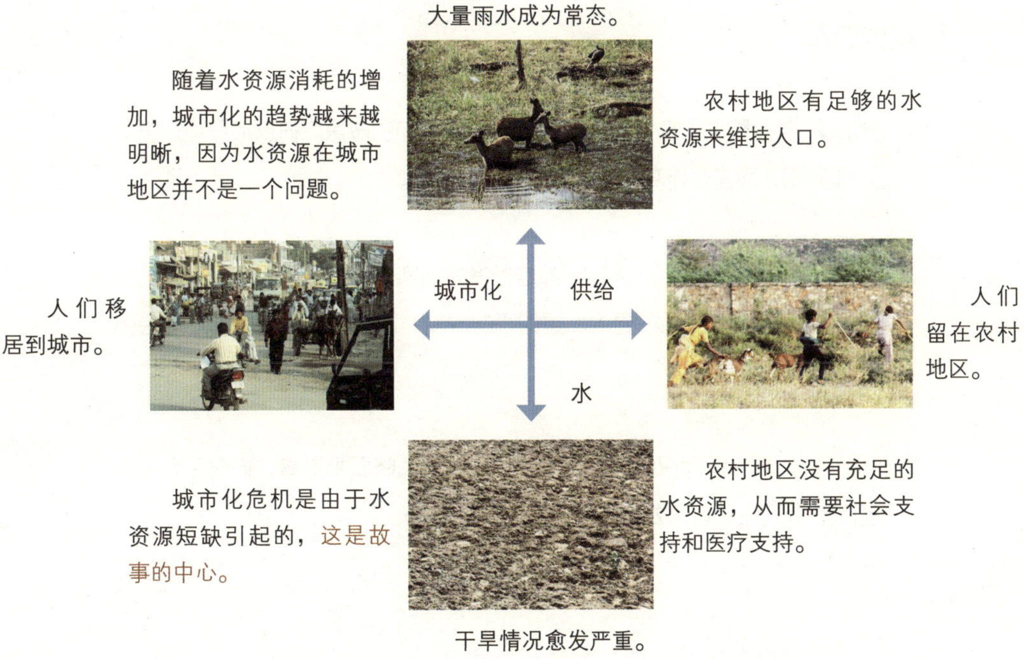

风险

1. 当我们把数据获取的界面改变后，医生和护士们需要花额外的时间来接受培训。一开始使用新界面时，他们所用的时间会更多。考虑到潜在的风险，他们可能会选择回到旧的方式，使用手写的病人记录，若是这样的话，使用新系统来获取数据的好处就不复存在了。

2. 在软件更新之前，我们无法让大家使用新的移动设备。所以，有一段时间，护士仍需要使用台式电脑来录入数据。这里的风险是，护士们可能在白天仍然使用纸笔来做记录，在一天的工作结束后，再将信息录入到电脑。这就意味着护士们不能快速获取用来回答额外问题的信息，而这一点是新的商业规定中所要求的。

其他选择

1. 等待另一家医院来实施这些改变，然后复制他们的做法。但这很可能还要等上几年时间，而在此期间我们的收益会继续下降。

2. 等到所有的移动设备和病人标签都准备好后再实施改变，这样一以来整个流程上就要经历一个比现在更大、更彻底的改变，在改变后的前几天可能会引发更大的问题。

3. 雇用专业人员来管理保险索赔流程，提高质量，降低拒绝率。但这只是治标不治本，我们会一直需要这些人员。

汤姆和拉尔夫进行了讨论，他们还花时间讨论了可能存在的风险和可能存在的其他选择。他们有很多的想法，但最终决定这些故事中应该包括最主要的几点。

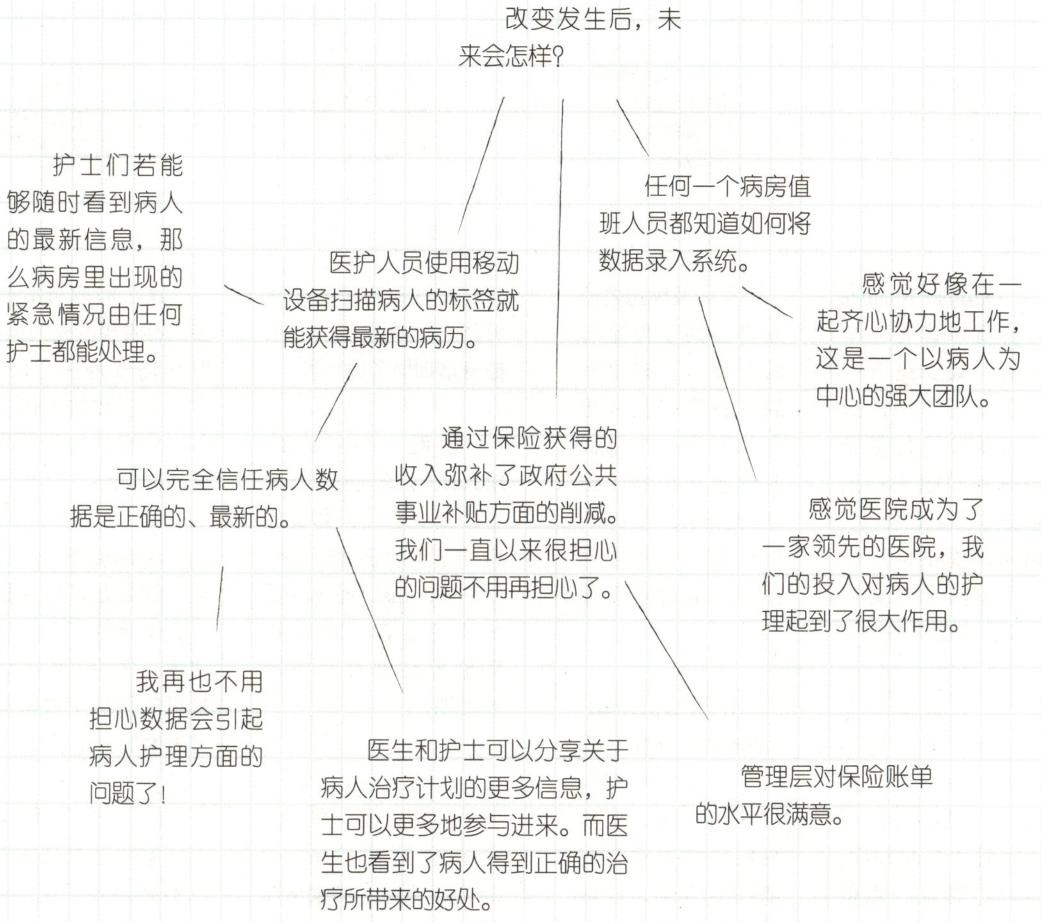

为了理解病人数据的改变将会对医院产生什么样的影响，汤姆打算请卢克来帮个小忙。汤姆让卢克闭上眼睛，想象一下两年后，走在病房里的情形。“感觉怎么样？”汤姆问。上面的笔记就是卢克的回答。

如果没有足够的工作室注册，怎么办？

Optimal Balance的价值定位有三个层面：减少运营一个小型工作室的成本；通过简化复杂的财务问题来帮助新成立的工作室；向客户提供从一个工作室转会到另一个工作室的服务。

第三个层面的价值定位只有当系统中有足够多的工作室时才会起作用。所以尽管这一点很重要，却不是让工作室运作起来所必需的。

如果健身房向教练提供更高的薪水，怎么办？

私人教练想要开办自己的工作室有两个原因：有更多的自我掌控权和更高的薪酬。如果商业健身房提高了教练的薪水，教练们也许就不会想要开办自己的健身工作室了。

使用Optimal Balance能够使运营一个工作室更简单且获利更多，所以我们应该关注自我掌控的方面，并向教练们强调收入的优势。

如果对私人教练的需求下降了，怎么办？

人口和经济的变化可能会影响当地的个人健身培训服务的市场。

然而，Optimal Balance系统能够降低成本，减少麻烦，并提供新的客户。这样一来，使用Optimal Balance系统比建立自己的工作室更容易度过经济困难时期。

Optimal Balance系统不能够保证一个工作室不会倒闭。Optimal Balance系统会继续招揽新的工作室来维持一定的客户率。

如果一个工作室的客户太多了，怎么办？

这个问题可能是很多人都希望看到的情况，但它仍然是一个问题，因为大多数的工作室对私人健身培训服务的容量是有限的。

Optimal Balance系统的好处是可以安排客户到附近的工作室进行训练，你的工作室可以趁机雇用员工或购买器材来增加容量。

换言之，即使你的工作室的会员名额满了也不必向客户说“不”。你可以对他们说：“好的，没问题，但在开始一两周的时间里，我们会把您安排在几公里以外的一家与我们有合作关系的健身房。”

玛丽娜思考了可能会改变的潜在因素。她针对每一种因素都制作了一张幻灯片，为向私人教练和健身工作室推销她的想法做好准备。

在 Optimal Balance 上的某工作室。

更多的新客户！

客户很高兴且很感动。

潜在客户通过网络听说了工作室并成为客户。

能够自助办理登记且十分快捷。

教练挣到了比在健身房工作更多的钱，而且拥有一个工作室很开心。

教练使用简单的工具而不是忙于处理复杂的商业流程。

教练有更多的控制权和自主权去开展培训课程，从而使自己的工作室与众不同。

玛丽娜想象加入她的计划后，工作室会有哪些改变。她为她的幻灯片补充了这些信息，然后将这些幻灯片打印出来，让那些拥有自己工作室的朋友看看，以检验她的想法。

当心

按照这些步骤进行，确保你收集到了所需的信息来了解其他可能的选择、情况和可能出现的其他结果。

- **在结尾停住。** 设想未来并考虑其他可能性会让你产生把故事再推进一步的冲动。尽管这样做有好处，并且又有了更多的可以描述的积极结果，但是这也会扩大你提出的改变范围，听众会因此觉得它不切实际，最终决定不去执行。在大多数情况下，最好尽早结束你的演讲。只要所有的重要挑战都已经完成了，并且一个新故事可以开始的时候，你的故事就可以结束了。
- **明确你的提议和其他可能性的不同之处。** 在“如果……会怎么样”这一部分中你所考虑的风险和其他的可能性可以帮助你更好地明确你想让听众踏上的旅程。如果其他可能的旅程和你提出的旅程太过相似的话，听众很有可能不知道到底应该走哪条路。所以，要向听众展示你推荐的方法和其他的可能性有什么不同。
- **避免多重选择式的结尾。** 关于结尾一定不能含糊不清。在讲述故事的时候，你可能会让听众来完成最后的步骤，但是关于结果一定要明确。也就是说不能够让听众按照你的故事进行到了最后但最终选择了其他可能的结尾。局面设想的方法可以帮助你明确其他可能性以及你必须放弃的一些关键因素，从而确保听众最后到达了你想让他们到达的地方。

- ☑ 关注如何加强故事的可信度，比其他人先找出潜在的风险。
- ☑ 找出未来观众听完故事之后付出的行动所带来的结果和可能性。
- ☑ 了解观众有可能会考虑的其他可能发生的故事（局面设想），你需要把你的故事和这些可能性做对比，来确保听众最后会选择你的故事。
- ☑ 把“如果……会怎么样”的内容作为注脚添加在“为什么—什么—怎么样”时间轴上。

一个故事之所以成功不是因为故事写了什么，而是在于它没有写出但却能让人们自己去想象的部分。

马克·吐温，美国小说家，幽默作家

这不是天天向上，而是天天退步。赶走那些没用的。

李小龙，20世纪最有影响力的武术家

艺术就是把不必要的都清除掉。

毕加索，西班牙画家，雕塑家，立体主义运动的创始人之一

有没有听说过那个小提琴制造者被问到如何制造一把小提琴的故事？他回答道：“找一片木头，然后把所有不是小提琴的部分都去掉。”这就是你在前四章里所做的工作。

二八定律：80% 的影响来自你故事中 20% 的内容。

赢在内容，关于故事内容的最后总结

关注

可视化故事图的第一行的内容到这里就结束了，在这里有以下几点值得关注。你的内容现在应该变得有条理了，各部分之间的关系也应该明确了，各个活动之间也得到了连接，并且有一个明确的动机。现在，你可以把几个关键词和信息填入可视化故事图的第一行中“为什么”、“什么”、“怎么样”和“如果……会怎么样”的格子中，然后再次明确他们彼此之间是如何互相关联的。不要急于扔掉你所积攒的细节，有可能在后面的部分还需要他们，但现在你所拥有的应该是故事的核心内容。

随着你完成 CAST 方法的剩余部分，理顺故事情节和所需的图像设计，你会发展出几个版本的可视化故事。这些版本的不同点在于它们的细节程度，从一个完整的 PPT 到一个电梯演讲都可以，甚至是一句话的演讲。你在前四章打下的基础将使这些不同版本保持一致，并可以以其中的一个为基础来创建另一个。

如果当你完成了所有的筛选工作之后，你发现没有足够的内容来填满一个一小时的演讲，怎么办？那么就不要做一个一小时的演讲！你和听众沟通的方式不仅仅限于演讲，你可以用其他更好的方式来传递信息，比如一个五分钟的 PPT，一个播客，一封撰写得十分有条理的电子邮件，或是贴在墙上让所有人都能看到的海报。

我所奉行的准则之一——专注和简单。简单可能比复杂更困难。你要下一番工夫才能让你的思维变得清晰，从而使一切变得简单。但这样做是值得的，因为你一旦到达了终点，你就可以移动山峦。

史蒂夫·乔布斯

具体点，有趣点

具体的内容能够把听众带入整个故事。很显然，这比大体上泛泛而谈要有意思得多。做幻灯片演讲的第一大错误不是使用子弹头列表，或是照着幻灯片读，而是传达的信息太过抽象。一个演讲可能有很好的理念和建议，却不能提供任何使听众能够产生联系或共鸣的内容。

一个吸引人的可视化故事其实就是把一系列的概念和建议转换为具体例子的过程。抓住听众的注意力，让听众想要听完整个故事。

现在该好好地关注一下你的故事内容，然后从听众的角度审视整个故事。

在转瞬之间，你可以把一些很傻的事情转变为一些极其严肃认真的事情，如果你和你的观众建立了这些联系，那么他们就会跟着你的步伐走下去。

布鲁斯·斯普林斯汀（Bruce Springsteen），2005 年 7 月 14 日接受来自《观察者报》旗下营运的音乐月刊的记者尼克·霍恩比（Nick Hornby）的采访时说道。

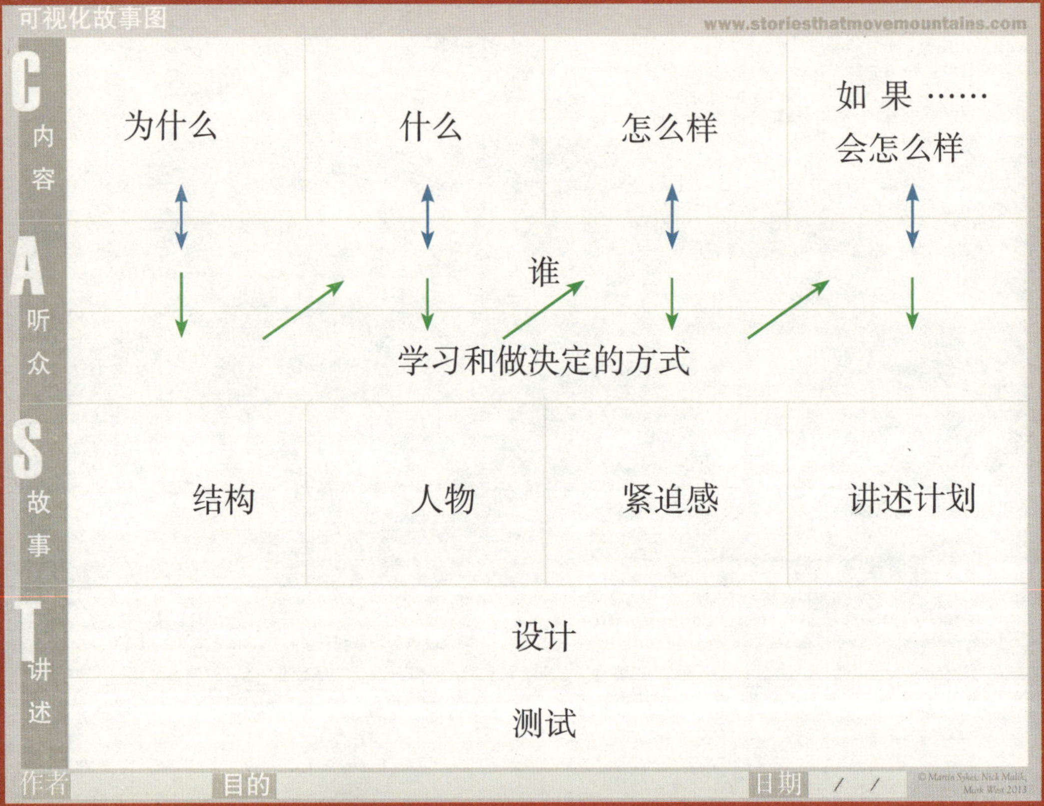
可视化故事图
www.storiesthatmovemountains.com
C
内容
为什么
什么
怎么样
如果……
会怎么样
A
听众
谁
学习和做决定的方式
S
故事
结构
人物
紧迫感
讲述计划
T
讲述
设计
测试
作者
目的
日期 / /
© Martin Sykes, Nick Malik, Mark West 2013

听众

8

分析听众，找到核心听众群

我不了解通往成功的关键是什么，但我知道通往失败的关键是试图取悦每一个人。

赛斯·高汀（Seth Godin），美国企业家和作家

每一个企业都有两种企业结构。表面上的结构是企业结构图中展示的那个，而另一个则是企业中每一个员工和其他人的关系。

哈罗德·S·吉恩（Harold S. Gennen），美国成功的商业领袖，1959~1977 年曾担任 ITT 公司的 CEO

让所有人都接受你的观点几乎是不可能的，即使你的想法好得无与伦比。所以，不用试图去说服所有人。你为了能够多影响一个人而对信息进行的修改，都有可能会削弱最终的演讲效果。在这一章里，我们会要求你只关注你需要说服的某一特定人群，但首先，你得先弄清楚他们是谁。

CAST 方法主要是通过讲故事来影响人们，使他们做出决定或作出改变。不论你是要改变整个世界，还是改变你自己，你需要有一个明确的目的和能够让听众作出反应的信息。CAST 方法能够帮助你针对不同的听众群体来设计你讲述故事的方法，其所需要的步骤就是根据对听众的分析，把故事的内容的发展和故事结构相匹配。想了解你的听众，先要了解听众的人数。

越来越多的人开始使用 CAST 方法和可视化故事图，这也证明了可视化故事真的会对人们的生活产生影响。有一位女士曾经创建了一个可视化故事，最终帮助她获得了升迁。她把这个一页纸的可视化故事贴在了家里的厨房门上，也贴在了她工作簿的首页上，就是为了每天提醒她自己为什么需要改变，她应该做些什么，以及她将如何通过朋友和同事的帮助，完成这一目标。

网络群体通常会有一个共同的目标或理想。这一目标对群体里的每一个人来说都是显而易见的。你可能会被游说，进行法制改革，或支持一个文化方面的改变，然而对于那些不属于这个群体的人来说，他们的目的就不那么明确了，而使这些人汇集到一起的理由也会显得过于片面化。可视化故事必须要将这一原因讲清楚，听众才会支持这一群体的共同目标。

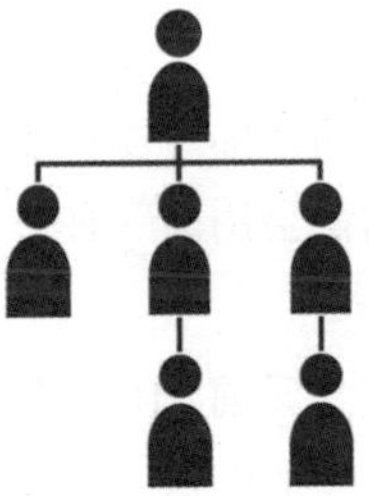

在一个企业里，可视化故事通常是在为一些大型项目赢取支持时使用的。这些项目通常会带来组织结构上的重大改变，而这也意味着需要很多人愿意付出时间、劳动、增加预算来做一些不同的事情。逻辑模型和财务模型通常是很重要的，然而，要想真正地影响听众让他们付出行动，你还需要捕捉听众的情感需求，并且为他们指明通往一个更好未来的道路。

改变世界并不需要上百万元的预算，或是上千人的团队（尽管这会是很有帮助的）。社交媒体网站如 YouTube 和 Facebook, 彻底改变了企业能够施加的影响和达到的人群数量。对于这一规模的听众来说，可视化故事的发展需要更多地考虑文化多样性，以及各种不同的学习和做决定的方式。

可视化故事图的构造，尤其是前两行的分布安排是有原因的。在填写可视化故事图中的“为什么”、“什么”、“怎么样”和“如果……

会怎么样”的过程中，你始终在做的一件事就是找出你的故事中应有的内容，同时也在明确你的听众是谁。翻到第 8 章前的可视化故事图中，你会看到那些箭头表示第一行中的每一个部分都各自和“谁”有双向的关联，并通过“谁”连接到了下面的“学习和做决定的方式”。这张图是为了提醒你 CAST 方法并不是一个直线型的方法。在你对内容进行修改时，你会找出你的听众是谁；同样，在你研究听众的同时，你也会找出你需要在故事中包含的内容。

作为可视化故事的讲述者，你的任务是把听众中的关键人群的动机和你在第 4 章找出的原因“为什么”相匹配。一个人的动机或与个人利益相关，与个人信仰相一致或是对改变活动有贡献。这些动机只是从不同的角度来描述的，并不互相排斥。在聆听故事的时候，听众中的每一个人都会对最能吸引他个人动机的信息作出反应。每一个人都会根据自己的情况考虑故事背后所探讨的问题，并且基于自己的经验和经历来评判这个故事。你永远不可能控制其他人的选择，但是你可以将你的故事和听众所遇到的问题联系起来，并且告诉听众你的想法和其他选择的不同之处。

来自听众的反馈能够让故事讲述者了解故事是否达到了预期的效果。最重要的一点是，故事讲述者需要及时地获得反馈才能够及时地修改故事。故事讲述者不但要善于演讲，也必须善于聆听和观察。了解听众的个人细节是收集和了解反馈的第一步。

企业和组织不会做决定，他们不会使改变发生。然而人会。当一个企业到了要做决定的时候，不是所有人的投票都会有同等的价值。在这一章中，我们要看一看如何找出听众的共同基础，并且介绍一个叫做“权力图”（Power Mapping）的技巧。权力图能够帮助你辨别你的听众，了解谁是有影响力或有做决定权力的人，找出应该去聆听谁、观察谁。

很多情况下，一个演讲或其他沟通形式的设计者会是假设的，听众的背景和目标与他自己的相似。更糟糕的是，演讲者甚至会假设听众中每个人都是相同的个体，他们都会用同一种方式对演讲作出反应。

下一次，当你分析一个听众时，想一想中国的兵马俑吧。这些兵马俑是在公元前 210 至公元前 209 年为中国的皇帝秦始皇建造的。乍一看去，他们好像是一排排一模一样的雕塑，但实际上这 8 000 多个士兵的模样每一个都是不同的。

不要试图说服所有人

我们并不建议你应该对你听众中的每一个人都研究透彻，而是希望你明白一个事实，那就是听众中的每一个人都是不同的个体。在你创造一个可视化故事时，你需要找出听众的共同点是什么。他们的共同点能够给你一个出发点，或是一个基础，基于这个出发点你可以创建一个能够让听众感兴趣的故事。共同点可能会包括经历、关于未来的信仰，以及对你的故事主题的了解。

与听众对话，寻找共同点

如果说在交流中，还有比找到双方的共同点还要重要的因素，那么我实在是想不出来。共同点是人们能够讨论问题，分享想法，寻求解决方案，开始共同创建事物的基础。很多情况下，人们都会把沟通看作一个向他人传递大量信息的过程，这是不对的。沟通是一场旅行。两个人的共同点越多，他们在一起旅行的机会也就越大。

约翰·C·麦克斯威尔（John C. Maxwell），

领导力方面的专家，写过 60 余本书，销量超过 1 900 万册

你的每一位听众都会对你的故事背景有或多或少的了解。把每一个人脑海中的这一背景想象成一张地图。这张意识地图中的板块可以用不同的详细程度进行描述，有的会有一些真实的经历，而有一些会是一些理论知识。这一地图可能非常小，也不够精确，或许是很多年经验的累积形成的。这就是听众的意识地图。这些地图随时都在更新，并且每个人的意识地图都是独一无二的。若想让你的故事有意义，你的故事必须和听众的意识地图有足够的重叠部分。这些重叠部分，或者说共同点，使你的听众能够理解你的故

事，并将故事与他们已有的了解和知识融合在一起。

我们每个人都有一套自己的筛选程序来判断我们接受的信息，并将其和我们的意识地图相对比，然后决定对哪些信息更新。在第 1 章里，我们讲述了斯坦福大学生的例子，即如何通过故事来提高记忆力。这个故事对如何让你的信息能够通过听众的筛选最终进入到他们的意识地图中是十分有用的。

已有的意识地图 + 你的故事 = 新的意识地图

这不是说，所有的人到最后都会有相同的意识地图，而是说你的故事应该以一个共同的背景开始，通过故事中的内容最终改变他们的地图，然后让他们作出你想让他们作出的改变。

花些时间看一看你在第 6 章建立的“为什么—什么—怎么样”关系模型。模型图中的每个条目都和听众中有痛点的一个人对应，这个人有一个需要改变的事物，或者对改变的发生起到重要作用。在你进行下一步之前，将这些人物列成表。通过筛选，把范围最后缩小到需要关注的几个关键的人物身上。但在你找出共同点以及你的听众成员之间的关系之前，请不要存有任何假设。

假设这一页的图中代表着你故事的主题所包含的可以被了解、感知和相信的所有内容，同时也假设你听众中的每一个人的背景就在这一页的每一个圆圈内。蓝色的圆圈代表你，绿色的圆圈代表三个最重要的决策人的背景。

每一个人的背景都是不同的。这些圆圈相互重叠的部分（即灰色的部分）是故事的一个很好出发点。在重叠的部分中，你需要找出他们共同的经历，你的故事应该以此为基础，才能够产生较强的个人影响。当你为故事做调研的时候，要多花些时间琢磨你的听众的心理，这样你才能够找出他们共同的背景。

随着故事慢慢地发展到了这一共同背景的外围，你可能会需要开始“教育”你的听众，用你的故事的内容来扩展他们的知识。在某些情况下，你可能会发现有些听众会有和故事完全不同的背景，或者和其他大多数听众不同的背景（图中红色部分）。在这种情况下，你的故事可能就会成为所有听众的共同背景。此时，我们可以试着在故事中使用一个比喻或类比，让所有不同的个人背景都可以与之产生共鸣，从而把整个听众群带入到故事中。

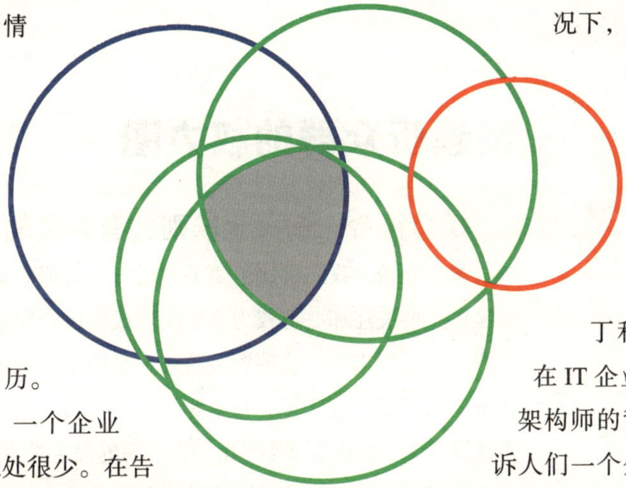

举个例子，马丁和尼克都有过企业架构师的工作经历。在 IT 企业中，企业架构师的角色很难描述，一个企业架构师的背景和他们其他同事的背景的重叠之处很少。在告诉人们一个企业架构师是什么的故事中，马丁和尼克都使用了城市规划师的类比，把 IT 系统的规划与对于一个城市进行的规划服务联系在了一起。

现在，看一看你列出的人员清单，根据你的了解开始写下他们有什么共同之处。很可能你不能把这些作为一系列的圆圈创造出来，毕竟人生很复杂没有那么简单。但是，你可以写下你认为听众对你故事的了解，然后使用这些简单的分组的方法来找出他们的共同之处。

创建听众群的权力图

权力符合一条黄金准则：有黄金的人制定规则。

本章开始，我们讲述了要关注在听众里那些举足轻重的人群。也就是说，要关注那些有权力来做决定或使改变发生的人。尽管不总是这样，但一般来说，管理资金的人才是做最终决定的人。但是，金钱并不是权力的唯一来源。在家庭、利益集团、企业和政府部门中，大多数涉及改变的决定都不是由一人一票的民主投票过程来完成的。

真正的权力往往是看不见的，和办公室门牌上的称谓、企业结构图上的名称或是家系图中的年长者没有太大关系。真正的权力拥有者也会不时地进行改变，并且也取决于将要作出的改变是什么。所以，你需要了解谁有真正的权力，以及这种权力是什么。理解了这一问题，你就能够针对不同的权力类型对故事进行调整。另外，在计划如何讲述故事（在第 13 章的时候会涉及）的时候，这一点也很有用处。

在你收集信息的时候，你可以建立一个权力图来找出谁有权力做出决定、影响决定、使改变发生、领导他人，或者谁有权力可以阻挠一个决定。你同时也应该找出听众中的哪些成员是你不希望他们来支持你的观点的；因为如果他们一旦支持了你的观点，其他人就会自然地反对你。

权力的来源

权威职位

在等级制度下，拥有权威职位的人有能力支配任何他们所管辖的人。

金钱

无论是通过直接的预算、捐献或是购买任何权力的能力来体现，金钱都是最重要的权力之一。

业绩记录

过往成功的业绩记录能够让人们更倾向于考虑你提出的要求和建议。

获取

有接触到其他人员或获取信息的能力在当今的企业背景中是一项重要的权力来源。

共同利益

共同利益可以是共同的目标或一个共同的敌人。共同利益的力量可以影响人们来分析一个共同的决定。

思想领袖

人们在需要想法的时候或是在一项创新需要被审视的时候，会向意见领袖寻求帮助。

社交影响

人们更倾向于从他们喜欢的人那里购买东西。社交网络和社会人际关系可以让人们汇集到一起然后对其施加影响。

专业知识

对故事主题的直接经历或了解是一项有影响力的权力。

有用性

拥有实施故事中提出结果的能力对做决定者来说有很强的影响力。

个人魅力

魅力，或者是一个好的性格类型在影响他人时可以起到巨大的作用。

最优秀的销售人员从他们第一次拜访客户之后就会开始建立权力图。他们会询问企业的组织结构，也会询问企业中谁在扮演什么样的角色。同时，他们也会在倾听中寻找权力的不同特点。

下页中的图表是城市大学医院例子中汤姆建立的权力图。它显示了听众中不同成员之间的关系，并注释出哪些人有哪些种类的权力。绿色的人代表首要听众，这些人会向护士长和运营官伯尔尼德汇报。伯尔尼德非常期待看到任何的改善，但他也是刚刚担任这一职务，所以非常小心谨慎，不想犯任何错误。就在上个月，伯尔尼德还在担任另一个职位（现在由佛朗哥担任），当时拉尔夫是他非常信赖的下属，他一次又一次地显示出能够提出好的创意的能力。

艾伦是财政总监，可以通过提供资金来支持改变，从而影响伯尔尼德的决定。艾伦一直以来和佛朗哥的关系很好，佛朗哥在过去八年里一直是艾伦的忠实追随者。

克劳斯是首席执行官，虽然他不会直接对决定起作用，因为这一决定是伯尔尼德负责的，但克劳斯可以默许决定，也就是说，伯尔尼德会因此对改变的适用性有更大的信心。卡伦为克劳斯当了两年的特别助理，主要负责新投资的商业案例的建立工作，之后，她加入了伯尔尼德的团队，因此她是有机会直接接触克劳斯的人。

卢克负责病人数据管理，在实施改变中会很有帮助。他和护士们的关系十分密切。卢克去年担任的职位是高级护士，并且已经在医院的护士团队中推进了一些关键的改善工作。卢克和卡伦在业务流程的改善上有共同的利益，都十分注重影响的可测量性。

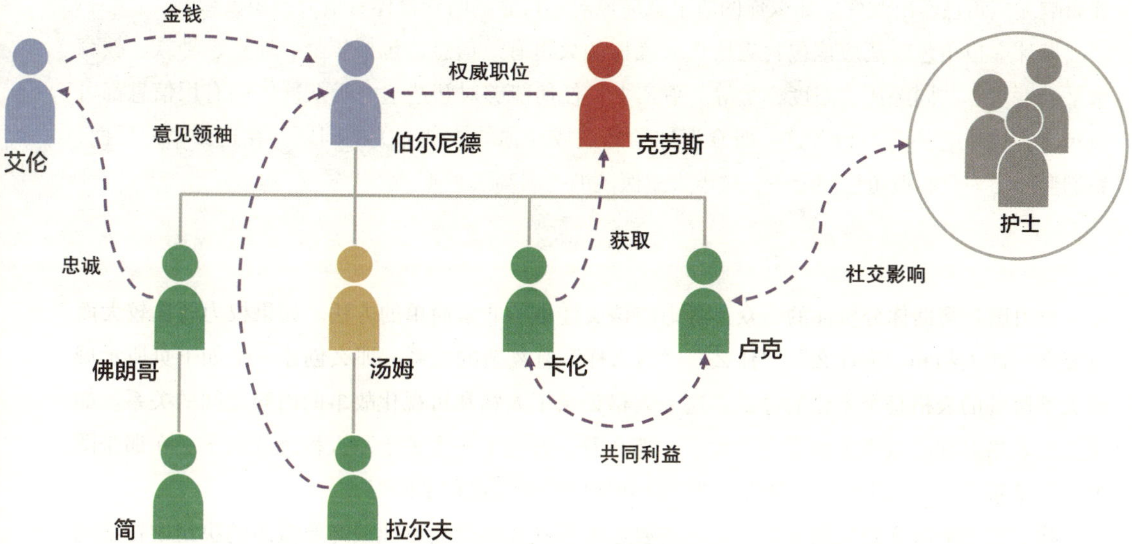

汤姆针对城市大学医院的听众们绘制的权力图。

如果我的听众数量很多，并且我确实不了解他们的背景，怎么办

本书使用的例子中，有些情况下，找出听众中的某个人的背景是不可能的。医院里有太多的护士，不可能对每一个人进行分析调查，在玛丽娜的 Optimal Balance 故事中，也有太多的私人教练，很难确定应该关注哪一个人。所以，在这种情况下，该怎么办？

在这种情况下，我们创建了虚拟角色（personas）的方法。这个角色是基于真实的资料来创造出的一个虚拟人，扮演听众中的一个或多个成员。这一虚拟的人代表了这个人的重要经历、态度以及对事物的看法。一个虚拟角色并不是目标听众群中的某一个人。虚拟角色的产生是建立在一系列的访问、观察和营销数据上的，它代表了听众中的某一特定群体。如果你的故事想要影响虚拟角色作出改变，那么你的故事就应该对它代表的听众群体有最大的积极影响。

设计虚拟角色时还应该包含它所代表人群的大量有效信息，包括年龄、地点、种族、教育水平、薪水、共同经历、态度，等等。事实上，任何能够对塑造这一听众群体的有用信息都可以包含在内。它还需要包含这一听众群体的痛点或与你的故事有关的问题。在这一章的后面，我们会介绍一个虚拟角色莎伦——城市大学医院的一名高级护士。

权力图是帮助你分析你的听众，考虑应该关注谁的非常简单的方法。如果权力图比较大而且复杂，或人物和“为什么”、“什么”、“怎么样”有复杂的关系，那么创建一个如下页所示城市大学医院的表格是个不错的办法。这一表格记录了人物和可视化故事的内容之间的关系。如果这个表格对你的故事来说有点太大了，那么看一看再下一页关于私人教练的例子。在那张图上，只是基于对“为什么”的分析，把听众和他们的动机进行了匹配。

除了要了解听众的权利关系，你还需要考虑听众在你的故事和最终要做出的决定中扮演的不同角色。我们把这些角色分为了三大类。

关键决定人员：即那些有权力说“是”的人。在前一页的权力图中，这些人用蓝色表示。

首要听众：即那些你打算进行直接交流的人。在前一页的权力图中，这些人用绿色和蓝色表示。

次要听众：即指那些有可能从首要听众哪里听到故事的人，或者是通过间接沟通方式，如海报、食品或电子邮件等方式，来听到故事的人。这些人可能是故事的强有力的支持者，但最终他们对关键决策人员产生的影响不大。在前一页的权力图中，这些人用灰色表示。

你还要考虑一下，找出那些对改变有明确态度的听众，花点时间做好这项分析吧。在第 9 章和第 13 章，你会用到这一信息，来确保你的故事始终都在关注你的听众。

听众成员	角色和权力	为什么	什么	怎么样	态度	注释	期望作出的行动
艾伦（财务总监）	决定人 资金	必须权衡改变的成本			中性	较低	同意为改变启用资金
伯尔尼德（护士长和运营主管）	决定人 资金 权威职位	医院声誉的增长	重症监护病房	实施扩张和改革计划	消极	新上任，因此会很小心避免犯错，因为克劳斯（CEO）在观察他	同意实施改变
卢克（病人数据主管）	首要听众，和卡伦有共同利益；对护士们有一定影响	提高数据质量，降低错误率	病人数据	实行新的数据管理系统	积极		支持改变的决定
拉尔夫（运营经理）	信息获取 主管人 意见领袖				中立	只有拉尔夫推荐伯尔尼德才会听这个故事	积极地支持改变，并向伯尔尼德推荐
护士	首要和次要听众；社会影响	减少录入数据的时间，提高数据录入的质量	管理病人信息	改变数据录入的过程	积极		影响卢克来支持改变的决定

汤姆对城市大学医院的听众创建的详细图示节选。

私人教练

听众成员	描述	动机	重要性
既是工作室拥有者，又是私人教练	这些教练已经创建了自己的公司，不一定需要帮助	想要简化管理财务问题和客户服务方面的复杂性	最常见的目标客户
虽然是工作室拥有者，但不是私人教练	这些人雇用了一些健身教练在他们的工作室工作	想要降低成本，提供额外的优惠，从而吸引新客户	不太常见
想要拥有个人工作室的教练	这些教练要么是学生，要么在健身房工作，想要找到突破口	实现运营自己的健身工作室的一个简单快捷的方法	常见，但通常没有开始自己事业的资源。需要找到好的候选者，花时间把他们发展成一个 Optimal Balance 客户。
现有工作室拥有者的顾问	这些人和他们的朋友能够影响工作室拥有者的决定	他们愿意帮助他们的朋友，从而会想看一看 Optimal Balance 是怎么工作的	不是通常的目标客户，但是值得考虑
大型健身房的健身教练	这些教练可能会把当地的工作室视为“竞争者	强调一个信息，那就是加入 Optimal Balance 的教练曾经也和他们一样，从而减少来自这些人的反感和抵触	有可能会是不友好的听众；也许会对较小工作室有负面的看法，却是未来潜在的客户。

玛丽娜找出了关于 Optimal Balance 演讲的听众中每一个不同类别的教练和工作室拥有者，并注明了他们的动机。

高级护士的虚拟角色：莎伦

莎伦通常负责和管理病房的轮班制度。她非常支持针对所有和病人打交道的员工的信息共享方面的改善。

“医生和护士希望在他们需要的时候能够获取关于病人的最完整的、最新的信息.”

她不喜欢被叫做经理，因为这听上去好像和临床工作没什么关系。然而，她工作的大部分职责是对值班护士和医生在病房里的工作进行协调。

工作中有一件事令她十分厌烦，那就是专家探访病人时做出了一项决定，却没有提醒护士。莎伦之前工作的一家医院，有记录得非常好的病人病历，所有人（包括专家）都知道它的重要性，从而会自始至终地将病人病历保持完整。

“所有部门采用电子版的病人病历将会改变我们工作的方式。”

莎伦会经常使用病人数据系统，但是发现这个系统不尽如人意，原因是该系统设计糟糕，输入一些基本的病人信息时要花很多时间。莎伦非常担心她的护士团队不知道该如何使用这些 IT 系统，而医生会是培训的重点。

“很多时候，当医生询问你一个问题时，或是对一项治疗存有疑虑时，你需要快速地找到病人的信息。”

莎伦会坚持每天手写病人记录。如果以后不需要再使用手写记录了，她应该会很高兴。但她不知道医院该如何提供足够数量的电脑。

城市医院的例子在这一章之前也引用过，所以我们尽量避免重复汤姆的笔记。然而，汤姆也为一个护士创造了一个虚拟人物，来代表这个可视化故事中的护士群体。这个人物汇集了医院护士们身上不同的特点，也包含了汤姆从护士那里了解的一些问题。

当心

按照这些步骤，可以确保你关注的是那些有权力使改变发生的听众。

不要过度分析其他人的动机。如果花过多的时间思考听众的动机的话，会影响你自己独立的思考，很有可能把故事过度复杂化了。对阴险狡诈的阴谋感兴趣的只是极少数人，大多数人的动机都是比较简单的。

让其他人成为英雄。记住，主导故事和成为故事中的英雄人物是不同的事情。你不应该被看作是故事中的英雄。你应该希望看到的是观众与故事中的英雄产生共鸣，有强烈的认同感。

了解在决策过程中，听众中不同成员扮演的角色。通常来说，有权利说“是”的人是很少的，而能够说“不”的人有很多。如果你要推动一项积极的改变，你不需要每个人都说“是”，而是让关键的做决定的人说“是”就够了，前提是其他人不说“不”。

迭代是 CAST 方法的关键。在你阅读这一章节之际，当你意识到你需要返回你之前做过的工作时，不要太惊讶。在你使用 CAST 方法创建了几个可视化故事之后，你会自然而然地可把“内容行”的那些格子当作一个组群，你可以从其中的任何一个格子作为开始，然后随着清晰的思路不断完成其他的内容。当然，在你的第一个可视化故事中，我们还是建议你按照顺序来做，这样会比较有条理。

检查清单

- ☑ 针对每一条“为什么”、“什么”、“怎么样”、“如果……会怎么样”，找出听众中需要被考虑的人，以及他们在故事中扮演的角色。
- ☑ 找出做决定的人是谁，或是有权力说“是”的一组人，以及他们的权力来源。
- ☑ 了解每一个细分听众的背景，以及关键人物的背景，从而使你故事的基础和他们的背景相匹配。
- ☑ 针对听众对你的提议的态度创建权力图。

9 了解听众学习和做决定的方式

做决定是困难的，也因此愈发珍贵。

拿破仑·波拿巴（Napoleon Bonaparte），19世纪法国军事家和政治领袖

我总是做好学习的准备，虽然我不总是喜欢被人教育。

温斯顿·丘吉尔，英国前首相，诺贝尔文学奖获得者

对听众进行分类，量身定制故事内容

对人进行分类有很多种方式。心理学家、社会学家以及管理学大师们根据他们要解决问题的不同，会使用不同的分类方法。分类的标准可能是根据一个人的性格特点，或是一个人处理创新的方式，等等。我们在这一章要关注的是两种不同的分类方法，这两种方法对故事的讲述十分有用：一种方法是关于人们的学习方式，而另一种方法是关于人们做决定的方式。

在详细介绍这两种我们在 CAST 方法中使用的分类方法之前，先了解一下我们创造可视化故事真正的目的和期望是什么。大多的学术论文和书籍中通常会用几页纸的篇幅来阐释这一主题。我们不会声称我们选择的模式是最好的，或者说对于每一种情况都是最适合的，但根据我们的个人经验来看，在这一章使用的分类方法能够很好地支持可视化故事的创建。我们大大地简化了这两种方法背后的分析过程，因为在这里花很大篇幅来解释其背后的理论和依据没有必要。

不要让你的偏好决定听众的喜好

这一章探讨的重点是找出听众中的关键决策人和影响者的学习和做决定的方式。拥有了这一信息之后，你就可以在故事的论点和论据之间找到平衡，同时你也可以用最能打动听众的语言来讲述你的故事。

在进一步讲述之前，我们觉得有必要提醒大家注意几点。首先，人们是抗拒被分类的。你很可能发现，一个人学习的方式会根据学习的内容（是个人感兴趣的内容，还是工作上必须学习的内容）的不同而改变。你也会发现，由于一个人自身能力和经历的不同，他做决定的方式也会不同。所以，请把对听众的分类当作是一个权宜之计，而不是毫无差错的科学。在你的听众学习和做决定的过程中，你仍需要根据不同的情况，对你传递的信息作出调整。

要完成这一部分的 CAST 方法，你不需要掌握读心术，你所要做的就是考虑听众学习和做决定的方式，然后尽全力创建你的故事。你所应该关心的是故事的内容和听众的契合度，考虑他们在做决定之前需要了解什么。

第二个要注意的地方是，你也有你所倾心的学习和做决定的方式，所以一定要小心不要让你自己的偏好影响你创造故事。大多数的情况下，人们创造出的故事都非常契合他们自己的方式，而忘记了要以听众为导向。如果你不了解你的听众，那么就去询问。如果没有人能够告诉你关于听众的信息，那么你必须考虑针对人们各种各样的学习和做决定的方式来进行演讲，而不是只根据你自己所喜好的方式。

分析听众的学习方式

随便在网上搜索，你就能找到各式各样的学习方式。在为撰写这本书查资料的时候，我们发现了一篇论文，讲述了 71 种不同的学习方式，其中的一些方式没有什么有力的论据支持，也不能产生任何可测量的影响。

在这里，我们要介绍并使用的学习方式来自伯尼斯·麦卡锡 (Bernice McCarthy)。20 世纪 70 年代，麦卡锡研究了儿童的学习方法，并且注意到了一种儿童的学习方式。这种方法其实就是教授事情本身，而不是教授事情为什么是这样。她所创建的模式和其他人创建的模式十分相似，尤其是卡尔·荣格（Carl Jung）创建的心理类型有紧密的联系。如果你曾经做过迈尔斯·布里格斯性格测试（Myers Briggs Type Indicator），你也许听说过这些基本理念。

这些方法一般都会找出几个维度，然后通过将每一个维度的两端相互结合，创建出一套分类系统。麦卡锡使用了两个维度来描述不同人的学习方式的分类方法：

对信息的感知，从抽象到经验

在“抽象”一端时，学习者会思考学习模式、想法和概念，而在“经验”一端时，他们体验、回忆或想象一个活动或经历。

处理信息，从行动到反思

在“行动”一端时，学习者积极地进行互动，动手实践正在学习的内容，而在“反思”一端时，学习者反观已经学到的东西，重新构建他们的心理模式。

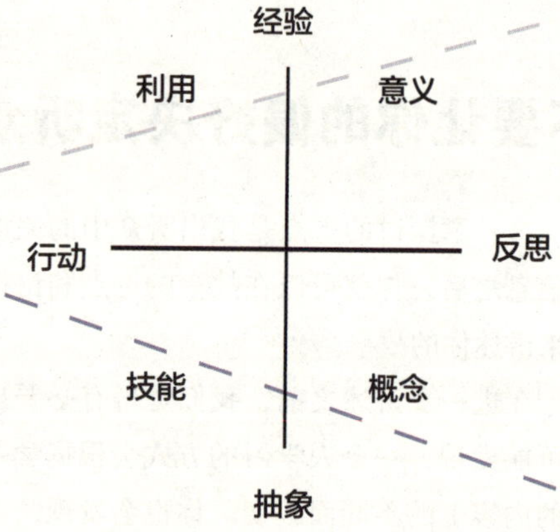

大多数人不会只处于维度的某一端，而是会对某一种学习方式有特殊的喜好，在坐标中的某一位置出现“甜蜜点”。在图中可以看出两个维度是如何被结合到一起，从而形成了 4 种学习方式。在某一种方式中可能还有很多不同的类型。你需要思考你的视觉故事的听众是属于哪一种类型的，并在用来迎合听众学习的内容和那些能够引导听众做决定的内容之间找到平衡。

意义型
经验——反思
为什么?

意义型的学习者总是倾向于找到事物之间的联系，并且总要理解为什么，如果他们不理解一件事为什么是重要的，那么他们就会失去兴趣。

应对方法：确保你的故事中人物的动机和故事要传达的信息在一开始就很明确，从而保证你的听众能够坚持听完故事直到得出结论。

概念型
抽象——反思
什么?

概念型的学习者喜欢分析式的学习过程，从总体入手再到局部。他们会首先找到要学习的内容，然后查找许多补充材料和专家的意见。

应对方法：把重点内容加入到故事中，并且要有能够支持你观点的论据，从而提升内容的可信度。

技巧型
抽象——行动
怎么样?

技巧型的学习者想知道改变将如何完成。他们是非常实际的学习者，关注的是要理解使改变发生所需要的是什么。

应对方法：不要仅仅把将要发生的改变列成清单，而且要向听众解释要达到改变所需要的步骤，以及若想成功必须要付出的行动。

适应型
经历——行动
如果……会怎么样

适应型学习者可能会认为自己是开拓者或是创新者。他们对一切新的机遇和潜在的问题都十分感兴趣，且通常是第一个愿意尝试改变的人。他们在不断地试验、不断地犯错中学习。

应对方法：一定要明确所面临的挑战，以及有可能创造的机遇，以及一些未知的、需要去探索和解决的问题。

这四种学习方式的名字看上去学术味很浓，其实它们来自于麦卡锡的研究。我们本可以给他们起一个更炫的名字，但我们觉得保持其本来的叫法可以让你在网上查阅其他文献时更方便。你可以在 www.aboutlearning.com 网站上找到关于学习方式的更多信息。你也可以思考一下你自己的学习方式，以及你的学习方式在你汲取本书的内容时会产生什么影响。

还有一种完全不同的分类方法叫做“视觉、听觉和触觉”（Visual，Audio and Kinesthetic，VAK）模式。这一模式考虑的是人们通常是如何接收信息的。一些人通常是靠视觉（或阅读）来获取知识，另一些人则靠听觉，还有一些人靠自己的感觉（触摸或做某事）来获取知识。若你想使用这一套方法，你只需按照在本章后面我们给出的方法即可。

分析听众做决定方式

在为本章的撰写做调查研究的时候，我们发现，有关做决定的方式分类和学习方式分类一样，数不胜数。这一主题也是很多管理类图书的重点内容。我们当然不会认为只有一种分类是最科学的，如果真是这样的话，就不会有那么多各种各样的想法存在了。

但我们总结出一点，那就是在做决定的时候，人们通常会有自己偏爱的某一种方式。时间上的压力以及知识或经验上的缺乏可能会迫使人们改变做决定的方式，但也可能会使人们延后做决定的时间。

20 世纪 80 年代末，三个研究者艾伦·罗（Alan Rowe）、詹姆斯·布加里德斯（James Boulgarides）和理查德·梅森（Richard Mason）创造了一种做决定的方式的分类方法，并撰写了很多相关的论文和书籍。他们的分类方法使用了两种维度，和麦卡锡的学习方式分类方法相似：

认知复杂性

在这一维度的一端是那些做决定前必须理清所有信息的人，在另一端是那些能够处理高度模糊和复杂信息的人。

价值导向

在这一维度的一端是那些以任务为导向的人，他们关注的是特定的活动和细节，而另一端是以社会为导向的人，他们关注的更多是该决定对他人、对其他企业、其他社会群体的影响。

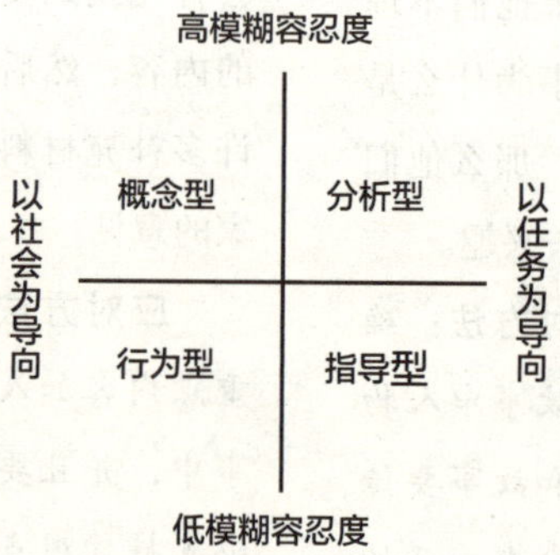

对很多人来说，做决定的方式是一种无意识的选择。影响这一选择的因素很多，包括文化背景、社会阶级、教育、来自同行的压力以及企业文化等，因此很难对这些方式有一个概念性的描述。在你评估听众的时候，可能会发现那些起关键作用的决策人做决定的方式往往不是单一的。一个人可能有他通常惯有的做决定的方式，但也可能会根据不同的情况（如企业文化和时间压力）采取另一种方式。而当情况改变的时候，他们可能又会回到惯有的方式。

一些心理学家认为，人们在处理逻辑性问题时和情感问题时会使用不同的思考方式，而这大大地影响了做决定的方式。一个习惯于用分析方法做决定的人，如果听到的可视化故事的主题是有关情感方面的内容时，可能会改变其做决定的方式。

你需要认真研究分析你的听众做决定的方式，然后想一想怎样才能确保你所选择的故事内容能够简化听众做决定的过程。和学习方式一样，做决定的两个维度可以产生 4 种做决定的方式，供你在创造可视化故事时参考。

指导型

低模糊容忍度

——任务为导向

指导型的决策人是以目的为导向的，通常会关注经济上的结果。他们会采取客观的态度，只相信事实和有条理的信息。

应对方法：在演讲中应该尽快地讲出故事的重要信息，之后只有在需要的时候再对你的论点提供论据。一定要解释这一改变将如何发生，主要的里程碑是什么，以及有可能在什么时候看到结果。

概念型

高模糊容忍度

——以社会为导向

概念型决策人喜欢大幅的图片。他们是典型的创意型人群，会考虑无数种可能性。他们会考虑一个改变的长期影响以及企业的风险管理。

应对方法：准备一到两个高层次的设想然后把它们编入故事中。请注意，故事的焦点一定是在概念上而不是在行动上。演讲的时候可以直接询问这些人的观点，让他们说出自己的想法，但要避免让他们阅读或聆听大量的细节。

分析型

高模糊容忍度

——任务为导向

分析型的决策者更喜欢细节，并且很享受分析的过程。如果一个故事能够有足够的细节，并且具有可追查性和足够的逻辑性，那么他们会更容易接受。分析型的人可能会比其他类型的决策者需要花更多的时间来处理那些有关细节的信息。

应对方法：要做好回答问题的准备。你不需要在演讲中呈现所有的信息，但这些信息你必须有所准备，以防听众会对此进行发问。只有当你有足够的细节时才能把这些听众考虑进来。

行为型

低模糊容忍度

——以社会为导向

行为型的决策者关注的是改变对其他人或对企业的影响。很低的模糊容忍度意味着它们要十分明确地了解改变将如何影响每一个人和整个企业。他们看重内容是否能够为他人带来益处，以及人们对改变的态度和感受。

应对方法：在你的故事中一定要有关于改变将如何影响故事中的人物的描述。这些人对可视化故事的反应很可能来自直觉，因此非常感性。他们通常会在做决定时尽量避免冲突，更喜欢通过开放式的讨论来达成一致的决定。

你可以在网上找到很多关于这两种学习和做决定方式的信息。一个最常见的问题是，当你不能够对听众进行评估的时候，该如何使用这两种方法？对于创造一个可视化故事来讲，你只需要对听众的学习和做决定的方式有一个大体上的认识，了解一些重要的听众（比如关键决策人）有没有什么特殊的偏好即可。

在你选择应该针对哪种学习和做决定的方式来开展你的故事时，你需要做的第一步是根据前几页的内容，简要地回顾一下你和关键听众之间的共同经历。在接下来几页关于城市大学医院的例子中，你可以看到汤姆是如何做的。在我们给人们进行 CAST 方法培训时，经常会在这一阶段被问到一些问题，问题大多关于是否能够提供一个检查清单等。基于我们的经验，我们认为最好的办法就是和你的同事聊一聊他们和听众相处的一些经历，这样你就可以找出我们描述的那些不同类型听众的特点。

如果你有机会和听众见面的话，那么你可以直接问他们一些问题。比如，你可以询问一个关键的决策人，“在演讲中，你希望我们提供许多细节的信息吗？还是更多地谈论过程？”这样的问题通常会让你有机会和他们进行简短的谈话，从中你可以了解到他们学习和做决定的方式，这些了解到的信息可以为故事提供一些背景。

在下面的图示中，蓝色的小人代表关键的决策人，黄色的小人代表首要听众。在图的中间是两个代表学习和做决定的三角形，表示在教育听众和设定故事背景之间如何作出平衡。对于一些可视化故事，在做决定之前，可能需要大量的细节性信息，而另一些可视化故事，需要许多事实论据，对于这种故事，提供要做出决定的原因才是最重要的。

了解了学习和做决定的方式之后，你应该想一想，如何让故事的内容更贴近听众的需求。在下一页有关私人教练的例子中，你将看到如何开始思考故事的内容，使之符合具有不同学习和做决定的方式的听众。在下面几章里，你会有很多机会使用学习和做决定的方式，来帮助你针对听众创建故事的内容。

把你的听众和决策人对号入座。

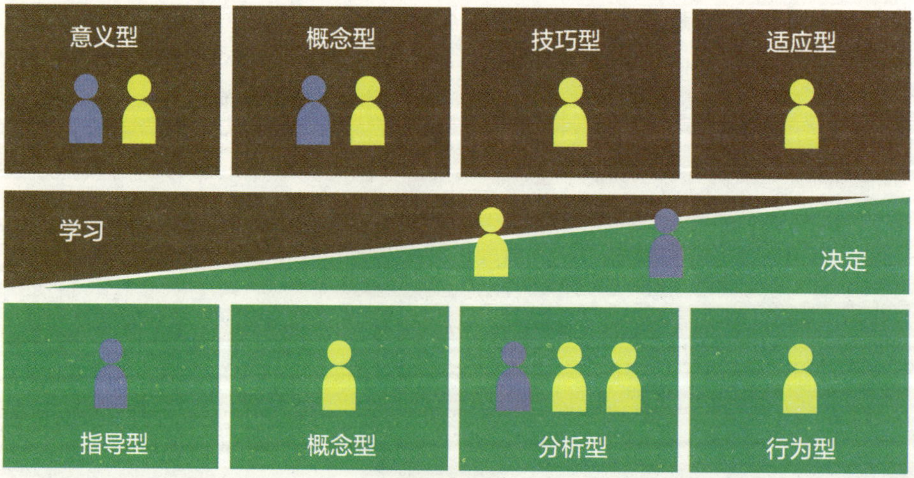

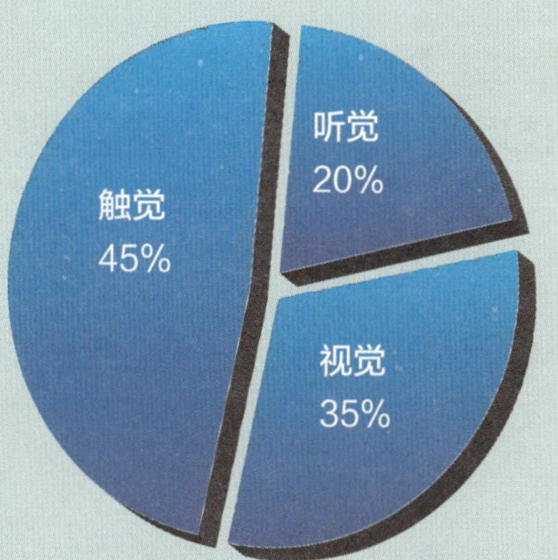

私人教练喜欢如何获得信息

学习方式

意义型

能够让你关注客户，而不用为了商业上的琐事而烦恼。

概念型

关注商业服务（是什么），一个私人工作室为什么会需要特殊的商业服务。

技巧型

向听众展示未来的愿景，展示 Optimal Balance 会如何改变他们的生活。

适应型

强调不同类型的工作室运营方式都可以使用 Optimal Balance 的服务。

做决定的方式

指导型	概念型	分析型	行为型
引用能够显示私人教练是一项有风险的行业数据。	想象一下，私人教练们的时间都可以用于服务客户，而不是用在处理繁琐的商业事务上。	准备供听众审视的一揽子信息，包括各种形式和流程。	关注客户将对这一全新的、有效的、现代的程序的反应。

玛丽娜考虑的是那些她认识的私人教练和工作室拥有者。她有来自一项她曾参与过的调查数据，而那项调查使用了“视觉、听觉和触觉模式（VAK）”方法。但是，玛丽娜演讲的对象是那些她不认识的潜在客户，因此她决定，可视化故事中一定要包含适用于每一种学习模式的听众的信息。

学习方式

意义型	概念型	技巧型	适应型
艾伦 克劳斯	拉尔夫 简 佛朗哥	伯尔尼德 卡伦	卢克
艾伦和克劳斯经常会在项目会议上询问“为什么”，但是很少会花时间来审阅执行的细节。	拉尔夫在医院里以他超强的分析能力以及描述新理念的能力而著称。 简和佛朗哥经常会考虑专家的意见，并且会要求进一步的调研。	伯尔尼德总是很热衷于理解过程。 卡伦在医院里以创立改革项目而闻名。	据护士组了解，卢克对于改变的方法是，开始阶段先实施一系列的小型改变，然后定期检查。

护士是一个庞大的群体，因此估计会有所有的学习和做决定的方式。

为了使改变发生，在可视化故事中，你需要将听众成员进行分类。

汤姆根据自己的观察，把听众成员按照学习和做决定的方式进行分类。也许这不是一个非常严谨的分类，但是足以让读者感知如果把你的听众按照这一方式进行分类会是什么样的。

做决定的方式

指导型	概念型	分析型	行为型
克劳斯	伯尔尼德 拉尔夫	艾伦 卡伦 简	佛朗哥 卢克
克劳斯非常注重结果，并通过绩效指标来衡量医院各部门的工作表现。他经常说的一句口头禅是“聪明点，简洁点，赶快消失！”	伯尔尼德和拉尔夫有相似的做决定的方式。他们会走到白板面前，画出问题的范围，然后对整体的局势进行研究，确保在做决定之前对其有充分的了解。	这三个人都会定期来参加我们的讨论会，对可追溯性进行检验，并对一些数据进行仔细分析。如果有不合适的地方，他们不会在没有进行检查分析的情况下做决定。	佛朗哥和卢克都会在做决定之前，定期询问下属改变会产生什么影响。

总结

个人方式——通过实践来学习（适应型）和概念型的决策人。

>>

这里的听众包含了所有的类型，只有几个人和我的方式是一致的。因此，需要花工夫在我的可视化故事中包含所有的方式。至少要保证，关键决策人和我是同样的方式！

了解听众们不同的学习和做决定的方式能够使汤姆更有针对性地准备演讲，也能够让他认真思考他自己的方式和听众的有什么不同。他必须根据听众所习惯的不同方式来完善自己的演讲方式，否则，很可能这些关键的听众就不会支持 IT 部门的改革。

当心

按照这些步骤进行，确保你找出了学习和做决定方式的相关因素，从而更好地讲述你的故事。

- 在你真的不知道的情况下。如果真的没有办法找到针对某个听众的最佳方法，那么你可以使用一些中性词，让听众根据他们自己的方式来理解你的演讲。用你最自然的方式就可以，但是要小心。为了拉近你和听众的关系，就尽可能包含所有的学习和做决定的方式吧。
- 很多高层管理人员都采用指导型做决定的方式。你必须找出这是否是他们的惯有的方式，还是他们出于时间上的压力，临时采取的方式。如果你认为这是他们临时采取的方式，那么在使用针对指导型方式的应对方法的同时，也要包含他们惯有的方式，这样的话得到他们同意的可能性会更大。
- 决定会被个人风险所影响。心理学家发现，人们在考虑如何获得利益时，基本上都是倾向于规避风险；而在面对损失时，更敢于冒险。所以，当你希望人们冒险做决定时，也许向他们谈论损失而不是收益会更有效。

检查清单

- 找出听众的学习方式，尤其是关键决策人的学习方式。
- 找出听众做决定的方式，尤其是关键决策人的做决定方式。
- 返回到听众的权力图，把不同的学习和做决定的方式加入图中。看看哪些听众群体有相同的学习和做决定方式？如果有，那么你可以试着把这些人聚在一起，做一个专门针对他们的演讲。
- 决定到底你应该花多少工夫在演讲中“教育”听众，花多少工夫在演讲中影响听众做决定。

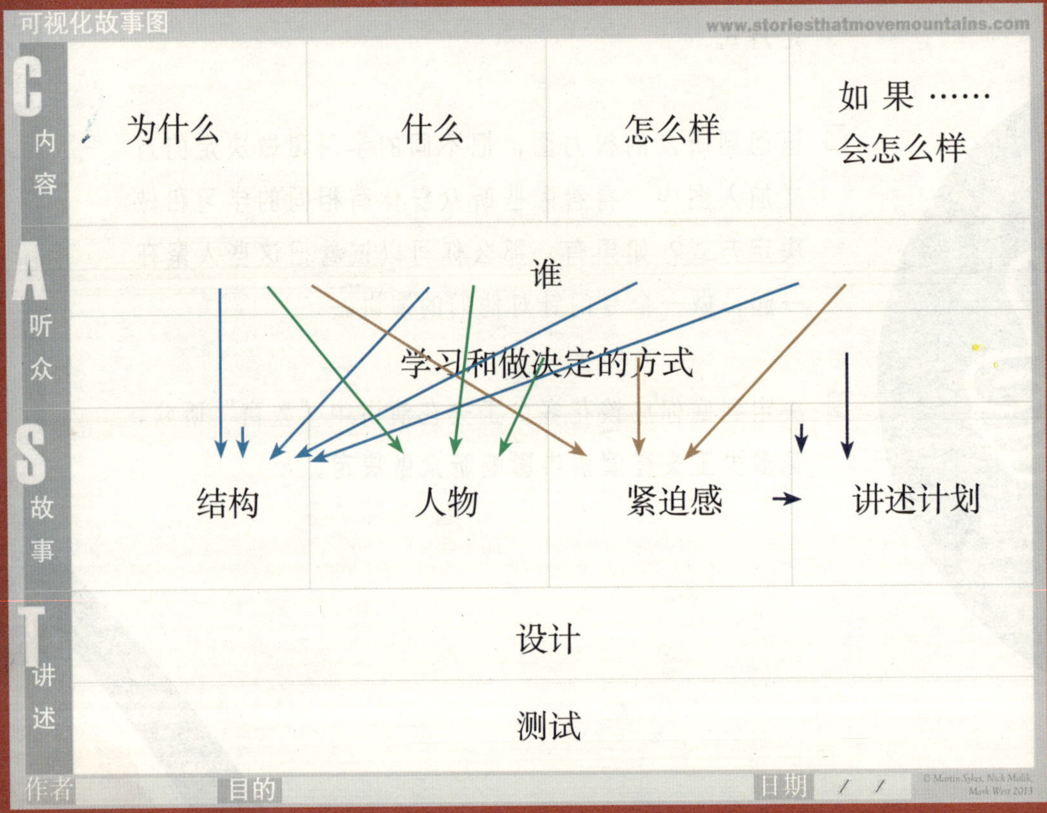
可视化故事图
www.storiesthatmovemountains.com
C 内容
A 听众
S 故事
T 讲述
为什么
什么
怎么样
如果……
会怎么样
谁
学习和做决定的方式
结构
人物
紧迫感
讲述计划
设计
测试
作者
目的
日期 / /
© Martin Sykes, Nick Malik, Mark West 2013

故事

10 巧设故事结构

我发现对于大多数人来说，直到他们坐下来开始写故事，他们才知道故事是什么。

弗兰纳里·奥康纳（Flannery o'Conner），美国作家

故事讲的是原则，而不是规则。

罗伯特·麦基，《故事：材质、结构、风格和银幕剧作的原理》的作者

人们已经忘记如何讲故事。故事不再有发展和结尾，只有一个永不停歇的开始。

史蒂文·斯皮尔伯格，美国电影导演、编剧、电影制作人

这一章我们将介绍如何创建故事的结构。关于故事的结构前人曾进行了大量深入的研究，我们将从亚里士多德的理论开始。

亚里士多德（Aristotle，公元前 384 年—前 322 年）曾论述过关于一个成功故事的黄金准则。2300 年之后的今天，亚里士多德的理论依然适用。这也从另一个侧面说明了故事对人类有多么重要。亚里士多德认为一个故事需要有以下几个基本元素：

1. 情节；
2. 人物；
3. 主题或思想；
4. 措辞（言语）；
5. 情景（戏景）；
6. 歌曲（音乐）。

一个可视化故事中包含了人物的互动，这种互动体现在故事中的事件、人物的行动和反应中。故事不仅仅是一系列事件和结论的总和，而这往往是我们在很多企业的幻灯片演讲或其他试图影响他人的演说中看到的。一个故事的情节应该有开始、发展和结尾，而故事中间可以分出其他的情节。

一个成功的故事最重要的一点是要有好的情节。情节是简化了的故事结构，其中包含了重要的事件、转折点、行动和反应。很多人认为所有的故事都是基于几个有限的基本故事情节发展而来的。任何一个故事都可以看作是这些基本情况的变体。关于这些基本情节的数量，不同的作者有不同的看法。根据不同的角度和对情节不同的定义来划分，这些情节的数量可以是 3 个、7 个、20 个甚至是 36 个。在本章的后半部分，我们将介绍 35 年前由克里斯多夫·布克（Christopher Booker）提出的 7 个基本情节理论，并且解释这些情节如何融入到可视化故事中。

人物是情节的关键，能够推动故事的发展。亚里士多德说过，故事人物应该具有我们希望拥有的品质，能够让人们在人物中看到他们自己。或者说，一个人物身上应该具有我们想要摒弃的特质。你对人物的选择会影响情节的选择，同理，情节的选择也会限定你故事中的人物。

亚里士多德的第三个准则是要有一个明确的主题。所谓主题，即在故事讲完之后你希望听众能够理解的潜在意义，这也是我们在关于“为什么”章节中所谈论的内容。听众通过在故事中看到和听到的内容形成了自己的理解，明白了为什么这个故事对他们是重要的，而这些就是你故事的主题。有时候一个故事的主题是明确的，但有时候故事的主题是比较含蓄的，需要由听众自己来提取其中的内在含义。至于你的可视化故事，你的目的是影响听众作出行动和改变，因此还是让主题明确一些为好。对于那些类似的故事，理解故事的主题或“为什么”则是一个关键的步骤，这也是我们在 CAST 方法中最先关注这一点的原因。

接下来我们会介绍亚里士多德故事六要素中的每一个要素，但不是按照这一顺序。在下一章我们会讲到人物，之后会讲述故事主题的驱动力——紧迫感。言语和情景要素会在设计章节中讲述（我们认为可视化故事中一般不太需要音乐元素）。情节、人物和主题这三个要素是相互关联的，因此不可以将它们三个分别来处理。也许先读完后面的两个章节，再回到这里来发展故事的情节效果会更好。

7 个基本故事情节

亚里士多德曾提出了讲故事的黄金准则，此外，他还提出了戏剧情节的基本三幕结构。这三幕分别是背景（交代人物和地点），对抗（一个障碍、问题或是重大的矛盾）和解决（故事发展至高潮以及问题的解决）。

在过去的一百年里，电影、戏剧以及电视剧的蓬勃发展衍生出剧本创作这一行业，亚里士多德的三幕模式也得到了发展。在这一章中，我们会引用许多伟大剧作家的理论。现代的剧本创作模式对于可视化故事来说是最理想的，因为这一模式已经过多次验证，被证明能够影响观众，并且能适用于不同的演讲形式。这不是一个万能的模式，更像是一个指导方针。如果你对可视化故事还不甚了解，那么对你来说这种模式也许是创建故事最基本的方法。让我们来看一下它的结构吧。

第一幕：背景

在主人公面临故事的挑战之前，让我们先了解一下故事主人公的“正常世界”。这在下一页的图表中被显示为第一幕的“平衡期”。在第一幕的中间，会出现一个可以被看作是导火索的引发性事件，预示着冲突期的开始，这是故事中最重要的部分之一，也是主人公遇到的第一个重要的转折点。为了能使这部分合情合理，你首先需要了解主人公通常生活的世界是什么样子的。你肯定会希望这一引发事件能够触及听众的情感层面，能够引起紧迫感，并且奠定故事的主题（本章的后半段对此有更详细的描述）。

举个例子，2010 年美国墨西哥湾“深水地平线”钻井平台发生漏油事件。在任何一个针对这一事件的故事中，引发性事件一定是美国南部路易斯安那州沿海一个石油钻井平台大约在 4 月 20 日晚 10 时起火爆炸。因为没有爆炸，就没有整个故事。

在第一幕的结尾，你会经过“不归点”(the point of No Return)。在这里，你的听众应该对故事有了一个清晰的认识，以及为什么主人公（以及听众）应该关心这个故事。至于主人公，在这一时刻应该处于一种再也回不到故事开始时的正常世界的境地。

在基本情节的图示中，我们用红色的线来代表贯穿整个故事的紧张感。这一紧张感从引发性事件开始，在不归点处得到加强。如果整个故事失去了紧张感，听众也就不会理解主人公必须付出行动的动机所在。

在这一章，我们用“主人公”(hero) 一词来代表故事的核心人物。在下一章里，我们会更详细地讲述主人公的性格特点以及如何找出你所需的其他人物。

第二幕 冲突

正如你在图表中看到的那样，我们把第二幕分为两个部分：反应阶段（主人公对所处环境作出反应）和抗争阶段（主人公思考以及试图控制局势时发现问题不容易解决）。这两个阶段的分界线我们称其为“虚假希望”，这是

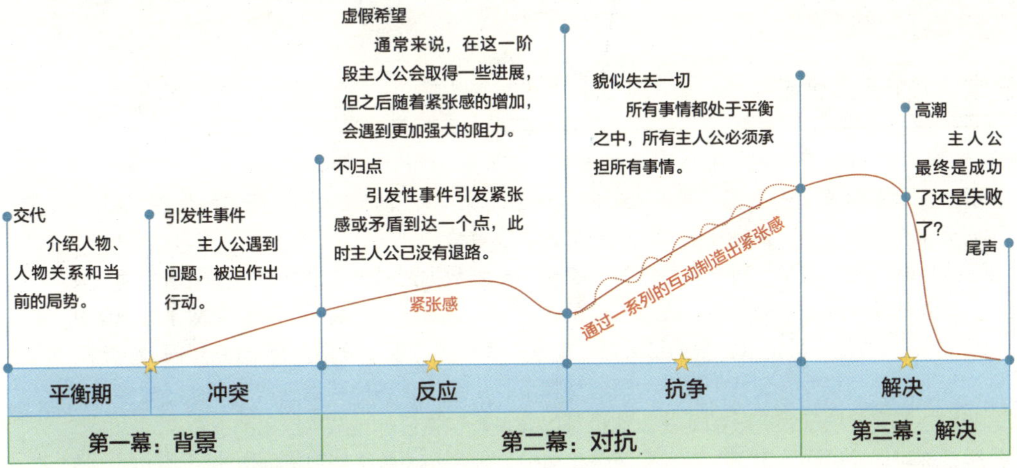

整个情节里重要的一步，因为在这个点上，主人公不能继续作出反应，而是必须开始控制局面。这一转折点标志着一个抗争的出现，它可能会导致一个重大的行动，从而使故事的紧张感增加；或者，更有可能的是，在主人公试图前进，但被一些未考虑到或预料之外的障碍所阻碍时，导致了一系列行动的发生。

第二幕包含了故事中大量的证据和活动，并且向听众展示他们应该选择的道路。在这一阶段，你应该不时地提醒听众去思考故事的最基本的原因是什么，而这一原因是和主人公的行动紧紧连在一起的。

第三幕　解决

在第三幕开始的时候，主人公几乎就要失败了。在这一阶段，最大的矛盾冲突会出现，主人公需要从头再来。通常来讲，也是在这一阶段，会出现另一个人物来帮助主人公。现在主人公已经为故事的高潮做好了准备，有可能成功，也有可能失败。在这一阶段，你的目的是让听众支持主人公和主人公所必须做出的行动。这样一来，在故事讲完之后，你会更容易得到听众的支持。如果你的故事中有转折的话，那么现在是时候让它发生了，这样才能让结尾更加打动人，给人留下深刻印象。

故事不会在高潮时结束。在大多数情况下，你需要花些时间来描述对未来的展望，即主人公未来的正常世界。这会给听众营造一种亲密感，让他们更有欲望实施同样的改变。

如果你想更多地了解关于剧本写作的问题，或者是这一模型的背景资料，你可以参考这本书——《故事：材质、结构、风格和银幕剧作的原理》（*Story: Substance*，*Structure*，*Style and the Principles of Screenwriting*），作者是罗伯特 · 麦基（Robert McKee）。这本书囊括了有关剧本写作的各种问题。我们参考过的其他资料包括剧本界的传奇人物悉德 · 菲尔德 (Syd Field) 撰写的《电影剧本写作基础》（*Screenplay*），杰克 · 哈特（Jack Hart）撰写的《故事技巧》（*Storyrcraft*）和约翰 · 特鲁比（John Truby）撰写的《故事的剖析》（*The Anatomy of Story*）。

情节设定：7 个基本情节

在 20 世纪 70 年代，英国记者兼作家克里斯托弗·布克（Christopher Booker）开始思考一个问题：世界上所有的故事是不是都是基于有限的几个故事原型发展而来的呢？于是，他花了 30 年的时间，研究了上千部作品，最终找出了 7 个最基本的故事情节。

在接下来的几页里，我们为每一种基本情节都做了一张数据汇总表，里面是一些故事中通常使用的例子，以及故事发展的主要阶段。在每一页的最下方，是对一个一页纸的可视化故事给出的建议——使用 CAST 方法最容易创造出来的结果之一就是一页纸的可视化故事。至于每一种基本情节，并没有一个标准的使用模式，但我们试着为每一种情节找出至少一种能够用来创建可视化故事的方法，而这些方法都是经验证很有效的方式。你也可以参考我们在设计章节中给出的建议来对你的页面进行排版。你可以在后面的案例中看到玛丽娜是如何为她的私人教练计划选择情节的。

小贴士

一个基本的故事情节可以使用在不同的设定中。这些是基于前一页的情节结构而产生的通用模板。很多故事都有一个核心的基本情节和一些使用了其他基本情节的次要情节。通过展示不同人物在故事中如何以不同的方式经历各种事件，这些情节的结合能够推动每一个人物作出行动，给故事增加紧张感。一个关于重大的知识管理项目的故事对大多数人物（和听众）来说，可能是一场未知的冒险，然而，对于一个知识管理专业顾问来说，可能只是最平常的活动。因此对他们来说，次要情节应该是关于如何重新审视他们的事业的。

设计团队

马丁·赛克斯
尼克·马利克
马克·D·韦斯特

关于 7 个基本情节的描述来自克里斯托弗·布克的《7 个基本情节》

其中内容经出版社允许在此引用。

我们刚刚使用的 7 个基本情节应该能够应对大多数的案例。但是如果你需要更多地例子，可以参考罗纳德·托比亚斯（Ronald Tobias）撰写的《经典情节 20 种》（*20 Master Plots and how to build them*），书中提供了很多其他相关的可能性和衍生情节。

基本情节：战胜怪物

主人公必须战胜一个阴暗的、能力超群的生物、人或实体，而这一生物、人或实体对人类或某个地方有毁灭性的打击能力。

故事案例：《星球大战》、《电锯惊魂》、《沉默的羔羊》

商业案例：面临一个严重的威胁

主要阶段	例子
1. 召唤	找出企业所面临的威胁。
2. 初次成功	进行第一次快速的反应，表面上解决威胁。
3. 对抗	威胁比开始想象的要严重。
4. 最后的考验	竭尽全力来征服这一威胁。
5. 奇迹般的逃脱	找到了对手的弱点，或是找到转机，最终战胜了威胁。

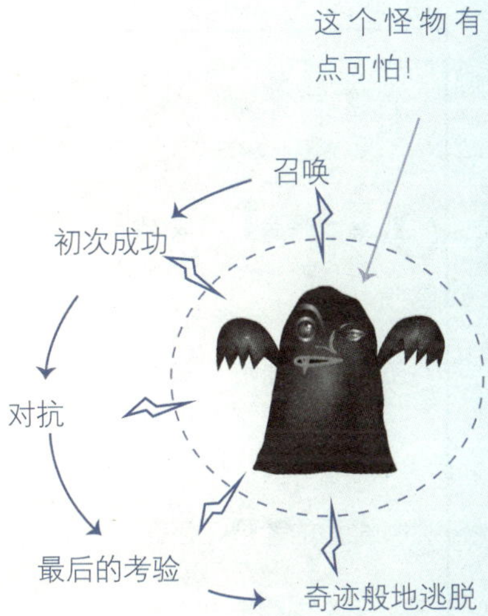

视觉设计建议

把整个故事的中心——怪物，放在页面的中央，让主要的步骤围绕中心来展开。

使用箭头或其他符号来确保听众能够正确地理解图中各阶段的发展顺序。

基本情节：追寻

主人公在完成一个非常重要的目标，或到达非常遥远的目的地之前不能够止步不前。在整个旅程中，主人公会结交很多朋友，获得很多资源，也会遇到很多困难和阻挠的势力。

故事案例：《指环王》、《夺宝奇兵》

商业案例：开始一项新产品计划

主要阶段	例子
1. 召唤	刚开始找到一个并不十分重要的目标，但最终决定值得为此付出努力。
2. 踏上旅途	找到了重要的资源，并且汇集到一起来达成目标。
3. 到达与挫折	最开始的目标已达到，但发现并不完整。
4. 最后的考验	还需最后的努力来战胜最艰难的挑战。
5. 达成目标	旅途的目标达成了。

视觉设计建议

使用一个表示旅途的有喻意的图片。从最左侧的召唤阶段开始，慢慢爬到旅途的高山上。但当到达平原时，发现一个断了的吊桥。一旦过了这座桥，旅途就会变得顺利。同样，你也可以使用街道、大山或是其他一些旅途中可能遇到的地形。整个故事会随着旅途的进行有地理空间上的改变，所以，使用一些有不断变化的地理风景的图片会比较合适。

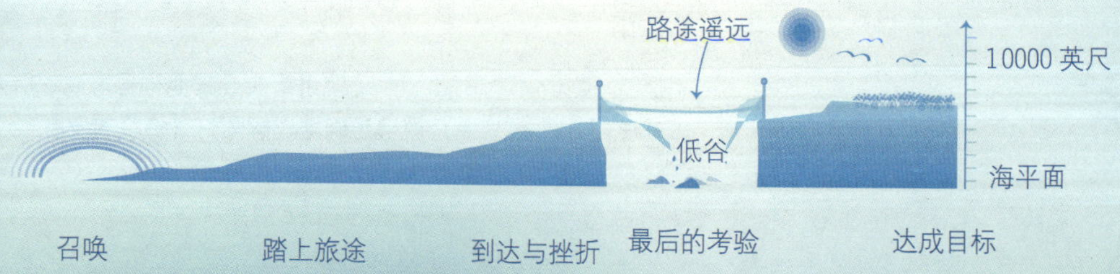

基本情节：旅行与回归

和追寻主题一样，此类情节基于一个旅行。在大多数情况下，主人公原本并没有计划这一旅行，而是被转移到了一个完全不同的世界，最后又回来。在经历了这一旅行之后，主人公会对他周围的世界有更深的认识。

故事案例：《绿野仙踪》、《爱丽丝漫游仙境》、《回到过去》

商业案例： 分享一段重要的经历，研究一种新的工作方式。

到达另一个世界

初始的新奇

挫折

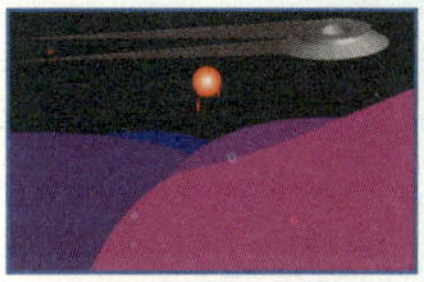
噩梦

惊险的逃脱和回归

主要阶段	例子
1. 到达另一个世界	一项新科技的发明从根本上改变了人们的工作方式。
2. 初始的新奇	每一个人都积极地踏上旅途，探寻潜在的可能性。
3. 挫折	没有人知道应该如何应对，时间和精力的投入不恰当。
4. 噩梦	一个使用先进科技的竞争者出现了，有可能失去一切。
5. 惊险的逃脱和回归	想出如何利用新科技的好办法，并将之应用到先前的业务中。

视觉设计建议

用五格漫画来代表另一个世界不失为一个很好的办法。在前四格漫画中，你可以使用一个相似的背景来代表另一个世界的重要特点。随着故事情节不断的深入发展，前景应该突出最吸引人的元素，然后关注挫折阶段和噩梦阶段。最后一格漫画应该展现主人公回到了原来的世界，并把一些新的想法和科技带回了原有的世界。

基本情节：喜剧

当今的喜剧意味着任何能够引人发笑的故事。然而在布克的书中，喜剧的定义是由亚里士多德首次创造的，指的是故事中的人物受到了错误的指引，并且引发了误解。只有当误解被消除时，困惑才会消失。

故事案例：

《皆大欢喜》、《当哈利遇到莎莉》

商业案例：

在不同的工作小组中解决彼此的误解。

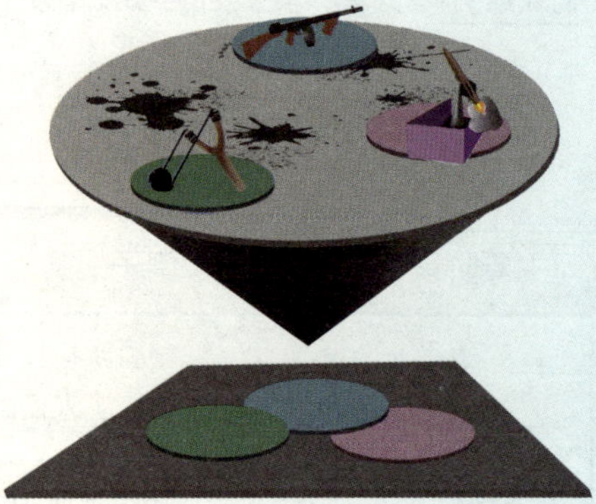

主要阶段	例子
1. 困惑	不同的小组在朝着相似的目标前进，却有相反的目的，同时彼此的活动有竞争性，容易产生矛盾。
2. 噩梦	在指导方面引发的误解导致紧张气氛的加重，各小组都在想着如何超越其他小组。
3. 新信息改变了局势	一个外部力量向小组展示了他们犯的错误，并且给了他们一个共同奋斗的目标，最终将各个小组凝聚到了一起。

视觉设计建议

把不同的小组在一页中分开表示出来，彼此的界限要清楚明确。

把噩梦阶段中的活动放在各小组彼此之间的空白处，来展示他们彼此的互动。

用另一种图像效果来清晰地展现新的情况，清楚告诉大家改变发生之后的新局面是一种什么样的情形。

基本情节：悲剧

在一个悲剧中，中心人物会经历一系列的事情，最终导致了他或她个人的毁灭。而这一毁灭通常会给观众带来一种恐惧感，或引起人们的同情之心，尽管主人公所陷入的境况通常不被社会所接受。

故事案例：

《哈姆雷特》、《麦克白》

商业案例：

由于管理不当，企业濒临倒闭。

主要阶段	例子
1. 期待	为了使企业能够快速增长，制订了一系列的计划，做了许多准备工作。
2. 梦想	初步的成功使得人们开始憧憬更大的成功。
3. 挫折	计划开始崩溃，一些事先没有预见的障碍出现，一个比一个严重，但通过努力战胜了困难。
4. 噩梦	最后的一个困难太大了，无法逾越。企业已经在赌博的道路上走得太远了。
5. 毁灭	新产品失败了，市场份额正在减少，营业额也骤然下降。

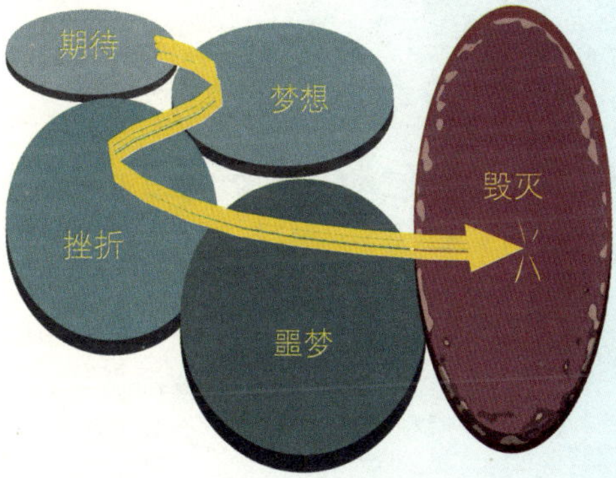

视觉设计建议

随着故事的发展，用逐个变大的空间来突出结尾的恐怖。

使用图像或表格来展现初始计划，然后表现计划的失败。

基本情节：重生

在重生类的故事中，主人公会受到一个黑暗的诅咒。虽然这一诅咒可能来自于外部力量，但通常来说，是由主人公自己造成的。 主人公只有在得到正义力量的帮助后，才能解除诅咒。在小说里，正义力量通常会是爱情。对于商业和企业的可视化故事来说，正义力量通常是一个能够带来希望或提供合作的外部力量。最终，正义战胜邪恶，打破了诅咒，但其中最重要的行动还得由主人公自己来完成。

故事案例：《睡美人》、《圣诞颂歌》、《美女与野兽》

商业案例：企业在经过很长一段时期之后得到恢复

主要阶段	例子
1. 主人公陷入了黑暗势力	一家运营状况很好的企业开发了一种用来跟踪客户的技术，从而更好地了解他们的购买习惯。
2. 暂时来看，一切并没有什么异样	由于获得了客户的信息，企业的经营也越来越好。
3. 生不如死	由于客户和监管机构反对企业的这项有入侵性的科技，企业不得不全力挽回其名声。
4. 黑暗势力的胜利	客户们开始放弃企业的产品，监管机构也在限制企业的运营。
5. 奇迹般的救赎	一个新的领导者带领企业回到了最开始的商业原则，研发出的新产品赢回了以往的顾客。

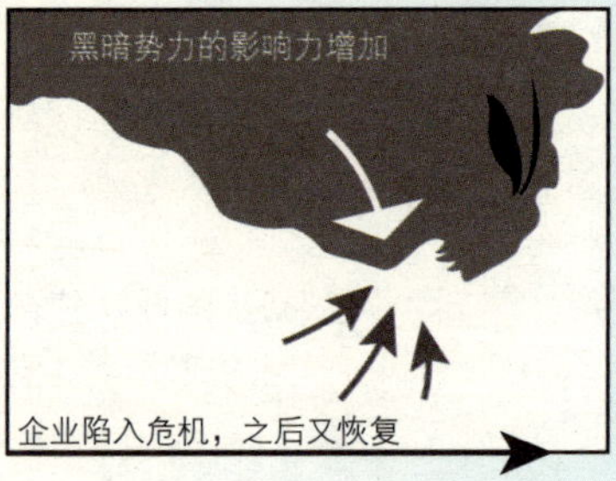

视觉设计建议

把这一页纸想象成一个从左向右走向的时间轴。把垂直部分分为两个部分，上面的部分代表不断增加的黑暗势力，下面部分代表企业的成功度。把这一图表作为背景，你可以随着故事的发展在上面增加任何故事的细节。

基本情节：白手起家

白手起家类型的故事中，主人公一般会从一无所有开始，然后取得巨大的成功。而就在主人公开始享受新的世界时，成功又突然间不复存在了。然后主人公必须和某个坏蛋或反对力量进行斗争，从而重新回到成功的状态。

故事案例：《灰姑娘》、《阿拉丁》、《远大前程》

商业案例：突如其来的成功

主要阶段	例子
1. 起初的悲惨境遇	一家小型企业试图成长起来却未能成功，但仍艰难度日。
2. 起初的成功	发明了一个和企业的初衷不同的新型产品，获得了很多关注，尤其是吸引了很多潜在的合作商。
3. 最大的危机	企业必须做出决定，是要固守经过多次尝试的保守商业模式，还是要全力以赴投入到新产品的生产。
4. 独立和最后的斗争	企业决定将传统产品和新产品分离，引进资源，发展新产品。
5. 最终的结合	最终和一个有影响力的合作商建立了长期的合作关系。

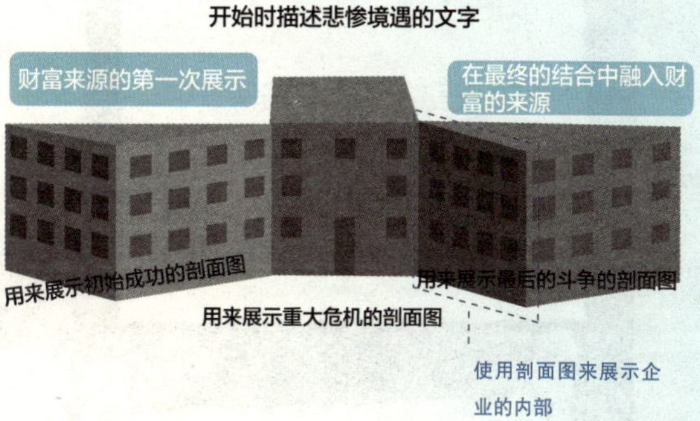

视觉设计建议

提供资源的外部力量在这一故事中扮演十分重要的角色。外部力量可以是一个人或是一个公司、一项发明，或是发现了新的自然资源。这会在第2阶段和第5阶段中起到重要的作用。故事的剩余部分将关注主人公的斗争。在这张图中，我们展现了主人公所属企业的办公大楼的全景，其被分为了三个阶段，并用剖面图来展现内部的活动和带来成功的外部力量。

重生

这一主题对那些艰难度日的私人工作室比较适合。此处的黑暗诅咒有可能是商业上繁杂的问题对工作室所有者造成的负担。

追寻

也许对那些刚刚开始工作的私人教练比较适合，他们有拥有自己工作室的远大目标。

喜剧

商务上的问题并不是由能够被澄清的误解而产生的。

战胜怪物

在私人工作室的例子中，没有一个能被战胜的“敌人”。

旅行与回归

对工作室来说，没有一个可以引发旅行开始的“事件”。最大的可能性也许是一个私人教练在另一家工作室工作。

悲剧

不适合。我们想要的是一个积极的结果，能够鼓励更多的私人教练来加入 Optimal Balance。

白手起家

只对那些已经处于危机当中并且想要使用 Optimal Balance 来进行恢复的工作室比较适合。

玛丽娜试验了不同类型的情节，并把它们写在卡片上，然后贴在了她办公室的墙上。玛丽娜可以随时想到其他的可能性，然后重新调整这些卡片的位置。在经过了几天的审视之后，两个情节上升到了最顶端。玛丽娜很谨慎地选择了“重生”主题的情节，但“追寻”主题的情节也可以使用。

重生主题的故事结构

由于私人教练们太过天真、乐观、自大，他们认为不需要任何的商业技巧和经验就可以成功地运营自己的工作室。

不久之后，很多客户开始离开了，工作室出现了一系列客服问题、合约问题、账单错误的问题。这影响了顾客对私人工作室的看法。工作室拥有者不得不花费很多时间来处理这些问题。

工作室拥有者购买了 Optimal Balance 的服务，很快教练们有了足够的时间专注于客户的健身培训，让他们关注自己的健康。虽然仍有一些商务上的事宜需要完成，但私人教练们现在不会像以前那样有那么重的负担了。不论是新来的客户还是过去的客户都获得了更好的客户体验。

朋友、家人和当前的一些客户加入了新的工作室。

作为客户，他们对于工作室早期的一些失误并不在意。整个工作室看上去似乎很成功。

工作室拥有者开始花更多的时间来处理商务上的事宜，解决了很多问题，但对工作的激情却熄灭了，似乎找不到出路。这不是他一开始想要的工作。

在画出了整个故事的结构图之后，玛丽娜决定坚持最初的选择，选择“重生”情节来创建可视化故事。

把故事可视化

就像我们在之前基本情节的“视觉设计建议”中描述的一样，可视化故事的视觉设计部分可以依据故事情节的发展来设计，也可以基于一个统一的、有组织的模式来设计。这个有组织的模式在你使用同一个图像组成部分来完成不同的故事情节时，或者是在你的图片需要提供故事观点背后的论据时，会显得尤为重要。你可以把这些图片组合在一起来支撑整个故事，即使这些图片不能直接地说明故事的内容。

时间顺序模式

若使用时间顺序模式，你则需要把故事中的每一个事件按照他们发生的顺序描述出来。这是一种非常常见的模式，在需要用中立的观点来描述当前某种情况在过去的发展时非常有用。通常来说，要想把所有的事件都包含在时间轴内是不可能的，所以使用这一模式最难的地方就是决定应该包含哪些事件，才能做到既包含了所有重要的相关细节，同时看上去又不是在引导听众。在航空公司的例子中，描述航空公司自成立以来经历过哪些市场的重要时刻，使用这一模式是非常合适的。

顺序模式

如果你的可视化故事是在介绍一个有步骤可循的方法，这一模式则非常有用。如果按照步骤执行是故事的重要组成部分，并且你想让你的听众在做决定时也注意按部就班地来，你可以考虑使用这一模式。在航空公司的例子中，这个模式可以是一张图片，以用来解释订购和委托定制新飞机的复杂过程。

逻辑模式

逻辑模式指的是把故事的调研过程可视化，即建立一个有充分论据的案例来支持你所建议的某一结果。如果你的故事有很强的逻辑关系的话，可以考虑使用这一模式。用一系列的图片表现出不同过程之间的逻辑关系，最终引出结论。

地理空间模式

这种模式通常会使用一个地图，某一地点的真实图片，或一系列的方向指示标志作为介绍故事主要元素的背景。就航空公司的例子来说，可以使用一个世界地图来展示要发展的航线可以连接的地方，以及航线是如何随着时间而变化的，还可以展示在拥有了新的飞机以后，未来会有哪些潜在的新航线，等等。

下面是一个有关解决问题的故事例子。我们的听众需要解决的问题是讨论是否应该为发展一条航线投入大量资金。故事围绕着航线在过去的成长以及未来的发展而展开，其中的主要人物包括典型的商务旅客、飞行员、乘务员和运营工作人员。你现在需要选择一种图片模式来支持你的故事，而不是讲述故事。下面的这些便笺纸中的内容展现了一些最常见的模式。

因果模式

这种模式能够表现出事物之间的因果关系。你可以从最初的原因开始，也可以从最后的结果开始，然后往回推。我们在第 4 章介绍的"五个为什么"方法就是这一模式例子。当回过头审视那些已经发生的事件时，也许事物之间的因果关系并不那么有逻辑性（人们也不总是那么的有逻辑性），然而因果关系应该和真实发生的事件保持一致。展望未来的时候，尤其是在你描述一些有因果关系的事件的动机和原因时，要格外小心。一个糟糕的假设可能会毁掉整个故事。

问题－解决（选择）模式

当你有了一个非常明确的问题并且有一个或多个解决方案时，你的图片就可以采取把问题和解决方案用一张幻灯片的两侧来展示这一简单的方法。在介绍问题的一侧时，你可以详尽地描述问题的背景、影响以及长期的结果；在介绍解决方案的一边时，你可以描述所需的努力、资源、时间表和最终的结果。除此之外，这一模式还可以采用另一种方式来呈现，即把所有的解决方案放在一张页面上，找出几个方面来描述各种不同方案的特点，然后进行对比。在航空公司的例子中，问题可以是如何发展业务，而提供的解决方案应该考虑对飞机的投入、联合航线以及购买航线等因素。

比较和对比模式

这一模式在关注各话题、概念或想法的相同点或不同点时十分有用，能够给听众呈现一个点对点的对比。在这个关于航空公司的例子中，我们可以把不同机型、运营成本、运载能力以及为乘客提供的设施等方面进行比较。

话题／分类

如果你的故事要呈现一组想法或目标，你可以使用这种模式。找出每一个想法和目标，然后将它们根据自身的特点进行排序。至于这个关于航空公司的故事，我们可以提供一系列不同型号的飞机，每一架飞机的飞行里程都逐个递增，每一架都会有操作上的不同挑战。

加点儿新花样

有些时候，一个基本情节的结尾可以让听众大吃一惊。在电影里，可能出现的情况是怪物又重新出现了，或者幸福的一对最终没能走到一起。在可视化故事中，这种制造惊讶效果的方法可以通过使用一个时间顺序的方法来实现。也就是说，你的故事回顾了过去发生的事件之后，听众们会觉得问题已经解决了，而这时你需要用一个竞争者来唤醒他们，或者是告诉他们还需要下一步的努力才能完成整个企业的一项改变。

惊讶！

你可以在故事的任何地方制造一些能让听众感到惊讶的效果，不管是一些出人意料的数据，还是故事中的反面人物突然变成了主人公，都能在结尾产生出人意料的效果。惊讶能够让整个故事更容易被人记住，它能在人脑中留下印象，能够让人们在日后还能回想起故事后面的情节。

下面会发生什么

如果你的故事结局是，主人公并没有取得胜利，那么就在故事的高潮处停下，然后向你的听众发问："接下来会怎么样呢？"如果想要保证这种方法可行，你需要确保听众们至始至终都在认真聆听故事中主人公的整个经历。如果你能够让听众们参与到故事该如何完结的讨论中来，你就得到了他们对故事的关注。所以，让你的听众来亲身体验整个故事吧。

还记得……

在第8章，我们讨论了如何找出听众和故事之间的共同背景。你可以在整个故事层面都这样做，或者是在某几个点上找出他们的共同点。这几个点通过引用他们的共同经历来驱动故事中的情节，从而更好地把听众带入到你的故事中。

然而，不可能有两个人有完全相同的经历，所以你究竟该怎样找到彼此的共同点，然后以此为基础来发展故事呢？我们在这里介绍一个方法，那就是找出听众中大多数人都会有的经历。如下面的经历：

- 在新的学校开始上学；
- 在人群中觉得孤单；
- 踏上旅途；
- 后悔做过某件事；
- 和某人争吵；
- 一个不可思议的巧合。

你可以以"还记得在你……的时候"来开始故事中的这一部分，然后转移到故事中的人物所拥有的相同的经历。

你很可能看过一些电影，里面充满了各种闪回和错综复杂的时间线。这样的电影需要你非常专注地跟随情节的发展，然后把不同的片段整合到一起才能理解。昆汀·塔伦蒂诺（Quentin Tarantino）的电影《低俗小说》（*Pulp Fiction*）就是一个典型的例子。然而，在你确信已经真正掌握了这一讲故事的技巧之前，还是慎用为好。这主要是出于两个原因：首先，你应该让听众关注你想达成的结果，并且让故事中的紧张感一直保持到高潮；其次，你的目的是让听众清楚地理解你传达的信息，然后做出决定，而不是让他们被复杂的故事搞得晕头转向。所以，从故事的中间部分开始，或是在你认为是“当下”的时间点开始，在展望未来之前，先回顾一下之前是怎样一步一步走到这里的。在大多数情况下，这一过程会相当复杂。

当然，每一个故事都应该有开始、发展和结尾，但不一定非要按照这个顺序！

让 - 卢克·戈达尔（Jean-Luc Goddard）

运用多个情节，让故事包含更多信息

有些时候，无论你做了多少的筛选和过滤工作，仍然发现有大量的信息需要交流。在这种情况下，很可能你的听众已经开始走神了。造成这一结果的原因通常是在听众能够理解故事的核心情节之前，你向他们介绍了大量的背景资料。

如果你的故事内容有大量需要交流的信息，而这些信息可以分成独立的部分的话，那么你可以花时间来讲述每一个部分，然后在结尾把它们结合起来。但问题是，每一个部分都是一个独立的故事，每次你讲完一个故事，听众都会想，是不是会有什么结论？这对维持故事的紧张感来说并不利。另一个方法是创立一个主要的故事情节，其中嵌入一些小故事，这样一来，你总是能够把听众带回故事的主要情节。在一些情况下，你也可以把几个故事编到一起，来解释不同的观点，然后在结尾的时候再把它们整合到一起。

当你把故事推向高潮时，你期待听众会有一种完成感（并且期待在未达到高潮的时候有一种未完成感）。当你让一个故事接着一个故事发生时，你应该留下一些线索，让听众知道你还会再回来。所以，一定要明确地让听众意识到，后面还有内容要讲述。但要注意一点，在你规划故事的时候，每一个次要情节都应该有一个目的，那就是让听众做出你期望的决定。一个次要情节可以起到一个影响者的作用，来提供一个学习点，或者它能在故事中，把一个复杂的想法拆分成几个能够分别处理的部分，然后在故事主体中再次结合。

这种方法对那些讲故事的大师们来说，是一个常用的技巧，但这要求你事先要设定好主要情节和次要情节之间的关系。所以，在你第一次尝试的时候，还是小心谨慎为好，可以试着用一些简单的嵌入式的故事来强调一个中心观点。下图展示了如何在主要故事情节中使用次要情节，如何在故事线中的不同阶段来交代背景，并且促使事件发生。

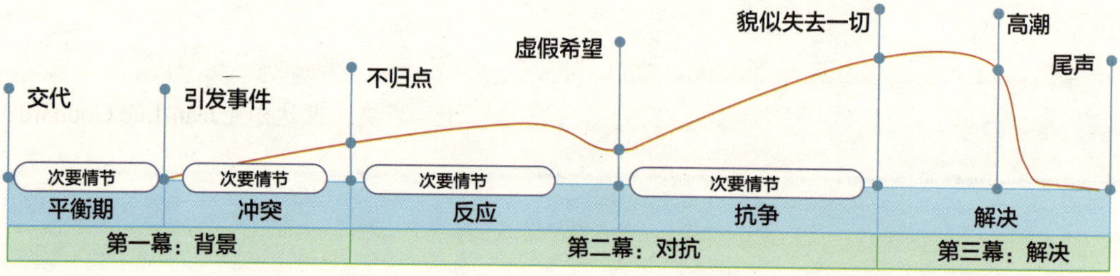

平衡真实事件和虚拟内容的使用

第一次运用 CAST 方法的人经常会问我们这样一个问题：在创建故事内容的过程中，如何平衡真实事件和虚拟内容的使用。有些时候，你也许会想用一个真实的故事来体现一种情况，然后又需要描述对未来的设想。

让我们看看故事中的两个重要方面，这两个方面既可以是真实的也可以是虚构的。其中一个方面是故事的“背景”——指地点、人物、一家企业甚至是一个家庭，这些都可以是真实的或虚构的；另一个是“情况”——指关系、事件、行动以及结果，这些也都可以是真实的或虚构的。这些背景和情况彼此之间是完全独立的，也可以结合成 4 种模式，如下页图所示。

为了保证故事的一致性，让听众更好地理解，你的可视化故事应该只使用这 4 种组合中的一种。然而，通常的一种方法是，在第一幕的时候讲述一个真实的故事，包括引发性事件，然后转换到假设式、匿名式或说明式模式来完成故事的剩余部分。在第一幕的末尾，你需要向听众交代当下的情况，并告诉他们必须要实施的改变。还有一种方法也可以达到相似的效果，那就是到第二幕中部“虚假的希望”之前，一直讲述真实的故事，即暗示听众他们一直在作出反应，而现在他们需要在一起想出一个计划后再付诸行动。

你可以围绕核心情节加入一些小故事、例子或是次要情节来说明某些观点。这些小故事应该是一些短小真实的故事，或是一个匿名的故事，能够说明故事中某一人物的性格特点，来解释其他人是如何应对相同的情况（对于很多故事来说，使用匿名故事的原因是，不管是从法律上、经济上还是道德上，你不能够提供真实的细节）。

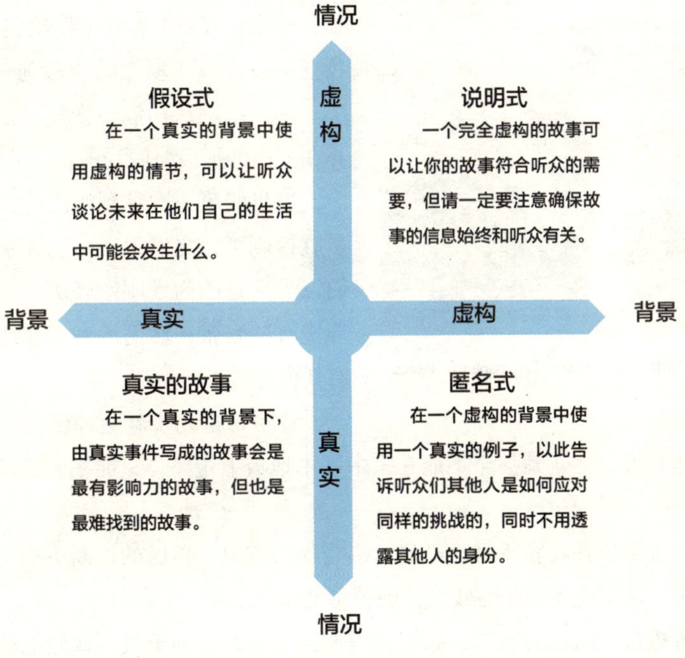

希望的故事

在撰写这本书的过程中，我们无意中听到了一只名叫“希望”（Hope）的狗的故事（具体内容如下所述）。故事的作者罗宾（Robyn）通过电子邮件把这个故事发送给了许多企业的高管。我们和罗宾谈话之后，知道他收到了很多积极的反馈。这个故事讲述的是一个有关养宠物、关爱宠物的经历，却从这一经历中提炼出了一些对企业领导有价值的信息。这是一个绝好的例子，向我展示了一个真实、简短的故事如何为一个关于发展人才的故事来增大影响力。当然，你也可以创造一个虚假的故事来达到同样的效果。

本图得到罗宾・格林斯潘（Robyn Greenspan），Execu - Net.com 的主编的许可。

我心爱的狗摩卡（Moca）在 12 岁时死了。几年之后，我开始寻找另一个伴侣。一个在波多黎各动物收容所工作的朋友给我发送了几张照片，我立刻被一只一岁大的杂种狗——“希望”吸引了。希望刚刚从伤病中恢复，估计是在她被人遗弃在大街的那段时间受的伤。

当我们第一次见到她的时候，她向我走了几步就摔倒了，之后似乎一直无法站稳。一开始我们以为这是因为她刚刚经历了长途旅行，面对新环境有些紧张，然而等到了家之后，她似乎并没有任何好转。

希望每走几步就会摔倒，看着她挣扎着走路的样子真是让人心疼。她甚至不能在家中硬木地板上走路，只能拖着自己的身子在房间来回转。

希望在波多黎各收容所时已经显示出受伤的迹象，兽医的诊断更加明确：她有神经系统上的疾病，这致使她永久性残疾，她不可能康复了。

如果希望自己的能力有限，我们就需要给她一些辅助工具，让她能够尽最大可能使用她的技能。

我们给她做了一双无底的袜子，帮助她在硬木地板上走路，还给了她一副狗靴，使她在户外能够稳步行走。在几次从楼梯上蹿下来之后，我们跪在地板上，摆弄她的四肢，让她更好地理解该如何运动。当我们的小猫从楼梯上飞奔下来玩捉迷藏的时候，希望似乎有了动力。

没想到，我们家的养狗保姆自己的狗珊妮（Sunny）成了希望的精神导师，珊妮患有髋关节发育不良症。在和珊妮一起度过了一个星期之后，希望学会了珊妮应对自己身体缺陷的所有方法。

希望和我们在一起只有五个星期，但她的进步是惊人的。虽然她仍有神经系统的问题，但她已经找到了自己的补救方法，并从中找到了自信。

现在的希望，在狗狗公园里已经和其他的狗没什么两样。她已经可以四处跑，和其他的狗打成一片，虽然她不能跑很长时间。希望会在院子里追着球和家里的宠物猫楼上楼下地跑来跑去，她现在甚至可以自己一下子跳上床和沙发，或者是车的后座上。

虽然说我们教会了希望如何像正常的狗狗们一样生活，但其实我从她那里学到的更多。无论是饲养宠物还是企业培养人才，有以下几个基本的原则。

- 关注你的下属需要什么，并努力为他们提供所需的资源。
- 好的、合适的环境能够起到很大的作用。如果希望一直和 150 只流浪狗待在收容所，她就不可能有任何进展。在得到了一对一的帮助之后，她进步飞快。
- 为了理想的结果找些刺激性的鼓励，同事之间的互相指导有时能达到导师所不能达到的效果。
- 自信能产生自信。如果你的团队觉得他们让你失望了，那么这就会变成一个自我实现的预言。

整合内容，形成属于你的故事

在这一章的开始，我们谈论了情节和结构。在基本的三幕结构中，我们用了红线来表示紧张感的增加，直至故事的高潮。在你创建可视化故事的过程中，问问你自己："我怎样通过让主人公面临更艰难的挑战来增强故事的紧张感？"在你找出的有关"怎么样"和"如果……会怎么样"的关键活动和挑战中，看看如何使用这些挑战和活动，从而为故事创造一个更深刻的情景。在这个情景中，听众会意识到必须付出行动。为了从始至终都吸引听众的注意力，你的故事应该更多地关注故事的矛盾和冲突。

除非你是个大师级的故事讲述者，否则不要轻易使用闪回和多重交错的故事线，因为这样会打乱事件发生的顺序，从而不能增强故事的紧张感。如果你的听众不得不猜测一件事为什么会发生（或为什么没有发生），哪怕只有一秒钟的时间，他们就会开始走神。只有当故事的事件之间有很强的因果联系时，你的可视化故事的可信度才会更高。

重复的是制造紧张的原因，而不是重复行动本身。

重复是制造紧张感最大的敌人。在第 6 章，我们探讨了在你找出每一条“怎么样”的过程中，该如何使用复杂性问题和解决方案技巧，来开始和结束你找出的每一个活动。如果每一个复杂性问题的解决都要求主人公亲自艰难地处理，那么你就是在重复一个想法。这种重复在每次使用时，都会削弱其产生的影响。

所以，不要总是重复，你需要用不同的方式来让你的主人公和其他人物处理复杂问题，从而制造紧张感。如果你在第 6 章为“怎么样”找出的活动都是不同的，那么你可以简单地呈现战胜挑战所需的努力即可。然而，如果这些活动都是相似的，且又都是必要的，你可能会需要再花些工夫找出这些挑战之间的不同之处。如果你不能非常清晰明确地表述主人公经历的事件的顺序，那么听众很可能没有兴趣知道故事的结局。

请注意，重复一个行动和重复主人公为什么会作出一个行动是不同的。你所应该做的是，使用你将在第 12 章发展的“紧迫感”以及你找出的“为什么”中的其他要素，来在整个故事中尽可能多地重复行动的原因。

如果你发现你的可视化故事的一部分是关于解释发生了什么，那么你需要倒着叙事，即建立一种情况，在这种情况里，一个行动是显而易见的结果。举个例子，你不需要说工厂必须关门，因为在这个工厂生产的成本是另一个地点的两倍。你应该先介绍另一个地点以及在那里生产的成本，然后再说你们现有的工厂不可能与之竞争，因此工厂需要关闭。

我们已经展示了把内容转化成故事的许多方法。在后面的几页里，你会看到城市大学的例子中，汤姆选择了两种不同的基本情节来为听众创建两个故事。这个例子展示了如何用一幅图片来创造两个不同的故事，从而为听众中两组人群提供信息，告诉他们作出不同行动的原因。

时间紧迫

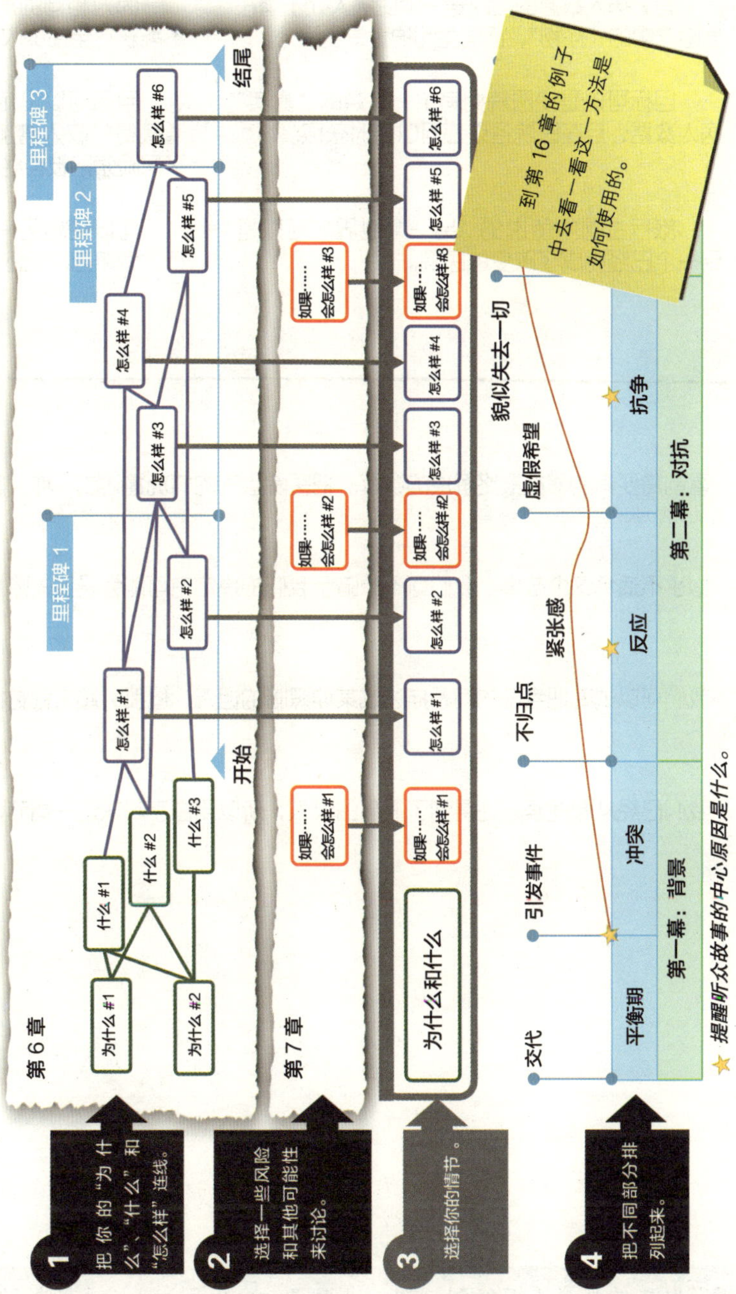
第 6 章
为什么 #1
为什么 #2
什么 #1
什么 #2
什么 #3
怎么样 #1
怎么样 #2
怎么样 #3
怎么样 #4
怎么样 #5
怎么样 #6
开始
结尾
里程碑 1
里程碑 2
里程碑 3
第 7 章
如果……会怎么样 #1
如果……会怎么样 #2
如果……会怎么样 #3
为什么和什么
交代
引发事件
不归点
紧张感
虚假希望
貌似失去一切
平衡期
冲突
反应
抗争
第一幕：背景
第二幕：对抗
提醒听众故事的中心原因是什么。
到第 16 章的例子中去看一看这一方法是如何使用的。
1 把你的"为什么"、"什么"和"怎么样"连线。
2 选择一些风险和其他可能性来讨论。
3 选择你的情节。
4 把不同部分排列起来。

	电子化病人数据	保证保险收入
战胜怪物	有关病人数据的问题是一个使病人处于潜在危险之中的“怪物”，而医生和护士是主人公。	因为相同的病人数据问题使我们不能获得全部的收入。
追寻	目标可以是使医院拥有单一来源的“真实”病人数据，且在医院各处都可以随时获取。	目标可以设定为，从保险索赔渠道获得的收入增加，或至少大大减少了保险索赔被拒绝率。
旅行与回归	旅行主题中所说的“另一个世界”可以是另一个已经完成了改变的医院。	可以使用另一家医院，或是保险行业索赔自动化的改变作为例子。

喜剧	喜剧需要有能够被最终解决的误解。把医院当前的情况描述成一种误解，有些牵强。
悲剧	似乎不适合这个故事。我们可不想暗示我们的决定有可能会导致失败！
重生	我们可以试着把当前的问题描述成某种黑暗的诅咒，但那听起来会觉得是人为设计的。
白手起家	我们已经从保险索赔处得到了很高的收入，所以用白手起家这一情节显然不太适合。

汤姆把团队中的几个人汇集到一起，进行了一个小型讨论会，来检验每一个基本情节对可视化故事的适用性。首先，他们接受了一个事实，那就是可视化故事会由两个互相关联的故事组成，两个故事要达到的目的各不相同。汤姆对三个看上去比较合适的情节做了详细的比较，并简单记录了其他 4 个情节被否定的原因。

战胜怪物：电子病人数据

改用更简单的数据录入操作界面，关注临床任务。

一些现有问题得到解决，每一个人都很开心。

改变输入过程，从而捕捉所有和诊断有关的信息。人们需要以不同的方式工作。很多问题出现了，需要花更多的时间来找出解决办法。

新的商业规则强调要对护士进行培训，付出更多的初始努力。

使用移动装置来进行数据捕捉并显示病人记录。给医院的病人戴上配有可读机标签的手环，从而更好地进行数据输入并获取病人记录。突然间，医务人员不再需要回到电脑才能获得需要的数据了。这一新的工作成了流程的一部分，并不需要额外花费精力。

初次成功

对抗

奇迹般的逃脱

两个故事情节都遵循相同的时间线和故事情节。笔记会帮你找到每一个情节中的关键事件。

召唤

最后的考验

追寻：保证保险收入

医院的管理层呼吁改变（使用我们在之后谈到的紧迫感）

踏上旅途

到达与挫折

达成目标

将现有数据和新的定义对应。这项工作需要花很多时间才能完成，但能够创建当前病人的报告。

自动生成的每日报告发现了潜在的病人医护记录缺口，立即引起了重视。大量的虚假错误和数据缺口出现。

创建一些商业规则来支持数据验证和系统之间的集成。由于数据系统中存在缺口，更多的报告出现问题。

最终，数据得到了清理，新的数据也能够很好地捕捉到。定期在病人出院时自动生成保险索赔的功能正在加快病人保险理赔的进程。

汤姆和他的团队没有找到合适的例子来使用“旅行与回归”的基本情节，所以他们决定使用“战胜怪物”和“追寻”主题来发展两个故事。这两个情节有相同的第一至第四阶段，也就是说，可以将故事中的两条故事线同步进行，但是每一个故事可以采取不同的角度。

当心

按照这些步骤，确保你找到一个最合适的情节。

你是否让故事看上去过于积极？为什么有些故事能够帮助我们实现自己的梦想？那些关于探险家、体育明星和企业高管的故事之所以受欢迎，不是因为他们提供了达到巅峰的捷径，是因为他们告诉人们应该通过努力来战胜挑战，而不仅仅是心里希望奇迹的发生。乐观的思考不会使改变发生，也不会使人们做出决定。事实上，它们起到的作用恰恰相反。积极乐观的视觉材料容易让听众对困难视而不见。一个符合实际的情节中会有各种困难、挑战、紧张和斗争，而这些对你的听众来说意义更为重大。

关于故事的结构没有所谓的准则，但却有一些原则。这两者之间的区别至关重要。一个原则描述的是怎样做是有效果的。在这本书中，我们提供了许多模式、结构和建议，你应该把它们当成原则，而不是准则。创造一个可行的可视化故事的方法并不仅此一种。如果你太过于遵循这一准则，会导致你的故事变得刻板、千篇一律，你的听众必然会对这种老套的故事失去兴趣。相反，一个成功的故事会使用这些基本的情节原型，使用一些普遍经历，但同时也会加入新的角色和新的元素，从而使听众产生兴趣，作出行动。

检查清单

- ☑ 找出基本情况（或组合），为可视化故事打下基础。
- ☑ 把“为什么”、“什么”和“怎么样”加入到情节线中。
- ☑ 找出合适的视觉模板，来支持故事的可视化部分。
- ☑ 找出任何次要情节或嵌入的故事，来发展一些细节。
- ☑ 找出你故事线中“当前”的位置。
- ☑ 找出引发性事件。
- ☑ 决定在故事中什么时候使用真实的或虚构的内容。
- ☑ 检查事件之间的因果关系，每一件事的发生一定是上一件事的结果。

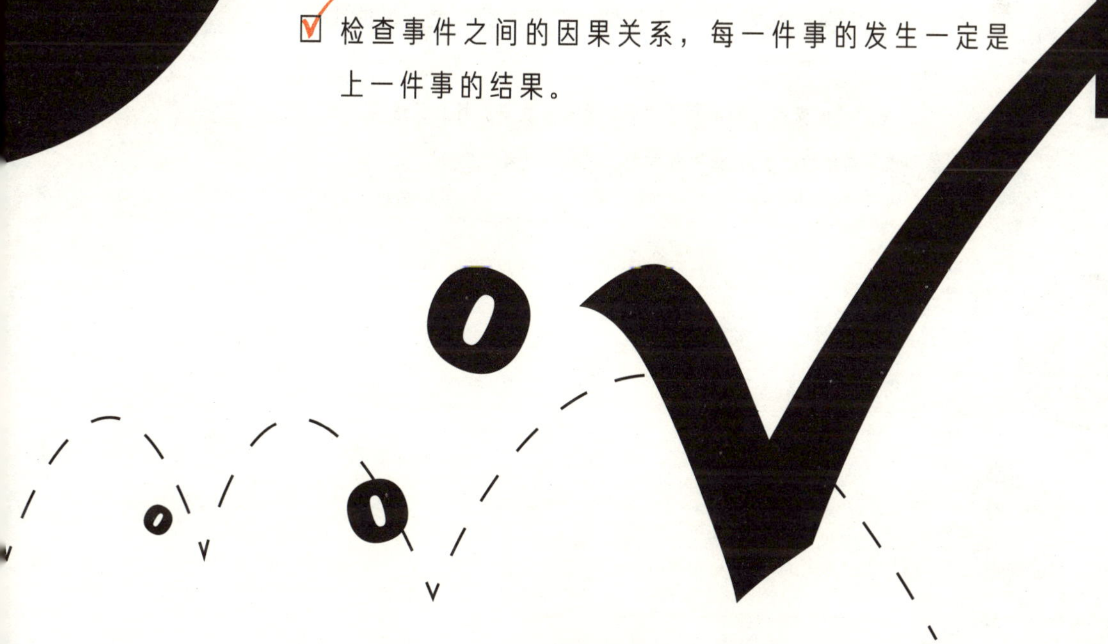

创建故事人物

11

要想创建出绝佳的故事人物，你需要把所有的人物都看成是一张网的一部分，每一个人物都和另一个人物有着千丝万缕的联系。

约翰·特鲁比，电影剧本作家、导演、剧本写作讲师

和断臂的维纳斯只是一个女人一样，一个故事中的人物也仅仅是一个人。一个人物是一件艺术品，是人性的比喻。

罗伯特·麦基，剧本写作讲师，著有《故事：材质、结构、风格和银幕剧作的原理》，该书被誉为“剧作家的圣经”

商业思维中充满了抽象概念，以及把某些特殊情况一般化的转变。在这里，我们所研究的不是如何提升某一个人的工作效率，而是研究所有相似工作的流程。我们不会为某一个人创造一个应用，来创建和记录费用清单，而是为企业建设金融系统和文件分享平台。这就是规模经济的工作方式，而这和我们研究作改变和如何投资的时候，也是相连的。

然而，要对一个抽象的概念或一般化的概念饱含热情，并不是一件容易的事。

可视化故事中的人物应该是一些听众能够与之产生共鸣的个体，而不是一些抽象的概念。在第 8 章，我们讲述了如何创建虚拟人物来代表特定的角色。这些虚拟角色的创建需要大量的细节支持，才能使他们看上去更真实、更具体。虚拟人物要有弱点、有个人的欲望，以及需要解决的具体问题。一个虚拟角色需要能够展现它所代表的人群的优点和缺点。

通常来讲，让人们作出行动的并不是一个理性的反应，而是感性的反应。当我们看到处于饥荒当中的一群人的图片时，我们不会想要有所行动为他们做些什么，因为一群人和一个数据所产生的效果是差不多的。尽管每天因营养不良而死去的儿童的数据是如此骇人听闻，但我们大多数人不会因为这些数据而作出任何行动。看到数字的时候，我们开始变得善于分析，而这会使听众偏离故事情节的发展。但当我们从个人角度了解一些情况时，我们的情感会不由自主地被带入进去。

在一个 5 分钟的新闻节目中，开始的时候可能会报道一个由于洪水而失去联系的妇女，再报道受洪水灾害的城镇出现的各种问题。接下来节目会谈论救援活动，但一开始会先讲述一个令人印象深刻的故事，然后再报道共有多少人流离失所；插入的广告会播放一只无家可归的小猫，之后再公布所有需要救助的宠物的数字。你发现其中的模式了吗？我们通常会看到故事以讲述一个个体的遭遇开始，讲述他们的生活、他们遇到的挑战。这种方法根据的就是人们的情感联系，在故事开始之前告诉你，有多少人处于相同的情况之中。有些时候，在故事的末尾，讲述者会告诉听众他们可以做些什么来改变这些人的状况。

若想把听众带入到你所创建的世界中，你必须帮助他们感受这个世界。所以，你要让故事中的人物来使听众体验到各种情况，然后使听众和人物之间产生情感的纽带，并且在人物和你想让听众关心的事之间建立联系。

每一个故事都有主人公和坏人

每一个可视化故事都有一个目标，或者说一个理想的未来情况。这是你想让听众支持的最终目标。让听众拥有达成目标的欲望对整个决策过程来说是至关重要的。

引发性事件的发生预示着接下来一系列行动的开始，而从这一事件开始，故事中的不同人物就已经开始分别扮演主人公和坏人的角色了。为了达到一个不同的目的，坏人会开始和主人公作对。客观地说，整个故事就是关于这两个人物之间的冲突的。可视化故事中所有其他的人物都是为了支持或影响主人公或坏人而设定的。

有些人把这两种角色称为“正面人物”和“反面人物”。正面人物是整个故事的核心，也是故事中最主要的人物；而反面人物，顾名思义，指的就是反对正面人物的角色。不管你喜不喜欢，这里的“主人公”通常被理解为积极的人物，而“坏人”是消极的人物。在商业背景中，可视化故事中的主人公和坏人不一定分别代表善与恶，因为这种分类太过极端，通常并不可行。然而，我们确实希望这两个人物能够代表完全不同的观点和角度，而听众最终会选择支持主人公。

我们决定在CAST方法中使用“主人公”和“坏人”这两个词，而不是更加广泛使用的“正面人物”和“反面人物”时，着实挣扎了一番，因为我们发现用这种更带有感情色彩的词语能够让创作可视化故事的人们在发展故事的时候，更多地关注人物之间的冲突和矛盾。你从来都不需要告诉听众你的人物是主人公还是坏人，但是你自己必须要清楚他们分别是谁，这能使你在描述故事的冲突时，更加清晰准确、更有激情。

主人公正为你希望听众应该支持的目标而努力，而坏人则为一个不同的目标而努力。整个故事中不会有明显的善与恶、对与错，也并不需要把谁设定得更强大或更聪明。主人公和坏人都可以是道德的典范，他们只是拥有不同的信仰和不同的动机而已。事实上，我们需要的是能够产生冲突的人物，即一个人为某一目标努力，另一个人想方设法破坏这一努力。

在过去的很多年里，尤其是对于标准的电影剧本来说，主人公一定是好人，反面人物一定是坏人。这样的设定能够让听众支持主人公，对主人公产生积极的情感纽带。然而，由于电影中的人物是由电影明星饰演的，很多电影最后变成了一个关于某一人物的故事，而不是关于实现目标的故事。大家都已经习惯看到，主人公在引发性事件发生的时候，被动地卷入到整个事件中，而坏人在一开始总是比主人公显得更聪明、更强大，因此主人公想获得成功会更加困难。

每一个主人公都需要一个坏人

在第 10 章介绍的所有基本情节中，都涉及了主人公和坏人之间的冲突。在你的可视化故事中，你会发现找出一个能使改变发生的主人公人物一点儿也不难，但坏人往往很难描述。这是因为坏人也是企业中的某一个人，而你肯定不会愿意冒着丢掉工作的风险，把这个人称为“坏人”；还有一种情况，那就是在企业文化中，官僚主义是改变发生的最大障碍。然而，你依然需要有一个反面人物，否则的话，你的故事就完全没有了冲突，这样一来就很难保持听众的注意力，让他们有欲望听完故事的结果。

一个故事需要有一个主人公和一个坏人来分别支持和反对故事中的目标。只有当所有重要的支持或反对的观点都覆盖到以后，听众才会相信这一目标。如果以这个角度来看的话，你就会发现把从“为什么”、“什么”、“怎么样”、“如果……会怎么样”中发展出来的内容建立成一系列让故事中的人物可以支持和反对的观点是可行的。

可视化故事中一个关于冲突的例子可以是，主人公提出了一种新的产品，把公司带入新的发展方向；坏人反驳主人公的提议，称这样做会导致公司忽视当前收益较好的产品服务。主人公接着讲述了未来收益的可能性，而坏人列出了许多风险和消耗的成本来反驳主人公的观点。因此，并不是只有史诗般的战争才能够成为“冲突”。这个例子也显示了，坏人可能仅仅是扮演魔鬼代言人的角色，而不一定有“邪恶”的性格。

有些时候坏人可能会取得最终的胜利。

对于 90% 的故事来说，故事的主人公为了达成目标去努力时，听众都会为之欢呼。然而，在故事的高潮部分，坏人也可能会取得胜利。在解决方案中，你需要有一个可信的、清楚的原因来让听众站在你这边，但毫无疑问，坏人取得胜利这一令人吃惊的结果会让听众对你的故事印象深刻。

让听众产生人物联想

人物是信息的载体，当我们使用“主人公”或一个人物的名字这一标签时，听众会对他们所接收到的关于人物的信息产生一种心理模式。这些信息包括人物的价值观、行动、关系和影响。

当你要说服听众时，你必须考虑两个简单的事实：第一，如果你的听众不得不费力地思考你所提供的信息，那么他们很可能不能真正吸收这些信息；第二，通常来讲，听众需要了解许多不同方面的因素才能够接受改变。这两个事实看上去是相互矛盾的，这也是为什么人物是如此重要。当你建立关于人物的信息时，你是在通过拓展这些信息来支持你的结论，而你通过重复这个人物的名字来返回不断增大的信息中。

在整个故事中，你可以通过语言描述来为人物增添复杂性。通过描述人物的词语，以及人物对周围环境的反应，你可以把这些复杂性传输到听众的脑海，从而避免我们在吸收复杂信息时自动产生的过滤屏障。在故事的高潮部分，主人公和坏人斗争得如火如荼时，这一最后的冲突将把所有和这些人物相关的特质汇集到一起，使之进入听众的脑海。

三年前，马丁开始学习跳舞。一开始他花几个小时的时间才能学会几个舞步，而最终，他可以把所有的舞步汇总到一起，跳出一支颇为复杂的舞蹈。他的舞蹈老师说他还有很长的路要走，姿势还不够优美，也缺乏优美的气质，但他已经不再是只能断断续续地跳一个一个的舞步，而是能够连贯地跳完一支舞了。同样的概念也适用于你的人物。你故事中的人物需要和一系列的细节相关联，这样人物的名字就可以让听众想起和这个人物相关的细节信息。

一开始的时候，有关主人公的信息要建立在和听众的共同经历上，之后随着故事的发展，你的描述需要能够使听众支持你的观点。

增强人物的可信度

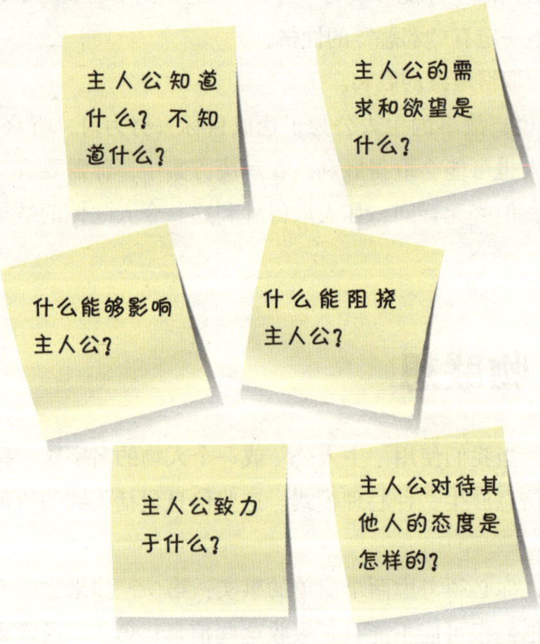

一般来说，故事的讲述者会希望听众们在聆听的过程中不带有任何的怀疑态度。但是我们并不想让听众将自己的态度放置一边，我们想让他们参与到人物中来，并相信故事的内容。如果你把一些不存在的事情或一些听众从未经历过的事编进了故事，你就不得不详细地对其进行描述，确保它和故事的背景能够相符。

在 20 世纪 90 年代末，很多企业开始引进一个叫做企业资源计划（Enterprise Resource Planning，ERP）的系统，并对他们的商务流程进行了重大的改革。如果你今天的故事也是关于介绍企业资源计划系统的，那么故事中的主人公可以设定为一个在其他企业的企业资源计划系统执行方面富有经验的老手。如果你在 1995 年的时候创作同样的故事，那么你的主人公可能就不会有任何和企业资源计划执行的相关知识。相反，如果在关于介绍新科技的故事中，把主人公设定成一个专家，而在一个关于需要经验的故事中把主人公设定成一个新手的话，会降低人物和故事的可信度。

当听众不再相信的时候，也就不再关心了。人物的设定一定要始终如一，才能让听众信服。

如果一件事并不可信，那么就不应该把它归入故事之中。

如果你的人物中有一个人物必须以一种不可信的方式行事，那么你就一定要找出一个能够让听众理解他为什么这样做的理由。当你加入了一些听众从未听说过的信息，或者当你想要提出某一个观点时，你可以这样做。在电影中，这种信息可能会用一段闪回来表现，目的是介绍先前没有说明的一段背景。在一个可视化故事中，可以在幻灯片上用一个说明性图片来表示，或者在对话的旁边中插入一个短小的故事。

每一个人物都必须在故事的背景内，以及在他和其他人物之间的关系中使人信服。

人物的行为符合他们的文化和种族背景吗？对于社会和企业文化背景类的故事来说这比较适用。

随着故事的发展，人物也会发展、经历改变。这些改变有充分的理由吗？能使人信服吗？这些改变有可能是理性的，也有可能是非理性的（出于恐惧和偏见），但仍需要有一个清楚的原因作为支撑。

人物会根据故事中的不同情况作出反应，采取行动吗？被动型的人物不愿意让听众参与进来。这些行动是否能够推动故事达到高潮呢？

人物和听众是否有共同的经历？人物离听众的生活越远，你就需要花越多的时间来讲述背景和动机，这样才能使听众相信人物。

在这里介绍一个小窍门，那就是把人物设定得比听众聪明一点，让他更有能力应对挑战，但是一定要适度，能够让听众模仿人物即可。不要过于夸张，不要让人物的能力超过听众的能力太多，这样的话听众就没有信心来应对挑战了。

设置人物角色：7 种典型角色

20 世纪 20 年代，俄罗斯一位名叫弗拉基米尔·普洛普（Vladimir Propp）的学者在分析了 100 个俄罗斯童话故事之后，找出了 7 种典型角色（在下页中显示），他们是主人公、坏人、公主、虚假主人公、捐赠者、帮助者和调度员。这一发现在其他领域也十分有用，对于可视化故事来说，这些概念的定义简单明了，能够很好地应用于角色中。

事实上，一个人物能够扮演多个角色。举例来说，同一个人物可以在整个故事中扮演捐赠者、调度员和帮助者的角色。故事中的核心角色是主人公和坏人，除非你的主人公是一个如化身博士（Jekyll and Hyde）那样的人物，否则的话，主人公和坏人肯定是两个人物。在一个故事中并不需要包含所有类型的角色。事实上，很多很好的故事只有两个角色——主人公和坏人，而其他角色在推进主人公和坏人之间的矛盾冲突时，起到了重要作用。

不同人物之间的角色也是会变化的。在故事的开始部分主人公可能战胜坏人，并且庆祝胜利，然而后来发现坏人的背后有一个能力超群的人物，而这个人的出现会把故事带入虚假希望阶段，主人公和第二个坏人的冲突会把故事推向高潮。举个例子，主人公和坏人可能一开始都有好的愿望，只是在如何向客户提供新的服务方面有不同的看法。一旦主人公成功地让企业内部人员接受了他的想法，那么之后的坏人可能就会来自企业外部，即法律法规上的限制以及关于客户们安全方面的问题等，这些问题会更富有挑战性。

普洛普所研究的故事文本有限，所以你可能会发现其他一些对于你的可视化故事来说必要的角色。在某些故事中，帮助者的角色可能会发展成一个导师，对主人公进行训练和指导；在另一些故事中，可能会有一个高级执行者的角色出现，这个角色在冲突中不起任何作用，但他有超越其他角色的能力，只要他认为合适，就可以改变整个局面。所有看过《星际迷航》的人都应该知道有一个穿红色衬衫的无名角色，这个角色参加了着陆派对，并且不太可能回到星船上去。这个角色的设置是为了在不损害主要角色的条件下，展示坏人的力量。

你也可以考虑一下发展普洛普的角色类型，为坏人创造辅助性角色。这些角色同样也可以是一个捐赠者、帮助者或调度员。虚假主人公是一个很有意思的角色，他可以代表企业里的一个竞争团队，或是一个伪装成好人的坏人。可能所有人都会在一开始忽略了真正的主人公所做的工作，而对虚假主人公赞赏有加，然后跟随虚假主人公到达一个不同的故事目标。

在真实的案例中，我们开发出了一些综合的角色，向大家展示如何使用它们。在开始之前，请先花点时间考虑一下在故事中你是从谁的角度来讲述的。通常来说，人们会从一个外部观察者的角度来撰写和讲述故事，但是从主人公、坏人或者是帮助者的角度来讲述故事，也许更能把听众带入到故事中。

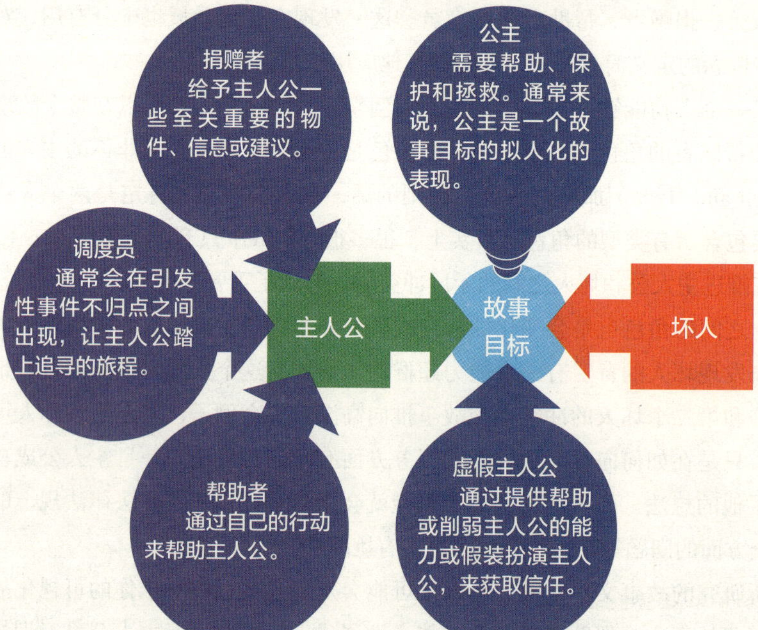

巧用拟人化，让听众产生共鸣

可视化故事中至少有一个角色是用拟人化的手法来象征某个面临的问题，这可以是一种自然界的力量、企业文化、商业流程，或者是政府立法监管。通常来说，这个人物应该扮演坏人的角色，但在有些案例中，也可能是主人公。如果我们想要展现两种势力的冲突，我们就要把这两种势力分别设定为主人公和坏人，并且要让听众支持我们想看到的改变。

1967 年，日本小松公司（Komatsu）还是一个规模较小的挖掘机制造商，而当时他们立下目标，要把自己发展成为一个全球性的企业。但是该领域的巨头企业卡特彼勒（Caterpillar）已经统治了这个行业，并且也把目标设定在相同的市场。小松公司当时根据“战胜怪物”的基本情节创建了一个企业故事，把卡特彼勒描绘成怪物或坏人。他们创建的故事有一个标语——“Maru-C”，意思是“包围卡特彼勒”，旨在提醒员工他们的战略，即占领卡特彼勒公司尚未占领的领地。今天，小松公司是全球第二大挖掘机制造商。

坏人的角色也可能是一个急需解决的问题。苹果公司在 2007 年为介绍 iPhone 而编创的故事就属于这种情况。在产品首发的展示会上，苹果公司展示了当时手机使用者们所遇到的问题，我们经常会听到一句话：不要凭一本书的封面来评判一本书。这句话之所以会出现，是因为我们经常这样做。2012 年一个由墨尔本大学西蒙·拉汉姆博士（*Simon Labam*）所做的研究发现，人们通常会对名字朗朗上口的人有好感。在你创建故事中拟人化的角色时，想想这个研究结果吧。如果你能把理解信息的整个过程变得简单，你的听众就更有可能接受。你所创建的人物应该尽量地简单，也尽量地使听众感到亲切、熟悉。

然后将 iPhone 作为故事的主人公，把听众带入了一个全新的充满各种应用程序（apps）的世界，这无疑使人们觉得他们的手机更加实用、功能更全面。

一个人物承载的信息和人物的整体可信度同样适用于拟人化的人物。不同之处在于你必须找出拟人化人物的性格特点，而不是假设你的听众已经对他们有所了解。有些时候，你可能不得不夸张一些，才能把一个坏人塑造成一个潜在的怪物。比如，1984 年，苹果公司在一系列的广告中，就把 IBM 塑造成了坏人。大多数的分析师都认为苹果的做法实际上把 IBM 的地位夸大了，然而，苹果公司的营销团队却因此受到了激励，几乎是带着宗教般的疯狂与 IBM 竞争。最重要的是，尽管苹果公司有些夸大，但他们的宣传却仍在听众所能够相信的范围之内。

在本章后面关于城市大学医院和私人教练的实例中，你会看到两个故事都把坏人的角色设定为对部分当前情况的一种拟人化的比喻。

你所做的应该是创建可视化故事来影响听众作出行动，支持一个改变，或是做出一个决定。听众才是应该有所作为的人，他们应该和故事中的人物产生共鸣，并且听众中的一部分人应该能在主人公身上看到他们自己的影子。

你不是故事的主人公

公主

无数的潜在客户需要私人的健康培训，但在大型健身房中他们得不到想要的服务。

帮助者

佩妮

佩妮是兰德尔的一个客户，她一直都看到兰德尔有多么辛苦地工作。她想告诉他关于她公司使用的服务，并且暗示他也许有些公司可以为私人健身工作室拥有者提供服务。

主人公

兰德尔

兰德尔是一个非常出色的私人教练，他想开设自己的私人工作室，但目前为止运营得并不成功，因为他更倾向于避免一个问题而不是迎难而上去解决它。

坏人

坏人是沉重的负担，如要完成很多商务上的工作，从处理投诉到准备纳税申报单，等等。

捐赠者

玛丽娜

提供了剩余服务和处理兰德尔所需要的培训，兰德尔终于可以全心全意地去帮助他的客户（公主）来完成他们的目标。

虚假主人公

疲惫者——弗兰克

弗兰克也是一个私人教练，和兰德尔在课上见过面。弗兰克一直以来都很热衷于介绍他自己创建的用来帮助公司运营的各种系统。在“显著的胜利”阶段，兰德尔认为如果能够复制弗兰克的做法，他就可以取得成功。

玛丽娜思考了她可能会使用的人物，最终决定并不需要所有的人物类型。因此，她去掉了一些人物，从而使故事更容易被理解。

兰德尔
主人公

兰德尔今年28岁了，是一个独立的工作室拥有者，拥有私人教练方面的专科学位。他喜欢和客户交流。每当他帮助客户达成目标时，会有很大的满足感。兰德尔会避免冲突，不喜欢给客户推荐营养补品或其他健康产品。在开设自己的私人工作室之前，他在一家大型健身中心工作了五年。

佩妮
帮助者

佩妮是兰德尔的一个长期客户，对兰德尔在商务上犯下的错误非常包容，因为她非常享受得到私人教练的训练。她很聪明，有商业头脑，具有营销学学位，喜欢在健身的时候与人交流。她在一家大型猎头公司工作，非常乐意把工作中的任何细节与人分享。

弗兰克
虚假主人公

弗兰克在另一座城市开设了一家小型工作室。兰德尔从弗兰克处得到的灵感，打算开设自己的工作室。然而，兰德尔并不知道弗兰克每天工作16个小时，才能维持工作室的正常运营。弗兰克每天要做的事非常繁琐，但由于他每天几乎24小时都在工作，尽管很艰难，他的工作室还是能够正常运转。

为了能使故事中的人物更加可信，玛丽娜以她在健身行业里遇到的人作为素材，对每个角色进行了描述。

战胜怪物
电子病人数据

公主
病人看护

数据是我们故事的一个重要方面，但对莎伦来说，她的目标是保证病人护理的质量，这也就是坏人为什么那么强大。

捐赠者

帮助莎伦拿到首批移动设备的 IT 部门的技师。这彻底改变了莎伦在病房获取数据和信息的能力，并帮助她实现目标。

调度员
代表伯尔尼德的卢克

主人公
莎伦
虚拟护士角色

人物缺陷——当时间紧迫的时候，还是会不时地使用以前的手写记录，之后在捐赠者的帮助下步入了正轨。

坏人
当前的工作方式

医生和护士仍然倾向于采用已经习惯了的现有工作方式——用纸和笔记录病人情况，从而保证他们在任何时间都能获得所需要的信息。

帮助者

帮助莎伦学会使用新系统的 IT 部门的技师。莎伦的护士团队组成了一个学习小组，来探讨他们是如何使用新系统进行工作的。

虚拟主人公
新的 IT 系统

不确定这个角色是否需要。但我们可以在最后的测试阶段让 IT 系统看上去获得成功，这样做是为了显示护士们的努力起到了很大作用。

故事中的人物部分是根据现实生活中的真人而塑造出来的，包括一个代表护士群体的虚拟人物，以及代表当前现有的工作方式和态度的拟人化角色。汤姆和他的团队继续研究他们选择的两个情节，针对人物和他们之间的关系提出想法。

追寻：保证保险收入

捐赠者

在病人数据报告中发现问题的数据分析师。他找到莎伦，让她了解问题在哪里，之后帮助莎伦使用报告来提高病房内的工作效率。

公主

病人看护

数据是我们故事的一个重要方面，但对莎伦来说，她的目标是保证病人护理的质量，这也就是坏人为什么那么强大。保险收入的减少会导致削减其他部分的开支，从而使病人护理工作陷入危机。

调度员

代表伯尔尼德的卢克，以及高层管理团队。

主人公

莎伦

护士虚拟角色

人物缺陷——当时间紧迫的时候，还是会不时地使用以前的手写记录，之后在捐赠者的帮助下，步入了正轨。

坏人

当前的工作方式

医生和护士仍然倾向于采用已经习惯了的现有工作方式——用纸和笔记录病人情况，从而保证他们在任何时间都能获得所需要的信息。

帮助者

帮助莎伦学会使用新系统的 IT 部门的技师。莎伦的护士团队组成了一个学习小组，来探讨他们是如何使用新系统进行工作的。

虚拟主人公

新的 IT 系统 / 自动生成的报告

不确定这个角色是否需要。但我们可以在最后的测试阶段让 IT 系统看上去获得成功，这样做是为了显示护士们的努力起到了很大作用。

为了测试他们创造的两个相互联系的故事，团队成员对第二个故事中的人物进行了整理，看看它是会与之前的情节发展一致还是不同。汤姆在主要的差异处用亮黄色的笔进行了标注。这样做能很容易让你的两个可视化故事有共同的主题。

当心

按照这些步骤，确保你的人物富有生命力。

① 避免完美的主人公。没有哪个主人公是完美的，他们都会有一定的缺点。有些时候个人的人际关系会误导他们作出错误的选择，有些时候是由于道德上的缺陷。如果你的主人公太过完美，那么你故事中的挑战就会不那么可信，或者根本不具有挑战性！能够让听众产生共鸣的主人公，应该是有能力战胜挑战，有能力解决一些平常人会遇到的问题的人。

① 确保主人公和故事相关。主人公所面临的挑战的类型和挑战的难度，必须和听众将要面临的改变和做出的决定相关或相似。如果你的故事是一个真实的故事，并且主人公的行动和整个故事的挑战相关，那么使用真实的人物作为故事的主人公没有什么不可以。奥林匹克运动员能够激励人们超越自己，但一味地讲述动员所经受的刻苦训练却不一定能够起到鼓励大家锻炼身体的作用。

① 不要把角色类型告诉听众。我们介绍了很多不同的角色类型，但当你讲述故事的时候，千万不要告诉听众谁是主人公，谁是坏人。听众应该能够自己判断出每个人物扮演的是什么角色。

检查清单

- ☑ 明确听众将会支持的角色——也就是通常我们所称的主人公。
- ☑ 明确将会反对理想结果的角色——也就是通常我们所称的坏人。
- ☑ 找出那些能够对主人公和坏人之间的斗争给予帮助的配角。
- ☑ 找出每个角色的主要性格特征。可视化故事的结果是否有可能导致这些角色发生改变?
- ☑ 让人物之间产生互动，让听众能够在听故事的同时对主人公和主人公的帮手产生感情，并希望他们最终能够胜利。

12 制造紧迫感，牢牢抓住听众

我对做事情的紧迫感印象深刻。了解是不够的，我们必须要能够使用它。有意愿去做是不够的，我们必须将之切实地付诸行动。

列奥纳多·达·芬奇（Leonardo da Vinci）意大利文艺复兴时期的画家、雕塑家、科学家、发明家、解剖学家和作家

不管在开始阶段有何种程度的改变，如果紧迫感不够强，而自我感觉又过于良好，接下来的事情就会变得困难得多。

约翰·P·科特尔（John P. Kotter），哈佛大学商学院教授，领导才能和改变问题方面的畅销书作家。

最大的敌人：自满和注意力分散

你的听众也许会接受改变会发生这一事实，但他们很可能没有必须马上开始的紧迫感。为什么非要现在就改变？为什么不能等一等，避免立即的痛苦？所以，你的问题是如何才能使一个领导者在他或她繁忙的日程中抽出一些时间来聆听你的故事 .

自满的第一种程度是听众中的成员认为他们根本不需要改变，或者说他们认为至少现在不需要改变。为了打破这种自满，并让听众立即作出行动，你需要创建一个和你在第 4 章发展出的“为什么”相关联的紧迫感。

自满的第二种程度在决定完成之后以及第一步的行动采取之后，才会开始。整个过程启动了，一个合适的计划就能保证成功，这让每个人都很满意。然而，当做出一个决定的时候，会使问题看上去似乎解决了，而这会降低紧迫感，并且使下一个步骤成功地得到实施的可能性降低。所以，强烈的紧迫感对打破初始阶段的自满和维持人们的努力来说，是至关重要的。

听众的注意力分散了。尽管意图是好的，听众们还是会在故事的讲述过程中走神。他们会边听边思考，应该如何理解他们听到的内容，况且，他们手边还有无数需要他们关心的事。

抱歉，你刚才说了什么？

我们能不能下周再讨论这个问题？

无论是在工作会议上，在家，或者仅仅是在咖啡机旁边，大多数的听众手头都有多项工作，手里都有至少一块屏幕需要观看。无论是在他们的智能手机、平板电脑或是笔记本电脑上，你的听众都有可能在查看邮箱，上 Twitter，或是更新他们的社交网站。不要忘记，每天都会有越来越多的新应用出现，而这些都是听众可能会走神的原因。

在你讲述可视化故事之前和之后，听众的注意力很可能被大量的广告、信息、垃圾邮件、建议和其他的各种请求牵走。而这些信息大多数与你的观众没有关系，所以他们的反应会是——忽略这些信息。然而，每一条不相干的信息都需要花一些时间来处理，而这会使听众分神并因此忽略了你所提供的信息。

那么，你应该如何应对这种注意力的分散呢？方法之一就是，在开始的时候，讲一些观众非常想知道的信息。你的故事必须要满足一个迫切的需求。很多人认为，对于这种注意力的分散，没有什么好的应对方法，因为听众会随时随地一心二用。诚然，若想直接地制止这种行为是非常困难的，尤其是你的听众往往都是些高层管理者。然而，我们看到过很多次，一个有强烈紧迫感的故事能够让人们聚精会神地聆听，有些时候，甚至会把听众的注意力从其他重要的商业决策中吸引过来。

能够产生紧迫感的一些因素

下面的部分列出了一些最常见动机，这些动机能够吸引人们的注意力并最终作出行动。

淘汰

"淘汰"这一动机可适用于一些实体产品、服务、实践或个人技能，即任何不再被需要的东西，即使这些东西也许还能继续正常工作。通常来讲，被淘汰的产品会由其他产品代替，而逐渐降低的欢迎度会是这一产品被淘汰的早期迹象。

如果你是零售商、制造商或是拥有即将被淘汰的技巧或服务的人，那么针对这种情况可以创造出一种强烈的紧迫感。被淘汰的产品不再适用于我们的工作方式（比如，打字机和传真机），或者会被先进的版本所代替，就像我们在智能手机领域所看到的一样。

政府监管

无论是出于安全的考虑监管市场，还是为了增强竞争力，政府不时会出台一些需要人们和企业遵守的法律法规。二氧化碳税的出台就是为了改变人们出行的方式，而对残疾人基础设施和同等权利方面的立法改变了员工和雇主们的工作场所，车内安全带的强制性使用已经在全世界范围内拯救了成百上千个生命。在商业领域里，最紧迫的规则是那些针对企业合规性的规则——比如，和记录财务事项相关的法律法规，或是制药公司方面的法律法规。如果你不遵守这些法规，你就失去了做生意的资格。

季节性

季节性和销售高峰期做准备的时间有关，也和为季度时装秀准备新设计，或为不同季节室内装饰的颜色系列和材料系列做准备有关。另一个造成紧迫感的原因可能是为应对季节性的改变或是为了跟随不断变化的趋势，而需要作出及时的转变。

管理方向

无论一个人的权力和位置有多么重要，无论他们的决定多么地不可挑战，紧迫感可能仅仅是为达到他们的目的。这一问题适用于家庭、企业和政府。

1998 年，比尔·盖茨在微软的内部备忘录上撰写了关于互联网的浪潮以及微软应该如何应对的文章。作出响应并不是产品团队的一个选择，然而企业发展的方向已经很明确了，而紧迫感也变得很清晰，那就是：关注互联网，否则我们就会失去业务。

紧迫感

为你的可视化故事创建紧迫感的第一步是意识到这是十分必要的，并且紧迫感必须来自从第 4 章所找出的“为什么”。你可能不会使用所有你找出的原因，但至少其中的一个原因必须成为一种紧迫感的来源。

紧迫感可能会对你听众中不同的人群有不同的含义。你可能需要针对不同的听众组把你的研究成果量身定做，从而关注和他们最相关的紧迫感。我们会在第 13 章中详述这一点。

紧迫感是故事讲述者常用的工具，为的是让听众从始至终都保持高度的兴趣和注意力。有时候，让听众们自己找出他们自己的紧迫感，而不是由你来说出紧迫感，效果会更好。作为故事的讲述者，你可以为听众找出紧迫感，或者在讲述的过程中询问问题，鼓励听众来找到他们自己的紧迫感。

新（商务或技术上的）机遇

新的机遇很少会持续很长时间，因为很快就会有其他的竞争者参与进来，抓住获利的机会。这方面的例子有很多，如由于互联网商业的崛起，新的商业模式和新的商业理念陆续产生（如亚马逊和社交媒体巨头 Facebook）。这个问题同样适用于个人层面，新的职业机遇可能会促使一个人作出改变。淘汰的反面是不断变化更新的科技，而这也通常会带来新的商业机遇。一个产品的淘汰可能被一些听众看作是紧迫感的来源，而被另一些听众认为是使用新技术的契机。

失去的业务或机遇

在竞争的过程中，失去当前的机遇或业务，或者是失去一个理想的工作，可能是一个沉重的打击，但这些也可以被看作是敲响了警钟，告诉人们必须要作出改变了。如果是这种情况的话，紧迫感可以从这种不要重蹈覆辙，或是不再失败的愿望中产生出来。

社会或政治上的改变

一个适合的文化架构或政治结构的改变可以成为其他改变的强有力的刺激因素。美国在 1863 年废除奴隶制，1989 年柏林墙的倒塌等事件，都成了很多社会的重大转折点，也成了改变的驱动力。

最后期限

大多数人都会承认，在一个任务完成期限的前几天，一个产品就要被发布，或是一个大大事件就要发生之前，他们的工作效率会猛增。事件压力虽然是我们给出的几个因素中最后的一个，然而却同样重要。事实上，我们故意把它放在了最后，因为人们常常会把其看作是理所当然的原因。这里罗列的很多因素最终都可以被归为时间压力，但这种简单的归类会有可能降低紧迫感的长期影响。

错误的方式：我们的产品销售量正在迅速下降，我们的产品正在被淘汰，我们作出反应的时间有限。

正确的方式：到底我们的销售量发生了什么？为什么这会发生？我们应该如何应对？

你的成功由听众决定

一个可视化故事的最好结果就是，听众中的成员，不管是一个人还是很多人，做出了决定。然而，大多数人都会延迟做决定的时间。如果没有明显的需要立即做出决定，听众很可能会推迟做决定的时间，看看有没有其他的选择。在CAST方法的“内容”部分我们已经找出了很多做决定的原因。然而，这些充足的原因不一定能促使一个决定的产生。相反，太多的信息点通常会使人们感到困惑，听众很有可能觉得需要进一步的分析才能获得更清晰的认识。

决定可以被改变。让人们的决定始终停留在“Yes”，并使听众避免出现分神的情况，意味着你的可视化故事必须要从始至终都有明确的目标。可视化故事是可以持续发展的，一旦做出了决定，行动也在进行当中。我们通常会看到一个可视化故事的新版本的出现，更新过的版本会反映出新的变化。当这些更新进行顺利时，故事的紧迫感就得到了维持，并且能够向人们展示朝着可视化故事中的预期结果前进的状况。更新一个可视化故事其实就是一个重复的过程。我曾在2005年创建了一个关于某知名银行改革的可视化故事，在之后的两年里，这个故事每三个月被更新一次，目的是让大家了解不断被引进的新业务，让所有的员工都能为了最终目标而努力。每一次更新都包含了最近新添加的服务项目，并且描述了接下来六个月会发生的改变。

在下一页中，我们会继续使用城市大学医院和私人教练的案例。你会看到玛丽娜和汤姆是如何基于之前对“为什么”的分析，以及对听众和故事的分析，来发掘紧迫感的。汤姆在在本章介绍的紧迫感中找出了适合他的两个故事的紧迫感。

紧迫感
1

失去动力

对于私人教练来说，战胜身体上的障碍要比战胜心理上的挑战要容易得多，尤其是这些心理上的挑战让日常的经营活动变得更加繁琐、困难，而私人教练们对这些事情毫无兴趣。这种情况不会持续很长时间，私人教练迟早会因为受不了而放弃。

紧迫感
2

失去商业机遇

私人教练们在经营管理上花费了太多时间，以至于客户们没有得到他们所期待的一对一服务。

当前的客户可能不会续签他们的会员卡，也不会向其他人推荐私人工作室。

在对所有的紧迫感来源进行研究之后，玛丽娜最终选择了两个：大多数私人教练所感到的动力缺失和失去的商业机遇。

	电子化病人数据	保证保险收入
淘汰	不相关——没有会被淘汰的东西	
政府监管	已经提上了政府部门的议程，但目前没有发布，所以并不紧迫。	政府资金削减使得这个故事变得更为重要，但这也不能算是紧迫的问题。
季节性	不相关，改变没有季节性。	
管理方向	说过他想看到改变，然而重要的改变是扩建和改造方案。这只是其中的一部分。	
新机遇（商务或技术上的）	拥有了标准化的数据后，就有可能对病人情况更好地进行分析。	不相关
失去的业务或机遇	病人记录的错误导致了对机构病人的错误治疗，而这在使用了新方法之后是不会发生的。	我们知道改变一天不实行，就意味着我们的收入会减少。
技术上的改变	使用信息移动设备是很重要的一部分，但并不紧迫。	自动化的数据基础和账单生成系统能够使这一切变得可能，但也不够紧迫。
社会或政治上的改变	对医院的期待是使用电子化病人记录。	公众期待医院能够维持良好的运营，并且能够及时地向保险公司开出账单。
最后期限	在改革方案进行中，使这些改变发生的时间，对我们来说十分有限。	

汤姆现在明白了，他需要为不同听众创建两个相关的故事。他从本章介绍的例子开始，来为他的两个故事找出合适的紧迫感。然而，他面临的问题是，很多种紧迫感都适用，但除了企业内部规定的最后截止期限，其他的紧迫感似乎并不是十分紧迫。

痛点链

克劳斯 –CEO

3 年的改革计划在资金方面控制得非常紧。由于保险索赔方面出现的错误而带来的损失相当于接下来 3 年我们必须节省的金额。

伯尔尼德 –COO

改进 IT 系统需要大量的资金，但是数据问题所造成的错误导致了医院的财务问题，损害了医院的声誉。

艾伦 – 财务总监

很难从当前的系统生成医疗保险公司的索赔表格。很多的索赔被质疑和拒绝。

卢克 – 病人数据主管

由于数据质量的问题，未能完成病人护理指标。然而医院的员工抱怨为改善数据质量花费了大量时间和精力。

护士

多次往不同的系统中录入病人数据很容易出现错误，而护士们要为此负责。

护士

需要记录数据的地方太多，致使在紧急情况下获取所需信息变得困难。

如果不能获得我们应该从保险公司获得的收入，那么正规改革就会受到威胁。每一个时期的索赔都会导致预算的减少。

医院的声誉取决于我们医护的质量。另一个重大问题可能会导致公开调查，从而严重损害医院里每一个人的名誉。

汤姆回到了痛点链，试图根据不同听众成员所感受到的不同痛点来营造紧迫感。汤姆把这些痛点总结为两个最有影响的核心问题：预算的减少和职业声誉的损害。

当心

按照这些步骤，确保你营造的紧迫感能够使观众相信。

不要用重点列表来结束你的演讲。通常的演讲在结尾的时候会附上一个为听众做的幻灯片，上面对演讲的重点做了总结。如果说你必须列出重点才能让听众理解你的信息，那么这很可能说明你故事的内容不够好。我们建议，你可以在幻灯片的最后唤起听众的紧迫感，然后用一句启发听众应该如何行动的话来结束。

强调听众将会从你的提议中获得什么好处。很多演讲的目的都是演讲者想从听众那里获得些什么，而这一意图在演讲中很有可能会被听众察觉。演讲者可能是在出售一款新产品或服务，而整个演讲都是关于产品的特性，以及听众将从中获得什么好处。然而，听众为什么要坐在下面听你演讲？如果你已经找出了他们的紧迫感，那么你就了解了他们的心理，并且你也有能力来吸引他们的注意力。所以，你的内容应该关注的是如何解决听众的问题，即使听众在故事的最初并不认为他们有任何需要解决的问题。

记住你不是听众。最后这一点也许可以从另一个角度来看。有些时候，一个故事的紧迫感是属于讲述者的，而和听众没有太大关系。故事讲述者有可能面临一个时间期限，或是他们的服务即将被淘汰。无论出于什么原因，如果听众不能体会到这一紧迫感的话，他们就不会觉得有立即做出决定的需要。

检查清单

- ☑ 找出自满和注意力分散的来源，找出如何解决它们的方法。
- ☑ 基于在 CAST 方法的第一步——“为什么”中所找出的内容，建立紧迫感。这样做能够确保整个可视化故事的一致性。
- ☑ 接受一个事实，那就是听众中的不同成员会感受到不同程度的紧迫感。不要假设他们所感受到的程度都是相同的。
- ☑ 紧迫感应该在可视化故事的开始阶段就描述出来，并且随着故事的进行一直持续。你故事中的紧迫感是否能够促使主人公采取行动呢？

制订确保演讲成功的讲述计划

讲述一个故事可以用 20 种不同的方法，关键是找到一个你认为最好的方法，然后坚持下去。

克林特·伊斯特伍德（Clint Eastwood）美国演员，导演，制片人

所谓计划，就是在现在研究未来，从而为未来做好准备。

阿兰·拉金（Alan Lakein），时间管理方面的畅销书作家

13

在很多商业领域似乎都有一种观点，那就是创建一个幻灯片，然后把它用到不同的场合。我们通常会见到，一个销售团队会有一个标准的幻灯片模板，他们只需要在每次做演示的时候，在每页幻灯片的一角换上新客户的名字和商标就可以了。这样的做法也在很多企业中存在，即同一个幻灯片模板被多次使用，不管座下的听众是谁。有些时候出于需要，不得不对演讲中的的信息小心加以审视，在这种情况下，使用幻灯片模板无疑是一种好的方法。然而，更多情况下，这种重复使用幻灯片模板的做法仅仅是因为演讲者认为使用同样的材料会更方便、效率更高。

一个娴熟的演讲者能够快速地修改幻灯片模板中的内容，去掉不相关的幻灯片，根据不同的听众来决定演讲中为每一页幻灯片花的时间。然而，用这种方式创造幻灯片，只是演讲者为了方便，它很可能忽略了不同听众的学习和做决定的方式。这种幻灯片中的内容通常只关注了一些普遍原因，而没有产生任何的紧迫感。

一个真正优秀的演讲者会走得更加深入。他会从一开始考虑听众的需求，根据听众来决定演讲的方式，并找出讲述故事的最好办法，从而达到预期的效果。优秀的演讲者会首先考虑听众的需求，然后把模板的内容进行修改，使之符合听众的要求。我们创建一个可视化故事是为了让听众做出决定，因此我们必须在演讲前制订一个讲述计划，计划中应该包含演讲的不同形式；有些时候，甚至要让听众参与故事的创建。每一次讲述，无论以是以何种形式，都应该是为某一特定听众群来设计的，其效果是让听众在做决定的道路上前进一步。

效率并不是重复使用核心情节的唯一原因。通过重复使用核心情节，人们能自然而然地把故事的不同部分和演讲的不同形式联系起来，从而保证了可视化故事的一致性。然而，每一次的讲述需要关注听众不同的学习和做决定的方式，以及听众的紧迫感，只有这样才能获得听众的支持。

这里有一个重要的概念，那就是为故事的讲述顺序来制订一个计划。你可能只需要讲述一个主要的幻灯片，但是请返回到第 8 章的权力图，你就会发现，你的听众是由不同的人群组成的，而这些人都需要不同的影响方式。一些人可能喜欢听演讲的同时手头能有一份提供了所有细节的讲义，而另一些人也许喜欢能够与演讲者有一定的交流互动，能参与到故事中来。若想获得听众的支持，你则需要理解听众的不同需求，并且在制订计划时想到如何处理这些不同的需求。

你永远都不会有第二次机会来给别人留下第一印象。所以做好计划吧。

在我的工作中，我曾经被要求找出一些商业问题的根本原因，并且提出解决的办法。有一次，我创建了一个可视化故事，来展示公司如何基于当下的问题中，在未来找到一个更加全面可行的解决方案。

当时的改变需要经过四个阶段。我在演讲中为每一个阶段都附上了一张交通工具的图片。第一阶段我用了一辆马车，之后是一辆早期的轿车，然后是一辆 20 世纪 60 年代的大众甲壳虫，最后是一辆现代的奢华轿车（公司高层们最喜爱的牌子）。当时我们对公司不同层次的员工进行了多次演讲。在每一个讲义、PPT 和视频中，我们都使用了这同样的四张图片。这是一种非常有效的方法，能够把不同的演讲整合到一起，来讲述这四个阶段。我们到现在还把改变的阶段称为“T 模型阶段”和“大众汽车阶段”。

考虑听众做决定的时间

在第 9 章中，我们介绍了听众的学习和做决定的方式，而这不仅对可视化故事内容的结构有很大影响，同时也会影响你讲故事的方式。在你计划如何讲述时，还有一个需要考虑的问题，那就是要知道听众需要花多少时间才能做出一个决定。

下面这三个步骤在你考虑讲述计划时也许会有帮助：

1. 包含必要信息来确保听众理解你的提议是什么；
2. 故事内容的结构能够让听众很好地接受你传递的信息，最终做出决定；
3. 讲故事的方式要能够说服听众快速地做出决定。

要想完成第三步，你必须理解为什么你的听众不会立即做出决定，而这也是我们建议大家创建一个讲述计划的主要原因之一。有四个因素会影响听众做出决定所花的时间，它们分别是：直觉、重复、时间和重新评估。

直觉。有一些人会很快下结论然后做出决定。尽管这看上去有些鲁莽，然而这种决定通常是基于个人的经验或假设做出的，不需要大量的信息。在这里，如果你想避免听众产生任何错误的假设，你就需要了解听众的经历，才能使他们清楚地理解故事的背景。

重复。有些人只有在多次听到或看到同一个论点或证据的时候才会做出决定。但这并不代表他们只是简单地需要反复听同一个故事。他们可能会需要先聆听一个演讲，然后从另一个同事那里听到这个故事，接着自己私下里审阅这些资料，然后在白板上与其他人讨论所有的可能性。对于这一类的听众，你的演讲形式就要多样化，甚至可以考虑一下更换演讲的地点和听众，这样做也许可以取得更好的效果。

在我职业生涯的早期，我负责撰写项目计划书。这些计划书通常需要提供给董事会审批。有些时候，我会提供大量信息，却很少能够在第一次就得到批准。有些时候，我需要反复提交三次才能通过。然而事实是，这三次重新提交的计划书几乎没有什么改动。很多时候我会听到一些来自董事会的反馈，比如“向那些股东们灌输一下”，“进行一下测试，看看谁会对此比较满意”，“分析的时候注重其他的选择”，等等。如果你也曾在大型企业中工作，你可能也听到过这些话。我非常幸运，当时有一个经理把我拽到一边，告诉我董事会中的两个重要决策人总是需要一定的时间来考虑那些不是由他们自己提出的项目计划。他建议我提前一个星期就将报告拿给他们看，然后在董事会集体审阅之前先和他们会谈一次，那么等到董事决策会上时，这两个人已经是第三遍审阅了，这样一来你的计划被通过的概率就会大大提高。我听取了他的建议，从那以后，我的计划书几乎每次都很顺利地通过了。

时间。有些人做决定往往只是需要更多的时间。如果你盲目地催促他们，很可能会很快得到一个否定的答案。但这并不是说你把故事讲完后等待他们做决定就好了，你需要思考如何向他们呈现故事的内容，并且不断提醒他们故事的内容。随着时间的流逝，这类听众会对你的故事越来越熟悉，也因此会最终做出决定。

重新评估。有些人永远都不会完全地做出决定。他们做完决定以后，会继续对决定进行重新评估，如果当前的局势有变或者被另一个人影响的话，他们很可能会改变主意。

有很多研究都对有多少人属于某种类型提供了数据，但我们不会在这里只是简单地重复这些研究结果，毕竟这些数据并不能从根本上帮助我们让听众最终做出决定。

让听众中的关键决策人在第一次听完故事就接受你的决定，这不太可能。通常来讲，你需要不断重复，并且给予听众大量的思考时间，才能使半数的听众做出决定，这一点很重要，在你一开始做计划时要把这一点考虑进去。

根据听众的规模做计划

你的故事将要影响多少人？一个人？一个公司？还是一个国家？在第 8 章，我们介绍了如何把 CAST 方法用在不同规模的听众上。听众的规模决定了你使用的方法和策略，而这不仅仅是出于对你要和听众互动所花费的时间上的考量。

个人故事通常会对听众和他们的行为产生非常强烈的影响。针对这种故事，讲述计划也应该需要针对不同的听众群体而变得更加个性化。举例来看，如果一个可视化故事的目的是要帮助人们提高客户服务的质量，那么你可以加入一个强有力的语句（如果你之前没有听说过，我们会在下一页解释什么叫做“强有力的语句”）来帮助他们记住要传递的信息，或用一个电梯演讲来解释他们为什么应该这样做，或在办公室悬挂一幅海报，或者用一个故事来让他们的同事给予持续的支持。

利益小组指的是有共同目的的一组成员。那些被用来影响一个利益小组的可视化故事通常会把小组中的每一个成员都当成是小组的领导，而故事也要基于这些共同的目的来发展。如果小组中的一些成员接受了故事，那么其他人也会更容易接受。小组中其他人对这个故事的接受与否，比获得权威专家的支持更重要。针对这一人群的讲述计划应该更加注重社会接受度，并且最好能够给予听众一些时间让他们来分享自己的故事和观点。

与利益小组不同的是，针对**商业和政府机构**的演讲的讲述计划通常会考虑决策人的显性和隐性的权利，而这一决策人通常会是听众中的高级经理或总监之类的人物。因此，若想得到关键决策人的支持，其中至关重要的一点就是要在企业的基层首先获得支持。针对企业的讲述计划通常会涉及一系列的会议或幻灯片演示，而这些演示就是为了最终的演讲。

无论你是在试图改变一个国家，还是整个**世界**，你的听众很可能是以上三种的综合。你可能会需要影响一个人来作出改变，来为利益小组特提供足够的动力；你可能不得不说服一个国家或全球的领导，告诉他们改变的必要性，而这些人通常需要先看到民众大规模的政治诉求，要求政府作出改变，然后才会考虑你的建议。这一类的演讲计划通常需要关注人们的认知程度，因此通常可以使用网络视频和社交媒体来提升人们的意识和关注度，从而在短时间内让听众的数量快速增加。

登录网站 http://wearewhatwedo.org，来看看这个非营利的、改变企业的行为是如何通过的。

一个名叫《科尼 2012》（*Kony 2012*）的 30 分钟视频让世人认识了一个乌干达的反政府武装头目。该视频仅在不到一周的时间，在 YouTube 上的观看次数就达到了 2 600 万，两个月后达到了 8 900 万。视频中涉及的问题早已存在，但是这部视频所讲的故事终于使人们意识到要解决这个问题。

鱼钩、鱼线和铅垂

对于不同规模的听众，有时可能需要讲述完整的故事，有时可能只介绍重点内容即可，有时可能需要直截了当地提问，还有些时候，可能会有意想不到的机会能快速地向观众中的某些人讲述故事。这可能发生在咖啡机旁，或是在参加活动的路上偶遇时，或是偶然被人邀请来谈谈你的想法。虽然这些情况的发生是不可能提前计划好的，但你依然可以事先做好准备。

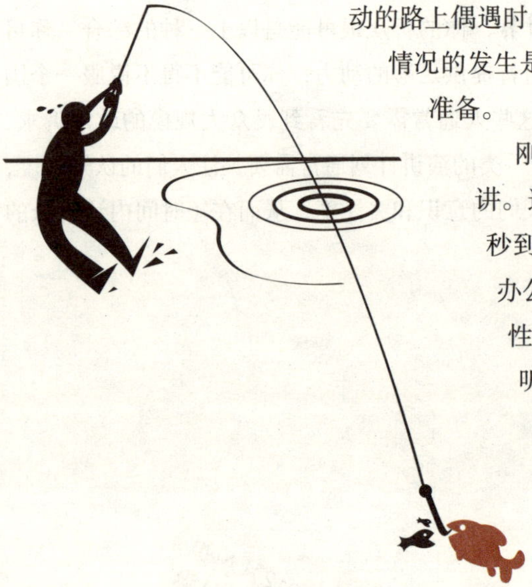

刚刚开始工作的时候，我们经常会做一些电梯演讲。这种演讲是一个非常短小的总结，通常只有 30 秒到 2 分钟的时间，时间仅够从一层到达高管们的办公室。这种总结式的演讲必须展现出故事的独特性，引起听者足够的兴趣，从而让他们有兴趣去聆听你的整个故事。

今天，随着 Twitter 的普及，人们也应该考虑一下如何用一条 140 字内的推文，将你想表达的信息传递出去。这听上去实在有些荒谬，到底能有多少故事只用 140 字就表达出来呢？最终的结果很可能就是一个新闻的剪辑片段，但它提起人们的兴趣，让他们点击一个链接，读完整个故事。这种 Twitter 长度的理念在当今的媒体和营销界十分常见，这种模式通常被称为“主题句”或是“强有力的话语”。这些简单、强有力的词语通常被用来传递一个关键的信息，并且可以应用到所有的讲述之中，从而保持一致性。这些就是能够抓住听众注意力的“鱼钩”（hook）。

在钓鱼术语中，sinker 指的是铅垂，目的是增加鱼钩的重量，让其下沉到水中适当的深度。我们可以把这个比方用在可视化故事的讲述过程中。你若想抓住听众的注意力，就必须要通过思考紧迫感、细节的使用，想出一个能够感染听众的语句，这个语句就是可视化故事中的“鱼钩”。

有了鱼钩之后，接着就该准备鱼线了。“鱼线”指的是用不同的形式讲述故事时所遵循的顺序。在你制订你的讲述计划时，想一想你想要让你的鱼钩成什么样子，与此同时还要在不同形式的演讲中确保鱼钩的一致。

案例：如何制订一个演讲计划

在接下来的几页中，我们会使用城市大学医院的例子来展示如何制订一个讲述计划。

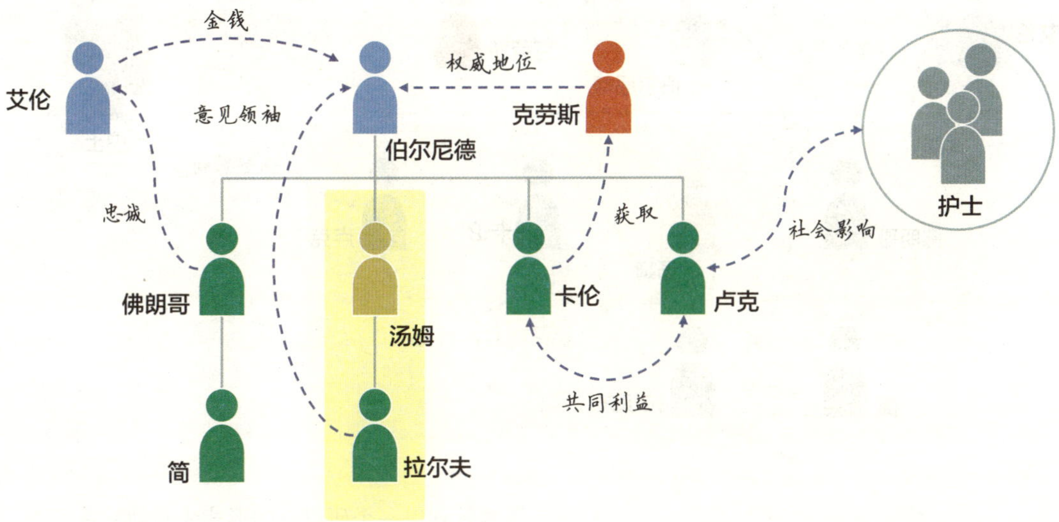

第 1 步

汤姆打算以拉尔夫作为整个过程的开始，因为拉尔夫能够给伯尔尼德——关键决策人，提供关于想法的第一感受，并且建议他进行之后的会谈。从拉尔夫的专业能力、过往关系和他的职位来看，拉尔夫是一个关键影响者。对于汤姆来说，首次的讲述将成为是否能够获取拉尔夫的支持的关键。如果得到了拉尔夫的认可，那么汤姆就可能获得其他人的反馈和支持。

> **小贴士：**
>
> 在故事的开始把意见领袖和受人尊敬的专家囊括进来，从而利用他们的个人关系赢得听众的信任。

拉尔夫之所以能成为意见领袖，是因为医院里的高层管理者们都对他尊敬有加，并且他和医院里的很多人保持着良好的人际关系。然而，拉尔夫并不是一个创新者。意见领袖和创新者之间的区别在获得他人支持时能显现出来。在很多情况下，创新者可能会很早地支持一个新的改变。然而，企业中的其他人可能会对创新者有负面的看法，将他视为一个冒险者，并很可能让人们觉得他不尊重当前的工作方式。所以选择一个意见领袖而不是一个创新者，能够使汤姆获得当前领导团队更多的信任。

> 意见领袖 = 受人尊敬 + 良好人脉（必须两者兼备）

第 2 步

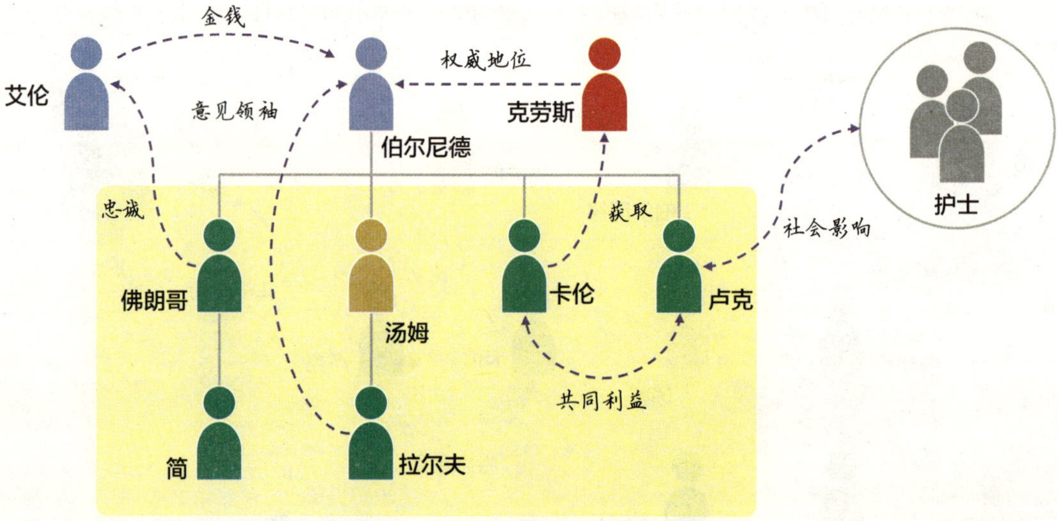

汤姆计划以一个研讨会的形式先对他的首要听众们做一个演讲。研讨会上，他会先大致讲述故事的内容，然后询问大家的看法和感受。这将是汤姆第一次将故事讲给听众，而听众是那些通常需要一定时间才会做决定的人。汤姆并不期望在首次演讲之后就获得支持，而是希望能够得到听众的反馈，从而了解他们对故事的真实感受。

> **小贴士：**
>
> 每一个人都有自己的故事。花点时间来听听他们的故事，和你的听众见个面，问问他们的经历，然后在你的可视化故事中加入这些听众们的个人经历。

使用一些没怎么加工过的内容能够让听众明白，他们可以对故事作出贡献，甚至是参与到故事的创建中来。汤姆决定不在这一阶段去获得人们的支持，这样做可以避免一些能够影响其他人决定的负面观点的出现。

一个好的故事讲述者拥有的最关键的技巧是学会聆听听众的反馈，并且把听到的内容融汇到故事中去。在第 8 章，我们论述了了解听众的背景，把可视化故事建立在与听众的共同经历上的重要性。所以，不要把讲故事看作是一种单向的交流。讲述计划中，汤姆打算使用对话的形式。

> **小贴士：**
>
> 故事能够激发听众们积极的或消极的情感和观点，而这些都是和他们以往的经历紧密相关的。使用这一点，让你的故事引起听众积极正面的联想，或者是让一个你不想看到的情况产生消极负面的联想。

在对话中，他会测试一些想法，从而把可视化故事和听众曾面临并且克服的挑战联系起来。

汤姆需要准备几个不同的选择，每一个选择能够和不同类型的听众的个人经历相匹配。当讲到第一个选择时，汤姆会停下来询问听众是否有过相似的经历。如果听众中没有肯定的回答，那么他可以询问其他的经历，让后面的故事以此为基础来发展。

第 3 步

只有让医院中的护士们理解并支持汤姆提议的改革，汤姆的计划才能有效地实施。所以，可视

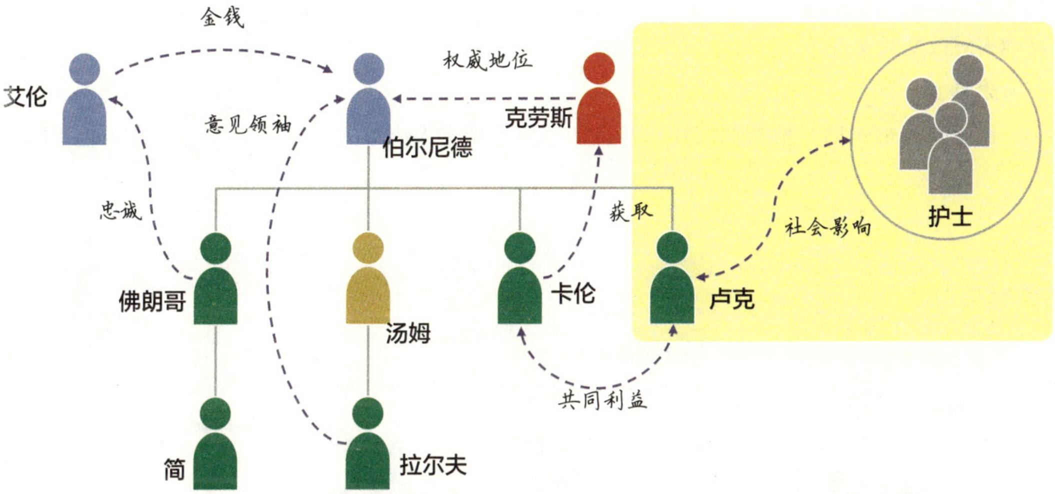

化故事的第 3 步就是向护士们做演讲。为了达到这个目的，汤姆向卢克寻求帮助，请他帮忙协调护士团队，从而能够让汤姆与护士们分享他的故事。

> **小贴士：**
>
> 当听众是一群彼此十分熟悉的群体时，社会证据就显得格外重要（护士们不光在医院里扮演同样的角色，她们往往也有相同的学历背景和选择这个职业的相同理由）。这是利益小组中的一种常见的互相影响的情况。

卢克作为病人数据管理者，是管理团队的一员。整个改变会对卢克有益，并且他也可以向护士们解释这一改变会给她们带来的好处。由于医院实行倒班制度，因此想一次性给所有的护士们做演讲不太现实。而让卢克安排所有的护士们轮番听完演讲，则至少要花费两周的时间。因此，卢克决定先让所有的高级护士们作为听众，之后让她们把演讲的内容传递下去。

汤姆决定创建一个一页纸海报式的讲稿，让卢克发给所有的高级护士，之后她们也可以把讲稿传递给各自的护士团队。这个讲稿将用一种特殊的形式呈现可视化故事，把关注点放在护士的角色以及涉及她们的有关病人数据方面的活动。

来自护士的支持能够让卢克相信故事的可行性，并且也能够向高级管理层表明，改变是可以成功地实施的。护士团队是一个很好的例子，从中我们可以看出社会证据的重要性。护士们彼此之间会参考同事的反应，从而决定自己是否支持改革计划。所以，一旦有了一定人数的支持，就会有更多的人跟随她们的脚步，一起来支持改革计划。在对护士们的演讲中，应该强调一下那些已经支持改变的人，从而加速其他人对改变的支持。

小贴士：

有些时候，呈现可视化故事的最好办法是，拿一个能够从改变中受益的人作为例子，来向听众说明改变能够带来的好处。

第 4 步

汤姆知道伯尔尼德是新官上任，并且知道他在做重大决策之前一定会询问克劳斯的意见。

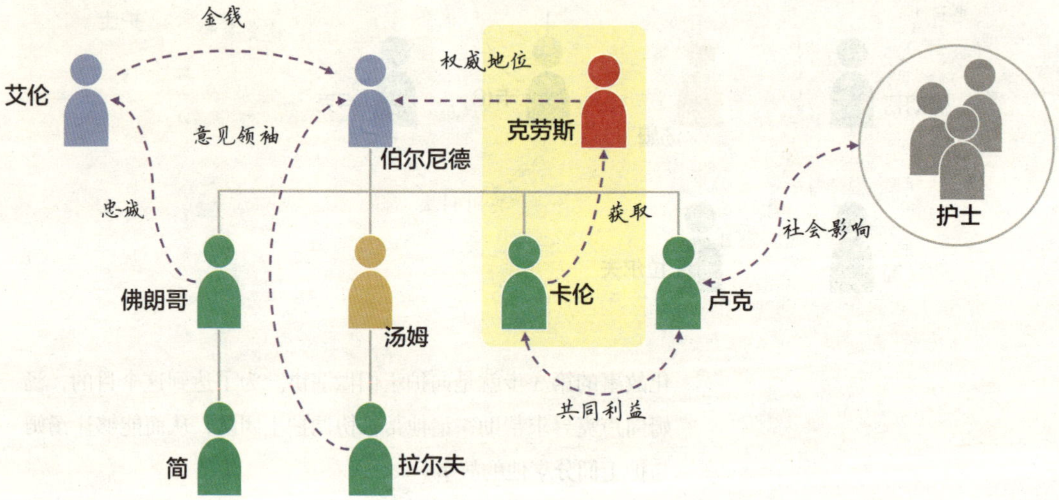

小贴士：

人们通常会跟随权威人士的决定而做决定。因此，首先你必须要找出权威人士是谁。在一个企业中，位高权重的人很容易找出。如果作为故事讲述者的你是故事主题方面的专家，那么你应该考虑是否应该向听众展示一下你在该领域有说服力的资质。在某些情况下，可能只需穿着正式，言行得体即可；但在有些情况下，你可能会需要展现你的经历或获得的学位证书。如果权威人士不方便直接认可或支持你的故事，那么最好能够确保权威人士不反对你的观点，然后把做决定的权利留给其他人。

如果克劳斯能够支持这个故事，那么伯尔尼德将会愿意听故事。卡伦在转到现在的岗位之前，有两年的时间一直是克劳斯的下属，且定期向他汇报工作，因此她和克劳斯建立了良好的关系。汤姆计划和卡伦见一面，听听她对演讲第 2 步的看法，并问问她能否和克劳斯见面，把这个可视化故事介绍给他。

汤姆和卡伦都知道，克劳斯喜欢通过白板上“如果……会怎么样”的模式来了解新想法，并且会在他确定这些想法能够影响医院中其他人的时候，才会做出决定。汤姆给了卡伦一份他在第 3 步中对护士做演讲的讲稿，这样卡伦就可以在白板上把故事的关键部分呈现出来，然后让克劳斯明白护士们是如何被影响的。

小贴士：

人们更容易受被他们认识的人和喜爱的人影响。影响一个人受欢迎程度的因素之一就是——持续的积极联系，而这一点正是卡伦和克劳斯关系的基础。专业的销售人员通常会用夸奖的方式和找出彼此之间相同点的方式来和听众套近乎。但是，这个技巧如果使用得过于明显，可能会起到相反的效果。但如果你能够小心地使用，那么这个方法确实能够减少听众的负面看法。

小贴士：

寻求汇报是常见的影响他人的技巧之一。我们每天都会在广告和交易中感受到这一技巧。当你收到一封带有免费礼品的邮件，或是在餐馆用餐时收到赠送的薄荷巧克力时，那个赠送礼品的人实际上是希望通过这一举动能够得到回报，而这种做法通常来说都很成功。成功的营销人员会经常使用这个技巧，给客户提供一些小礼品，然后寻求回报。世界上各个国家的人从小就对此有所体验，并且也自然而然地学会了寻求回报的规则。当然，我们并不建议大家在给予的时候总是盼望能够获得回报和好处，但不得不说，你若想从他人那里得到任何东西，首先你需要给予对方一些东西。

第 5 步

如果财务总监艾伦能够提供支持的话，伯尔尼德就更有可能做出对汤姆有利的决定。佛朗哥已经在医院工作了很多年，在此期间，他为艾伦做了很多项目，而艾伦则以他对预算和提案中细节的严谨态度出名。当伯尔尼德升迁的时候，佛朗哥获得了艾伦的支持，得到了他现在的职位。

汤姆花了一些时间帮助佛朗哥尽快适应现在的职位，因此汤姆想以此为理由，让佛朗哥帮助他获得艾伦的支持。

有些时候你必须强迫他人做决定，有些时候你需要把这个计划介绍给新的听众，有些时候你应该在快要讲到结论的时候停下来，告诉听众这就是我们当前的情况，让我们一起来研究该如何走出困境。所以，不要想当然地以为所有故事的结尾都是一样的，但所有的故事都应该以呼吁大家行动起来作为结尾。

艾伦是一个典型的分析型决策人。汤姆的计划是，确保佛朗哥能够有效地传达他的可视化故事。汤姆也会给佛朗哥一些背景材料和分析，让佛朗哥能够提供给艾伦。在佛朗哥讲述完之后，他会要求艾伦审阅相关资料，然后参加在第 6 步的主要演讲。

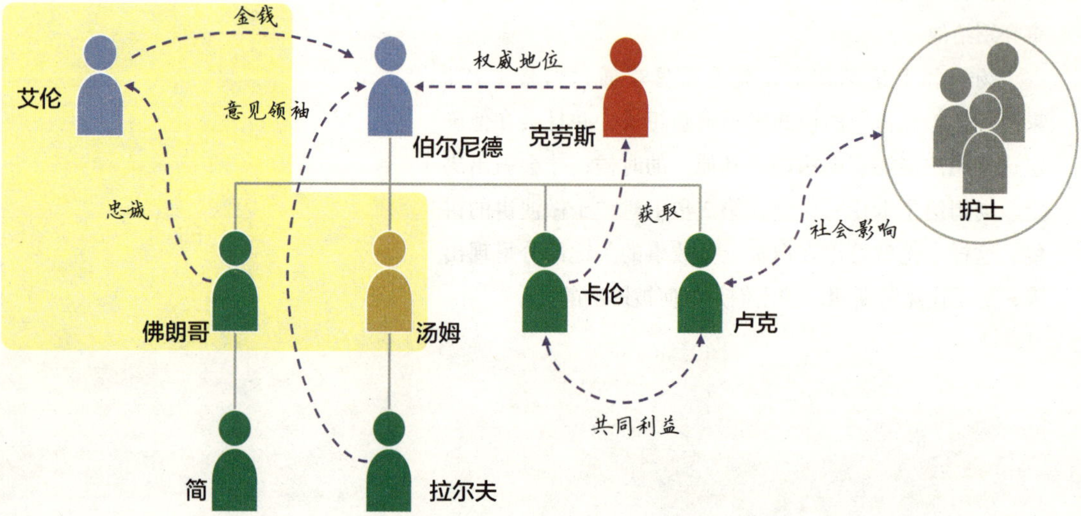

第 6 步

这是汤姆计划中的最后一步。所有的关键决策人和首要听众都会来聆听可视化故事然后一起讨论汤姆的提议，其讨论的目的是做出最终的决定。汤姆计划整个演讲的周期为两周，在最后一次演讲时，大部分的观众在 10 天前已经听到了汤姆的第一次演讲。

> **小贴士：**
>
> 你肯定不希望当你讲完故事之后，听众仅仅是报以礼貌的掌声，或是长时间的喝彩，虽然这会使你感觉良好，但你真正希望的是演讲的最后，听众采取了你希望他们采取的行动。在你进行每一次的讲述前，应该问自己一个最重要的问题：我希望听众怎样做？

届时，伯尔尼德已经从拉尔夫处得知了这个故事的内容，并且听说克劳斯对提议持支持态度。艾伦将从佛朗哥那里得到一个私人演讲，并且花时间审阅了相关材料，所以现在已经是他第三次聆听这个故事了。佛朗哥、卡伦和卢克在这之前已经向他人复述了故事，也已经对故事表示支持。汤姆计划由自己作为可视化故事的主讲人，但也会邀请一些高级护士，让她们讲一讲这个改变将如何影响她们的工作。汤姆还会在演讲中向听众分发他之前为护士们制作的海报。

经过这么长的时间，这么多次反复的演讲之后，汤姆的故事现在应该已经可以得到听众的支持了，尤其是他的演讲经历了六个步骤，每一个步骤都针对不同类型、不同风格的人群来制定。汤姆还计划在最后的演讲中感谢佛朗哥、卡伦、拉尔夫和卢克在过去两周里给予他的支持，从而让听众中的其他成员了解他们对故事持支持态度。

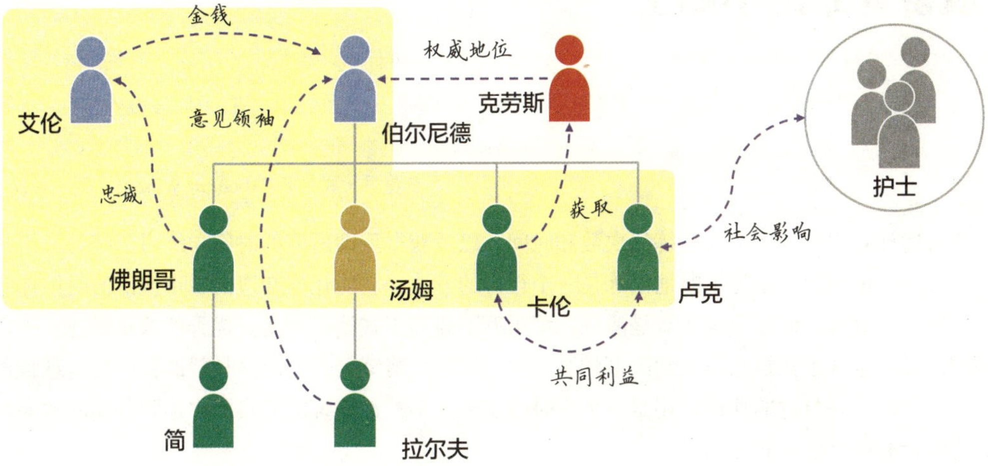

小贴士：

当人们觉得一个新的提议与当前或近期他们一直支持的项目或观点一致的话，那么他们就会更容易被影响并且接受这个新的提议。如果听众的支持是来自他们自由意志的选择，而不是被逼迫的话，那么这种支持起到的效果将更大。通常来讲，人们倾向于接受和以往的决定和行为相一致的观点，你可以利用这一点来更有效地影响听众。

以前，我经常在做完演讲之后，把演讲的内容用邮发件给听众。在学习 CAST 方法的技巧时，我曾试着把演讲的幻灯片打印出来，然后在演讲后分发给听众。然而，幻灯片的讲义通常仅仅是停留在了听众的桌上，没有人会真的仔细浏览。于是，我决定改变这种状况，创建一个一页纸的演讲总结。当我把这个一页纸的可视化故事总结发给大家之后，确实产生了不一样的效果。这个总结的作用不仅限于能够让听众记住我讲过的内容，我还发现很多人会把它贴在办公室的墙上。一个一直出现在你面前的图像，比桌上一沓无人翻看的纸，更能够提醒人们记住故事的内容。

关于演讲计划的小贴士

如果我被要求进行一个 10 分钟的演讲，我需要一周的时间来准备；如果是 15 分钟的演讲，那么我需要 3 天；如果是半小时的演讲，我需要两天；如果是一小时的演讲，那么我不需要准备，马上就可以进行。

伍德罗·威尔逊 (Woodrow Wilson)，美国第 28 位总统

在你的讲述计划中应该要考虑演练的次数和时间，以及获得反馈所需的时间。练习、练习、不断地练习，然后把你的笔记扔掉。事先不断地演练是一个很好的方法，它能让你知道到真正演讲的时候你应该说什么、如何表现，等等。但是演练毕竟是演练，可千万不要和正式演讲混淆。优秀的故事讲述者不仅是善于背台词的演员，也善于让自己投入到故事的讲述中。所以，演练的目的应该是帮助你更好地理解可视化故事的内容。无论是一分钟的演讲，还是一个小时的演讲，不断地演练能够帮助你达到预期的效果，使你的故事成为听众们难以忘怀的记忆。

听众很容易觉得一个演讲无聊。好的讲述者不会让听众失去对演讲的兴趣。好好地计划一下你演讲的顺序，你故事中事件的顺序，确保在每十分钟内出现一些新信息，从而牢牢抓住听众的注意力。这意味着，你的演讲要在理论、实践、实例中不断转换，其形式也可能从图片转换到视频，等等。总之，要竭尽全力抓住听众的注意力。

有些故事的内容是不受时间限制的。然而，我们所描述的可视化故事很可能是有时间限制的，而且只有在特定的背景下讲述才有意义。你可能不理解为什么一些事例多次被作为范例引用，即使它们看上去和当前的情况没有任何关系。但仅仅是出于这个原因这些例子就变得没有价值了吗？不会。一个能够让听众做出决定的可视化故事就是最有价值的故事。

罗伯特·西奥迪尼（Robert Cialdini）是著名的心理学教授，也是《影响力》（*Influence: Science and Practice*）一书的作者。他和他的团队曾花了几年的时间向人们介绍说服他人的技巧。西奥迪尼找出了成功影响他人的六个原则，在城市医院大学的例子里我们已经向大家介绍了好几个了。

互惠。人们得到好处后会赠与对方好处。

支持和一致性。当人们支持一个决定时，他们未来的行动更有可能会和决定一致。

社会性证据。人们会看其他人如何做，然后觉得自己该如何做。

权威。人们会跟随权威人士的决定。

喜爱。人们更容易被他们所喜爱的人影响。

稀缺。稀缺的东西能够增加需求。

帮助他人做决定要比改变他人的决定容易得多。确保你做到了前者。

当你传达一个可视化故事时，要经常思考如何有机会重述它，如果有这种需要，你最好得到一个承诺。

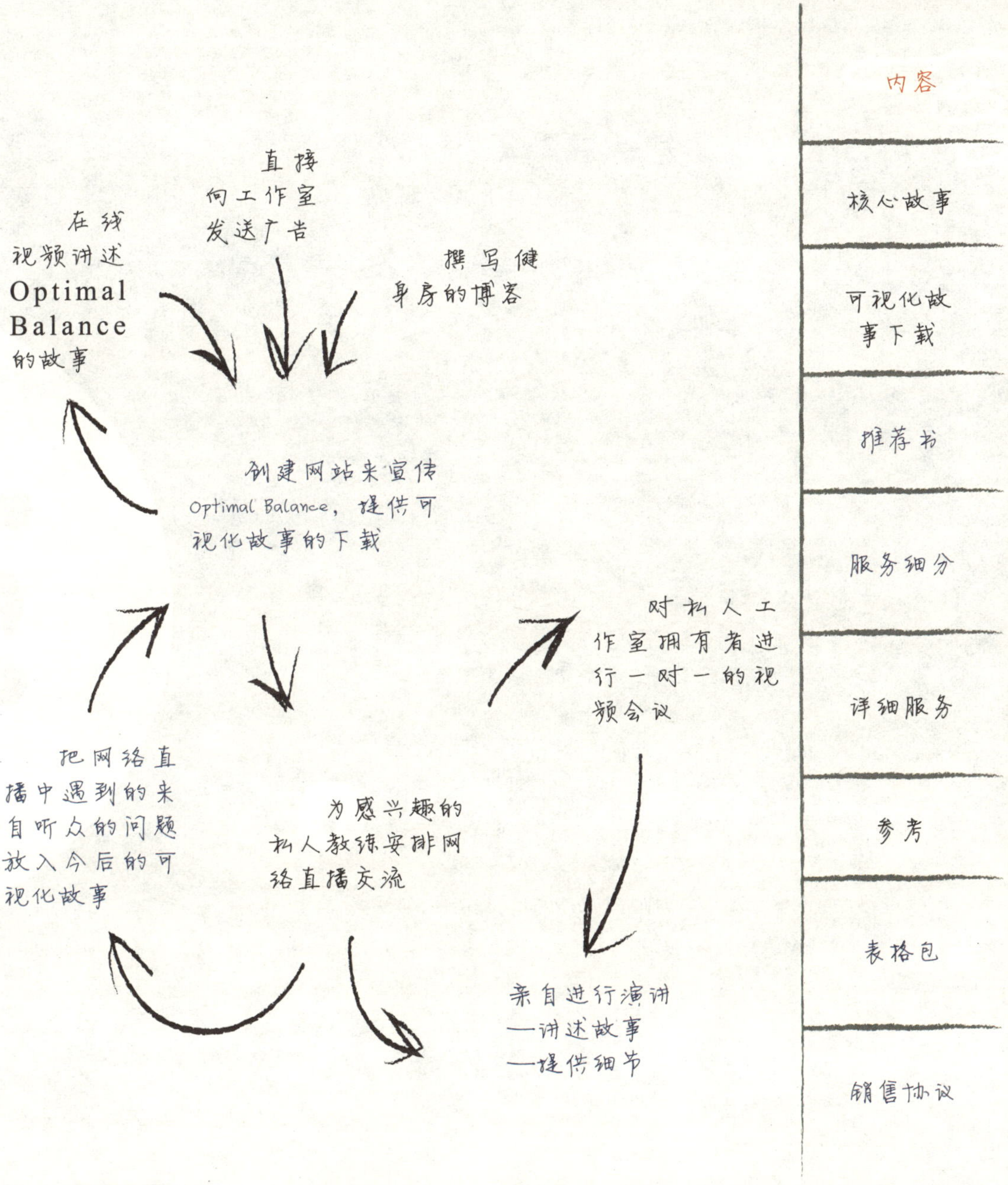

玛丽娜让她的丈夫尼克也加入进来，共同策划他们应该如何向私人教练们重复这个故事。他们把能够想到的一些与听众的在线活动和亲自见面的活动写在白板上，其主要内容包括核心故事，可视化故事的下载，以及一个他们需要制作的补充文件的清单。

当心

按照这些步骤，确保你制订了一个能够使演讲成功的讲述计划。

① **明确要点**。听众很少能够在听完一个演讲或故事后，记住除了要点以外的其他内容。在每一次讲述的结尾，你需要再次强调了故事的重点，寻求听众的支持，呼吁听众做出决定，然后再继续讲述下一个故事。

① **保持简短才能抓住听众的注意力**。如果你的演讲时长为一小时，那么你可以试着把这个演讲分割成 3 个 20 分钟的演讲，每一个部分之间可以稍作停顿。你会发现，在每一个部分的开始时，人们的注意力又再一次高度集中，因为人们会把每一部分的结尾都当作是最后的总结性话语。

① **保持故事的一致性**。你的演讲中可能会使用各种不同的演讲形式和讲述方法，因此很可能你的故事也会随之不断变化。因此，要对确保你故事的一致性格外小心，否则听众获得的信息有可能和你想传达的信息不一样。无论用什么样的讲述方式，无论你的演讲中会使用何种形式，你的故事从始至终应该保持一致，这样听众才有可能支持你的故事。

- ☑ 制订一个针对听众的讲述计划，重点关注那些关键决策人。
- ☑ 在你的讲述计划中考虑不同的学习和做决定的方式。
- ☑ 了解、接近、解决那些做决定的听众。如果不能够直接接触到决策人，那么你可以考虑让其他人帮助你把故事介绍给他们。
- ☑ 考虑用不同的形式和不同的演讲风格来讲述可视化故事，如在每一部分的讲述中，针对不同的听众制造不同的紧迫感。
- ☑ 计划需要重复故事的次数，从而获取支持。
- ☑ 一个糟糕的讲述者可能会毁掉一个很好的故事。要慎重决定到底由谁来讲述故事最合适，并要让讲述者知道如何以最好的方式呈现故事。

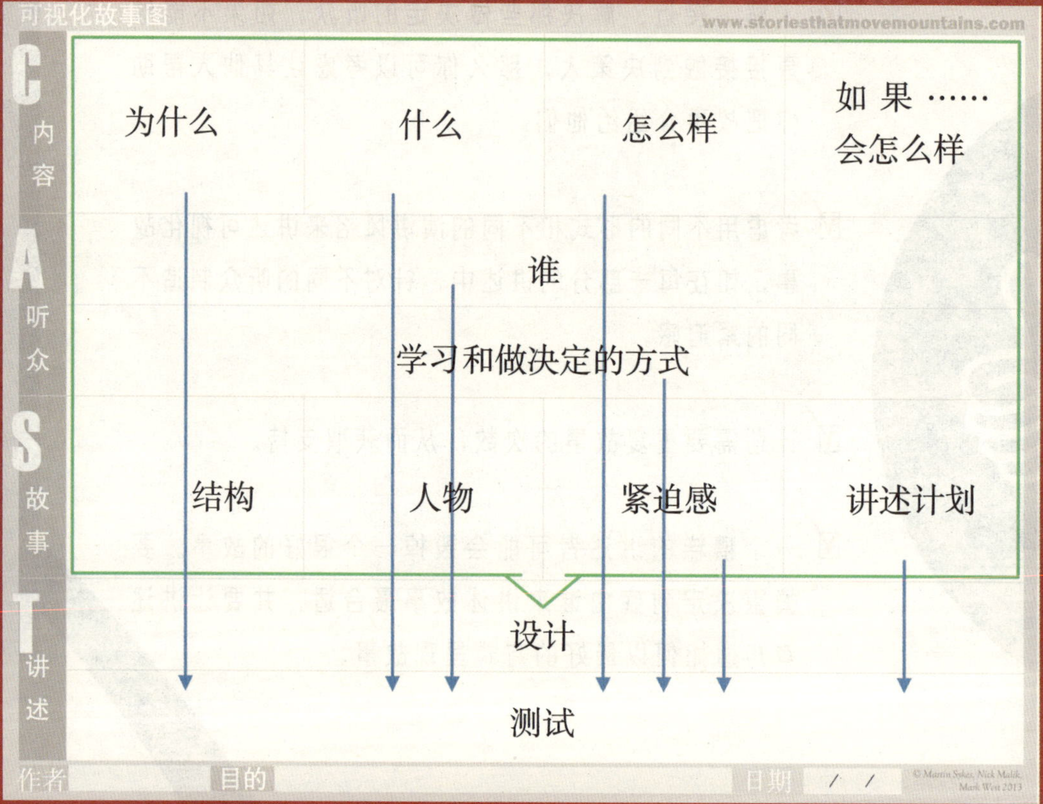
可视化故事图
www.storiesthatmovemountains.com
C
内容
A
听众
S
故事
T
讲述
为什么
什么
怎么样
如果……
会怎么样
谁
学习和做决定的方式
结构
人物
紧迫感
讲述计划
设计
测试
作者
目的
日期 / /
© Martin Sykes, Nick Malik, Mark West 2013

讲述

让故事“动”起来——将故事可视化的方法

图表垃圾指的是一张图表中没有任何实在意义且会分散听众注意力的元素，如过分夸张的颜色、俗气的剪贴画、一般性的装饰、虚假的维度，等等。

爱德华·塔夫特，信息设计方面的作家，统计学家，耶鲁大学政治学、统计学和计算机科学名誉教授

让阴影去死吧！真希望那些软件工具和预先设定的效果对概念、想法、数据以及……信息只起辅助作用。

马克·D·韦斯特

每一块砖石里都有一尊雕塑，而雕塑家的任务就是去发现它。

米开朗基罗，意大利文艺复兴时期雕塑家、画家和建筑师

14

可视化故事设计流程

现在是时候着手把内容转化为可视化故事了。正如可视化故事图中的箭头所示，我们已完成的所有步骤最终都是为了故事的设计。在这一章节，我们会向大家展示如何创建图像，把不同的图像完美地结合起来，让你的设计可以适用于不同的演讲形式，且能够让听众很容易就能理解。在之前的几章里，我们要求你关注最关键的元素。在这一章，你需要明确一点，可视化故事中的每一条线，每一种颜色，所选择的每一个词都需要精心准备，而你所选择的任何元素都应该有目的性地帮助听众理解整个故事。

今天，一个没有太多特效的约两小时的电影成本要上千万美元。一个没有大牌演员或编剧的低成本真人秀电视节目一集的造价大约是 5 万美元。为了抓住观众的注意力 1~2 个小时，他们需要很高的成本。今天大多数的商业演讲都有最低预算，而这些演讲却面临同样的挑战。所以，你该怎么做才能在 30 分钟 ~60 分钟的时间抓住听众的注意力呢？

我们曾多次提到乔布斯。乔布斯在演讲中经常使用主人公和坏人、让人印象深刻的图像和绝好的故事情节，这使他成为了演讲艺术大师。像乔布斯这样的演讲者深知，人们会非常容易觉得无聊。他的演讲会使用不同的形式，分别刺激听众的左右脑来引起兴趣。无论你是设计一张海报、一张幻灯片还是一个白板上的讨论，都应该考虑一下有多少种不同的方式能够让你的故事变得丰富多彩。我们在此假设你已经有了很好的故事内容，并且你在演讲方式上没有任何的限制。

请不要试图一边阅读本章一边开始设计。我们建议你先好好地把本章的内容读一遍。除非你是一个设计师，否则的话，我们建议你通读两遍之后再开始你的设计。

为了让大家更容易理解，我们把设计的过程分为了以下五个步骤。

1. **形式**。可视化故事可以用不同的形式来呈现，可以是一张海报，一个一页纸的图片，一张幻灯片，一个视频，或是其他的形式。我们在此只关注一页纸的图片这种形式，因为这是其他形式的基础。当然你也可以选择其他任何适合你的讲述计划的演讲形式。

2. **构思**。构思的过程就是把一页白纸填满可以被评估、编辑和筛选内容的过程。你会产生很多想法，然后把它们放在一起看看哪一个想法最好。

3. **构图**。一张纸的构图意味着需要考虑要包含哪些内容，去掉哪些内容，从而最有效地传递你的信息。当然，图像上没有包含的内容可能仍然和故事相关。每一种形式都有它的局限性，也就是说有些信息需要包含在内，而另一些信息必须去掉。然而，没有被包含在内的信息并不意味着在故事中不会出现，出现与否由你选择的演讲形式来决定。

4. **内容编码**。从某种程度来说，任何的标志、颜色都会有一定的内在含义。你的选择有可能在潜意识中影响听众做出一个决定，或是阻碍了听众接受你的信息。

5. **撰写**。可视化故事可并不仅仅是一些图片。无论哪种形式的演讲，你都需要选择适当的文字来搭配图片。你要决定哪些信息需要用语言说出来，哪些信息需要用文字写出来。

大多数人只会在意最终的版本（但你也应该为你的初稿感到自豪——初稿是必不可少的）。最终的定稿毕竟是我们希望让听众看到的版本。听众是不会看到之前为了达成终稿所做的所有努力的，但它却是必不可少的。最终你会看到努力产生的效果。每天我们都会看到大量设计精美的图像，但这些设计往往缺乏经过思考后的信息。当发现一个故事既有精美的图像，又有经过认真思考后所呈现的内容时，听众的反应一定会更加强烈。

这一章就是关于故事中的图像元素的。在某些情况下，你可以聘用一个设计师来完成这一步骤。不要觉得这样做有什么不妥，但请确保你提供给设计师的是一个完整的故事，而不是一打未经加工过的资料！所有的资料和数据最终都应该转化为能够让听众中的决策人采取行动的信息。

马克

作为一个设计师，令我印象最深刻的经历就是从头开始设计这本书。让一个故事看上去“漂亮”是一回事，让故事能够更加深刻，并通过图像更加清楚地让人们理解又是另一回事。就算是到了这一阶段，你仍然可以通过使用图像来交流你的想法，从而让你的故事变得更好。为什么你的故事会更令人印象深刻？因为你故事中的图像起到了关键作用，确保你的听众会关心你传达的信息。

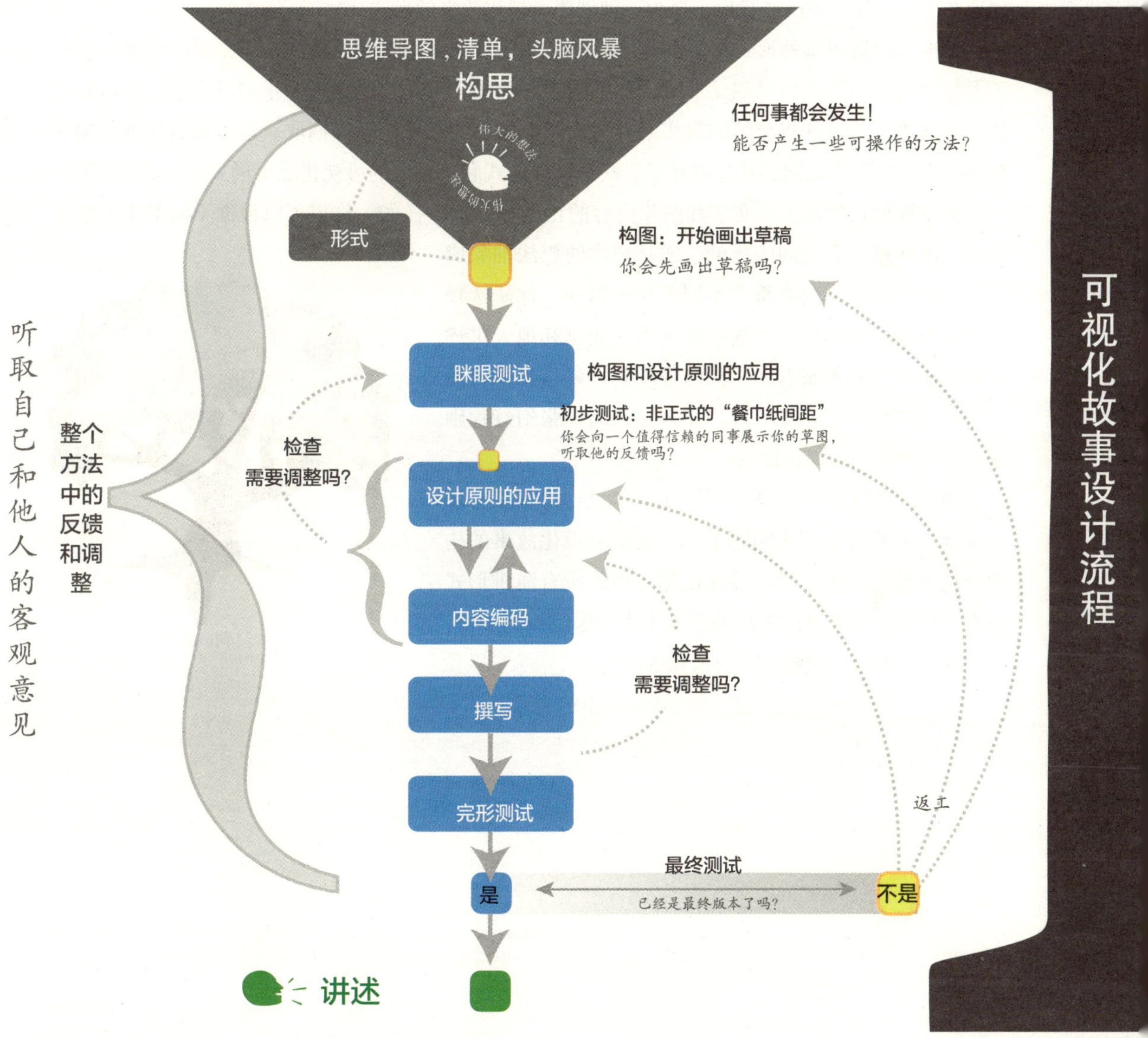
思维导图，清单，头脑风暴
构思
伟大的想法
伟大的想法
任何事都会发生！
能否产生一些可操作的方法？
形式
构图：开始画出草稿
你会先画出草稿吗？
可视化故事设计流程
听取自己和他人的客观意见
整个方法中的反馈和调整
眯眼测试
构图和设计原则的应用
初步测试：非正式的“餐巾纸间距”
你会向一个值得信赖的同事展示你的草图，听取他的反馈吗？
检查
需要调整吗？
设计原则的应用
内容编码
检查
需要调整吗？
撰写
完形测试
返工
最终测试
是
不是
已经是最终版本了吗？
讲述

选择可视化故事的呈现形式

你可以用不同的形式来呈现一个可视化故事。我们在第 13 章的讲述计划中探讨过这一问题。到现在为止，你应该已经找出了至少一种创建可视化故事的形式。

无论你最终用哪种形式来呈现你的故事——你可能会用多种形式，在一开始的时候，你一定要创建一个一页纸的可视化故事，把不同的图像和文字简洁地放入一张幻灯片中。你可以把这一页纸当成是一棵将会结满果实的大树，树上的果实你可以随时摘取。在本页右图的表格中提供了不同的形式类别，并且解释了这些不同的形式和一页纸的可视化故事形式的关联在哪里。

每一种形式的语言、文字和图片内容的比例都是不一样的。你也可以根据不同类型的故事内容，改变这三者之间的比例，或是把你的想法抽象成一个单一的主题，使之符合不同听众的需要。你所选择的形式可能会影响你讲述故事的能力，或是其他人讲述故事的能力。举例来看，一张海报或是一幅信息图可能会通过社交媒体像病毒一样广泛传播，而一张幻灯片则需要找到合适的人来讲述它。

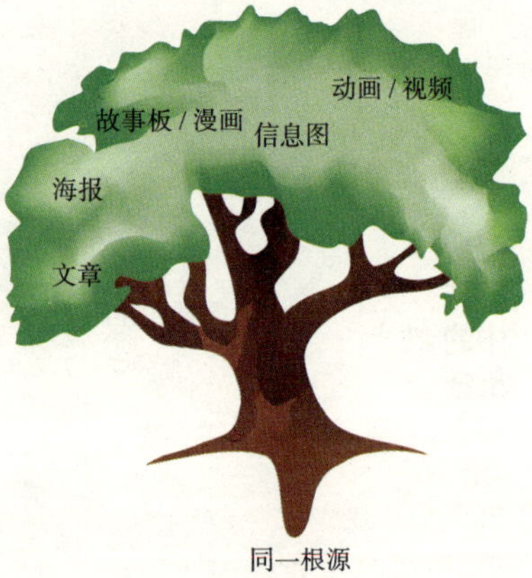

如果你能够把一页纸的可视化故事设计得很好，那么其他的形式也就不成问题了。一页纸可视化故事的构图、内容编码以及文字能够保证你选择的所有演讲形式具有一致性。在本章的末尾关于城市大学医院的例子中，我们展示了汤姆在选择故事时所做的决定。

海报

一张大图片和一页纸的可视化故事相似。可以把图片和文章结合起来，使用一种能够反映故事情节的结构，且主体通常基于故事的核心人物。海报的形式可能会比一页纸的可视化故事需要更多的文字，才能让听众理解所有的细节。

信息图

一种和海报相似的一页纸的结构，但是图片表现的是故事中一个或一系列数据，不会有太多表现情感的内容。这种形式更适合那些指导性和分析性的决策人，或是概念型的学习者。

幻灯片

一系列的幻灯片，每一页中都会有图片、文章、表格，其特点是能够展现故事的逻辑性。一页纸的可视化故事可以很容易地转换成幻灯片，只需要把相似的、有逻辑性的信息分成组，然后归入一张幻灯片即可。

故事板 / 漫画

以一系列的图像为主，很少用文字，通常设计成连环画的形式。把一页纸可视化故事中故事线上的一些事件单拿出来，就可以做成故事板或漫画的形式。这种形式可以产生幽默的效果，从而扩展了故事讲述的可能性。

动画 / 视频

故事板形式的延伸，但是通常以动画或动作的形式来传递故事内容。通常配有台词，而不是书面内容。

文章 / 报告

主要由一些文章组成，其中包含一些一页纸可视化故事中的图表和图片。可以以一页纸的可视化故事作为基础，基于故事的发展和各事件之间的逻辑关系，将之转化为文字。

白板

可以以一个空白的白板开始（一个挂图甚至是一张纸巾即可），但这不意味着你不需要任何准备工作。你可以在白板上慢慢地复制一页纸的可视化故事，并且在画图的过程中，把故事讲述出来。

口述

纯口述的形式可能不要需要任何的图片或文字，但和白板的形式一样，一页纸的可视化故事能够提供故事的结构。很多时候，使用一页纸的可视化故事作为提示，能够让演讲者更加轻松地把故事讲出来。

信息图

今天，信息图被广泛使用，其作用是能够让事实性的信息看上去更有吸引人，更容易被人们接受。然而，无论信息图多么时尚，我们应该意识到，它并不是一个今天才有的理念。下面的这张图，是查尔斯·约瑟夫·米纳德（Charles Joseph Minard）在 1861 年绘制的，图中描绘了拿破仑于 1812 年 ~1813 年出征俄罗斯的过程。 浅颜色的线条表示拿破仑的军队前往莫斯科，黑色的线条代表军队返回莫斯科。 可以看出，线条明显地由粗到细，这表明拿破仑军队的人数在逐渐减少。1999 年，当时马丁正在创建一个复杂的图片，他无意中发现了这张拿破仑出征的信息图。马克认为信息图的方式能够传递多层面的信息，并且有效地帮助自己讲好一个故事，而这也是本书最初的灵感来源。

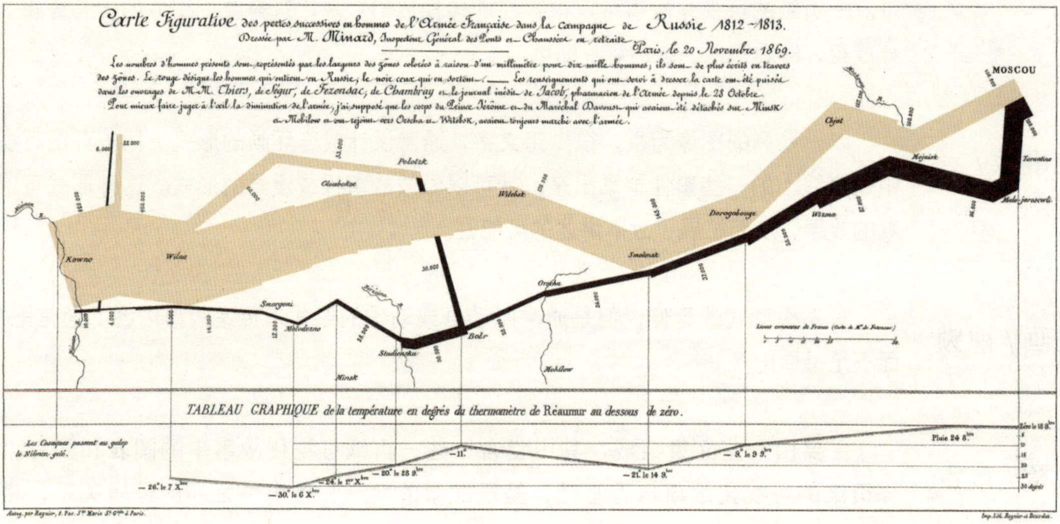

设计可视化故事的技巧和设计现代信息图有很多相似之处。但它们之间也有区别，最大的不同点在于可视化故事的设计关注的是创建一个能够影响听众去改变的故事，而不是提供一系列有教育意义的数据。现代信息图能够使听众进入故事，并且让听众在审阅信息的过程中，形成他们自己的理解。

所以，研究一下信息图或许能够为设计一页纸可视化故事提供一些灵感。你可以在网络上找到各种各样的信息图。http://visual.ly 和 http://flowingdata.com 这两个网站会定期更新他们的信息图库。但请记住，大多数信息图是为了呈现数据，而不是为一个让听众做决定的可视化故事而准备的。

构思可视化故事的呈现内容

构思是形成想法的过程，是一个人或一群人在一种无拘无束的创作中进行头脑风暴的过程。面对一张空白纸，人们很难立即产生想法，创造性的思维往往因此受到了阻碍。一些设计专家会建议你在白纸上先画一条线，这可以帮助你打开思维，更好地开始头脑风暴。

你可以从很多方面入手来开始构思的过程。很多人会从第 10 章找出的故事结构开始，来决定页面的整体布局。比如说，如果你选择了“追寻”主题，那么你可以先在页面上想好如何布局整个旅程和旅途中遇到的一系列的严酷考验（参考第 10 章关于该故事情节的主要阶段）。你也可以从在第 11 章中找出的人物来开始，在页面上创建几个来表现人物之间互动关系的焦点。

避免面对一张白纸而毫无思路的最好办法是，用图像把你所有的想法释放出来。思维导图是设计师们常用的一种快速产生想法的方法。思维导图能够让你以一种有机的方式和一种非常“人性”的方式记录你所有的想法，从而让故事变得真实。请记住，使用思维导图的唯一目的是把你的内容和相关的图像匹配起来，看看能够产生什么效果。

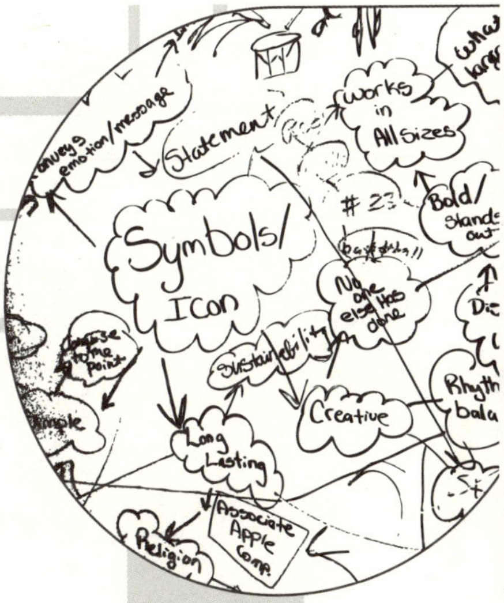

有可能看上去很乱！

记录

在构思的过程中，把你的想法记录下来，以便之后使用图像来呈现。这就好像一个音乐家突然从梦中醒来，哼出梦里出现的一个旋律，并用录音机把它录下来，以防旋律再也不会出现。

关系

不要进行任何分析，把你头脑里出现的所有想法都记录下来。在这一步，你可以找出不同想法之间的关系。通常来说，这种方法对于那些一起合作工作的团队来说同样适用。

定义

一开始的时候先定义一个中心词或中心概念。在你画出一系列里面带有文字的云型图时，快速思考，然后找出彼此之间的关系。写下你对于这些文字和关系的第一反应。不要停止，快速思考。打破界限，但要保持客观，避免评判你自己的想法。

随着你画出的部分越来越多，你可以开始进行一些较深层次的分析，找一找有没有形成一些图案，或一些可重复的图形，并且找出文字和概念之间的关系。要善于观察，并在适当的时候使用标记和颜色编码，从而区分重要性程度的不同。试着让这个步骤变得有趣些，形成你自己的工作方法。

现在到了“推和拉”的矛盾时刻。理论上说，你需要觉得在构思的过程中在某些地方中你缩短了时间，但在其他地方加长了时间。在你进行一页纸的设计之前和之后，留些时间让你的想法有时间渗透，并最终浮出水面。我们不仅能够在睡梦中写歌，我们还能在做其他事情的过程中，在潜意识里发展已有的想法。

随着你设计得越来越多，你会慢慢学会如何更好地发展想法和概念。

艾利克斯·F·奥斯本(Alex F. Osborn)在他名为《创造性想象》(*Applied Imagination : Principles and Procedures of Creative Prblem-Solving*)的书中，把整个过程分为了以下几个步骤：

- **定位**：找出可视化的问题；
- **准备**：收集相关数据；
- **分析**：分析相关材料；
- **构思**：找出其他可能性；
- **孵化/渗透**：离开一段时间，进行你正常的生活，在这些时候通常会有灵感闪现；
- **综合**：通过浏览最终的清单，并且把想法吸收到你的潜意识中，从而把不同部分综合到一起。

- 评估：评估最终想法，用你的判断力和直觉来过滤想法，最终只留下几个最好的想法。在这一阶段，一些人会选择听取一些值得信赖的人的反馈。

我们最终目的

慢慢地你会发展出一个你自己的构思方法，而你发展的方法很可能会是十分灵活的，但却能促使图像为你的可视化故事工作。你可以给那些有创造性却又混乱的想法排一个顺序。

第 1 课

构图的基本法则

构图的基本方法与设计原则

当你开始设计页面的时候，你的故事核心内容将会是从第 6 章找出的“为什么——什么——怎么样”中提炼而成的。当然，也要记得包含你在第 7 章找出的其他可能性和选择。

在第 9 章，你已经找到了不同的学习和做决定的方式之间的平衡。现在，你可以用此来帮助你对教育性内容和建议性内容进行分配布局。你必须深入地了解每一种学习和做决定的方式，并且考虑抽象的信息和具体的信息应该各占多少比例，从而来决定是使用一个单一的逻辑流程图还是多条线索的图示。

注意：这里讲述的大多数内容适用于所有的形式，不仅限于一页纸的可视化演讲。

当对故事进行设计和构图的时候，其中的可变因素有时候很难进行拆分。但你必须学着在演讲中放弃使用简单的子弹头列表。你应该开始懂得大幅图片的概念如何能够和细节结合起来。在阅读完本章之后，你发现自己会在眯眼测试、完形测试、内容编码之间穿梭，你很快就会了解到这些概念。设计可视化故事时，请记住“少即是多”的原则是必须遵守的，毕竟这是一个一页纸的可视化故事模式，页面上的每一个部分都是的演讲时的必要内容。

一幅画不应该有任何不必要的线条，一个机器不应该有任何不必要的零件。

威廉·斯托克 (William Strunk)，康纳尔大学的英语系教授，《全球英语写作经典：风格的要素》(*The Elements of Style*) 一书的作者

采取“少即是多”的办法。花费很多时间，把不必要的内容去掉，最后只留下很少的内容，这听起来有些矛盾。这样做是很困难的，却是值得的，为的是更好地传达你所要传达的信息。就像米开朗基罗关于如何从一块石头中发现美的那句话一样，你所要传达的信息精髓有待被发现。

让形式来决定到底应该从你的想法中提取哪些内容。不要试图在沟通的过程中关注太多重点，而是选择那些最符合你演讲形式的内容。没有一个所谓标准的内容或是标准的细节程度，但在决定选择每一项内容之前都要仔细地思考，根据你对听众的了解，来作出自己的判断。

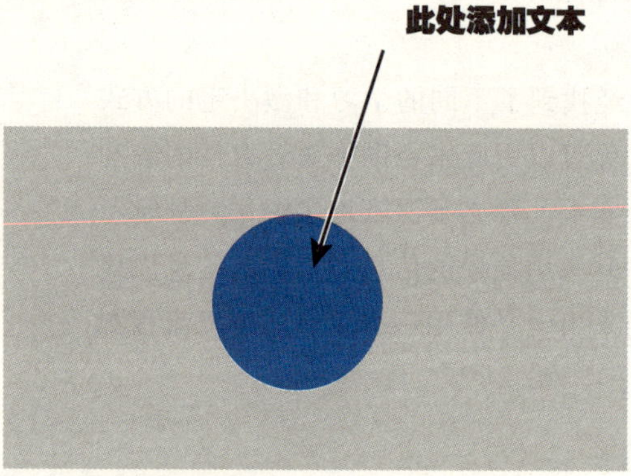

若周围没有更多的内容，空白部分（少）能够突出你内容的重点（多）。请注意，上图只是一个夸张的例子。

使用“三分律”法则。在写作、摄影、页面字体设计，甚至是在园艺领域，有一个强大的三分律法则。我们很少看到 4 个人同时进入一间酒吧，通常都是 3 个人。一段关系中有两个人是常见的，然而若是出现第 3 个人，那么关系就变得更有意思了。如果你有 10 个要点要传达给听众，那么在演讲之后听众全部记住 10 条内容的概率是很小很小的。所以，你应该选择其中的 3 条作为重点来讲述，其他的则留给听众自己阅读。

节奏和流动性来自于故事中某种潜在的结构，就像是一个企业的内部网络一样，它应该是你页面设计的脚手架或基础。这给你提供了一个把不同元素连接起来的基本方法，即通过把页面看作是一系列不同的形状，空白和板块的集合来安排页面布局，从而平衡不同元素组成之间的关系。你可以使用所选择的程序软件中的分栏、网格和标尺工具，来平衡页面中所有的内容。

蒂莫西·萨马拉（Timothy Samara）在他的著作《设计元素：平面设计样式》（*Design Elements*：*A Graphic Style Manua*）一书中，把“对称”描绘成了终极魔鬼。除非你能够把所有的设计元素平等地摆放在页面的各个方向，否则，还是选择一些更有动感的设计吧，这样做能更好地展示图片的运动过程。完美地平衡页面中你所描绘的动态改变，可能吗？也许可能，但可能性不大，因为演讲的整个过程通常是动态的、无法预知的，并且时常会有一些意外的结果。在你安排页面中各元素的布局时应该注意这一点。

你已经收集了所有的内容，现在到了最重要的时刻——该开始对你的设计进行编辑了！

编辑。

编辑。

编辑！

用有针对性的证据来使你的决策人信服。

所谓眯眼测试（squint test）指一开始就找出一个正确的图形格式来表现信息。然后退后一步，眯起眼睛观看，之后你会减少一些不必要的细节，并且能够更清晰地看到这些数据信息是如何在页面上分布的。这会帮助你找出图像之间高层次的关系，从而把你的一页纸格式化故事组合成一个有机体。眯眼测试对页面上的标志、颜色、图像和文本非常有效，因为对于动态或静态的演讲形式如漫画、电影或动画来说，需要更深层次的认知。你需要把不同的元素如数据、人、工具、概念和想法结合起来，使之成为连贯的可视化的整体。基本来说，你需要问一个问题：他们要去哪？他们在做什么？这里正在发生什么？在一张纸上或素描本上把这一切用草图画出来吧，就算画得很乱也无妨，反正现在还不到最后进行完善的阶段。

第 2 课

建立一个图像优先顺序。你使用这些图像的目的是什么？你想让听众最先看到什么？将你的眼睛眯起来看你的可视化故事，然后问自己上面这些问题。内容的优先和图片的优先是否是相匹配的？你是否能看出你草稿中描述的内容？其中什么最值得听众注意？以什么顺序排列是最好的选择？通过对不同元素所占大小的调整，或是调整它们和空白处（如在大面积的空白上的一个小圆圈）的比例关系，以及和不同颜色的位置关系（如一幅图中的上半部分使用大量的绛红色可以制造紧张感），来突出你想表达的重点。

在你对不同元素进行布局时，请记住一点，你最终创造出的版本应该能够为演讲者和听众提供一些可以讨论的事情，同时为讨论设立一个背景基础，并且还可以围绕你的图像所表现的话题制造一种群体意识。一开始最好把高层次的数据和背景资料摆出来，然后再逐步展示细节。把这一过程想象成我们在学校时被要求写报告时所遵循的模式，报告的形式永远都是先做背景介绍，然后是正文和结论。

进行眯眼测试

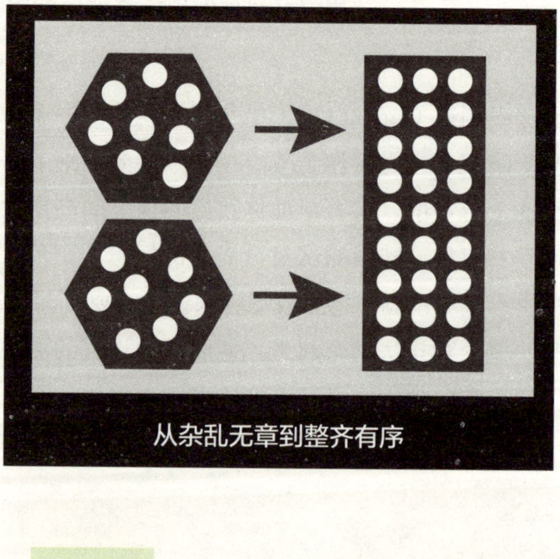

从杂乱无章到整齐有序

在这个阶段，你要检验听众是否理解你的构图和布局，并开始了解你传递的信息。这样做的目的在于让听众抛开那些毫无新意的、充满子弹头列表的幻灯片，而是与信息建立一种直接的、有意义的关系。每一个听众都应该有机会以自己的方式理解图像所传达的信息，然后以自己的方式与之形成有意义的联系。图像的使用一定要能够起到促成改变发生的作用，而这通常要考虑页面中信息的排列形状。不妨采取功利主义的角度有目的性地选择图像，因为最终的成功取决于你是否选择了那些能够吸引听众的注意力，并且能够让听众很快做出决定的内容。

通过使用“加工过的”证据来说服你的决策人，从而引导你的听众。

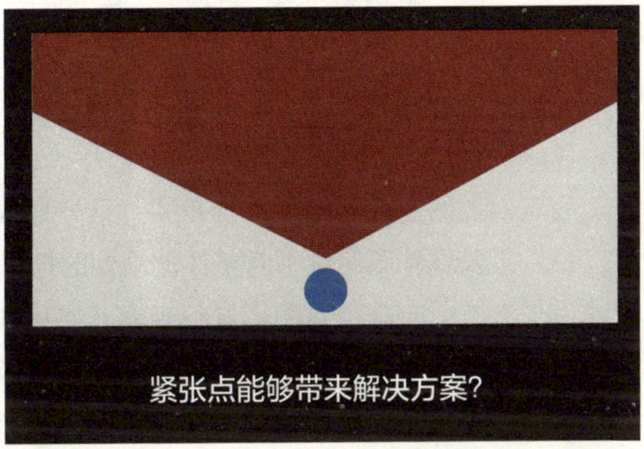

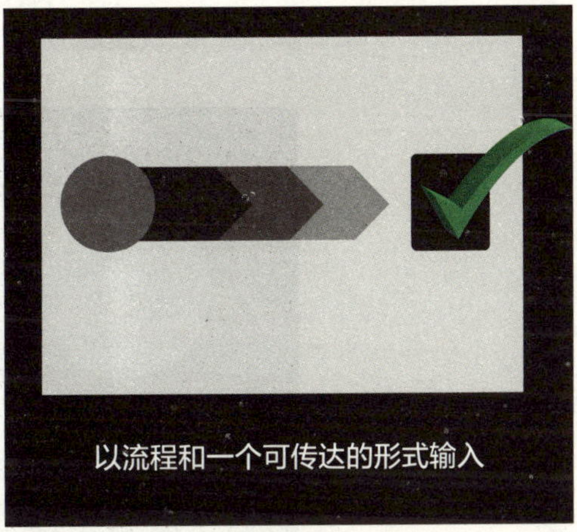

第 3 课

设计

原则

下面的内容介绍的是一些设计师们在创建页面设计元素时和安排这些元素时常用的方法。

永远不要低估了线条的表现力。一个线条的流动，以及它所形成的形状，能够产生呼应，能够帮助你找出在可视化故事的相应部分。如果说眯眼测试能够检查平面图的整体走向，那么线条决定了图中每一个元素的细节，以及如何把一个细节和另一个细节进行对比。不同的线条能够营造出不同的感觉。一条锯齿状的线条所带来的感觉肯定和一个波浪形的线条带来的感觉是不同的。宽度粗细不一的线条肯定比单一宽度的线条更有动感。

不同的线条组合在一起可以形成不同形态（或形状），就算是空白页也是一种形状。请小心图形和空白的布局，因为你创建的图形和周围的空白部分（又叫负面空间）合在一起可以被听众视为另一个图形（正面空间）。所以说，页面上的空白和图形一样重要。这一点也适用于每一个细节，以及在眯眼测试中对整体流动性的把握。

听众会对图形进行观察、对比和比较。不仅仅是图形的形状本身（正方形和三角形）可以进行对比，图形的位置关系也可以进行对比（如五个距离相对较近的正方形可以被视为一个“组群”），甚至是线条的形状（波浪双线和锯齿单线）也可能具有不同的含义。

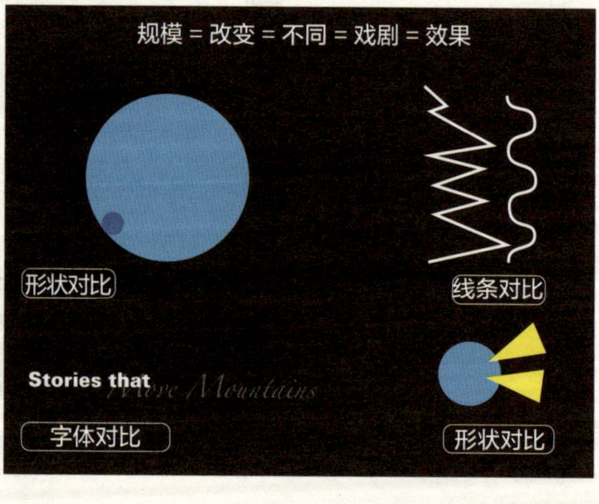

在你进行设计的时候，可以使用一种方法，即表现不同形状的不同之处，也就是所谓对比。事物的不同点和相同点形成了我们对事物的理解。我们可以通过对比和找出相同点从而把页面上的元素进行分类。比如说有两个正方形，第二个比一个大（大小对比），或是棱角比较平滑（线条对比），或是颜色不同（颜色对比）。在这三种情况下，一开始你展示一个物体，然后通过展示一个和它相似但只有某一方面改变了的物体来向听众展示改变在哪里。

设计原则能够让你的听众找出你问题中的所有细节，并且有机会感受到这些细节，也就是体验从高层次的信息流动到细节的过程。因此，你可以在不使用你最喜欢的特殊方法或子弹头列表的情况下，只在形状的美感和它们的功能之间找到平衡。

字体可以分为很多种。在这里我们只讨论一种最基本的分类方式：有衬线字体和无衬线字体。

所谓衬线，就是指字的笔画开始和结束的地方上的额外装饰，它能够影响一个字母到下一个字母的流动性。就好比刚才讲到的图形一样，现代的有衬线字体（如方形衬线），比如 Rockwell Extra Bold（感觉更现代、更强有力），与老式的斜体有衬线字体如 Goudy Italic（感觉更古老、比较脆弱）的感觉是完全不一样的。

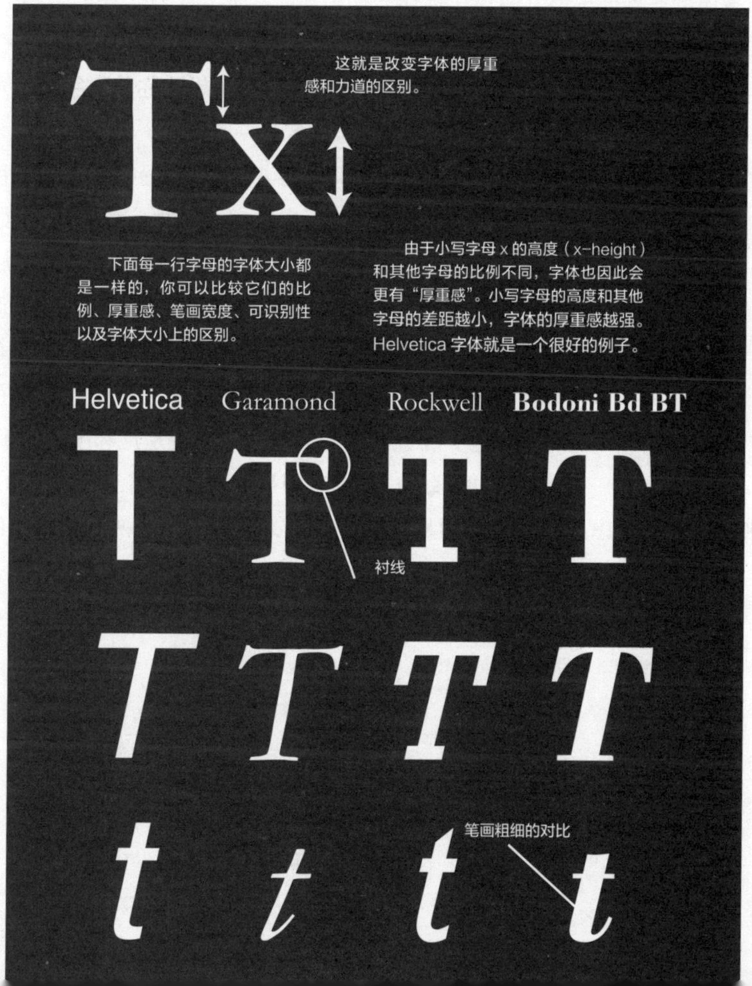

在你进行大量的设计工作之前，可以先对字体做一些研究和实验。打印出你所有的字体样本，注意每一种字体力道上的不同，以及每种衬线是如何影响阅读的流畅性的。你也可以看看一些无衬线字体。这些无衬线字体能够呈现出更加现代的感觉，很多此类字体的笔画的一致性更强。它们能够增加文字的厚重感，但在文本中呈现的流动性不是那么强，这也就是为什么很多课本以及较长的文本不会选择无衬线字体。

选择一种字体，调整它的大小、字样（如：粗体、斜体或正常）以及间距（紧缩或加宽）；然后通过改变颜色、字体大小和字体类型，把它与旁边的字体进行对比。你可以在一段未加粗的文字旁边使用一种加粗的无衬线字体，你会发现这两种完全不同的字体放在一起之后会产生一种令人惊叹的效果，能够让人感受到这两个元素之间正在发生一个改变。你想创造出一些戏剧化的效果吗？你可以选择使用 Impact 无衬线字体。不管怎么样，字体的选择可以创造出一种微妙的感觉，对人们的感知产生影响。版面设计是一门学问，但却没有得到应有的重视。所以，版面设计是关于文本和字体的艺术，它通常是为了方便阅读，也有可能是出于文体需要，或装饰效果的需要，等等。

请仔细考虑选择哪种字体。当你在选择一种字体时，你其实就是在形态和字符之间玩游戏。版面设计是一种通过选择字体来影响讲述可视化故事的艺术，它能够让听众产生联想，它能创造出一些不可读却能被察觉的信息。有些时候，你可能不会想让你的文字清晰可读！在选择字体的时候你要有目的性，并且了解一些基本规则。

第 3 课（继续）

在选择颜色的时候应该根据颜色的色相（即在色谱中呈现的颜色）、饱和度（鲜亮程度）、和明度（浅色还是深色）来决定。你也应该考虑到暖色系（如红色、橙色和黄色）的颜色容易被看到，因为它们会首先跳入人们的视线，而冷色系的颜色（如蓝色和绿色）看上去会不那么明显。程度不同的冷色和暖色会呈现不同的效果，而颜色如果使用得好的话，能够立即为观者呈现出视觉的焦点，尤其是当一种颜色和它在色环的对比色（即互补色）放置在一起的时候（前提是饱和度相同）。在页面中使用的颜色也能够通过布局来引导观众的视线，所以在你选择好了颜色之后，接下来就要仔细考虑不同颜色的用量和摆放位置，这对于营造一种构图上的韵律感是十分重要的。

暖色系的颜色会吸引注意力，但不要以为红色永远是最佳选择。

关于“问题”的描述性文字被一条不规则的线条分割开来。

蓝色能够让观众平静下来，稍作休息。冷色系的绿色和蓝色都有这种效果。

暖色调的颜色也象征着“警惕”，“小心”或“痛点”。

使用灰色作为背景，可以避免打乱其他的颜色编码。请注意颜色的饱和度。

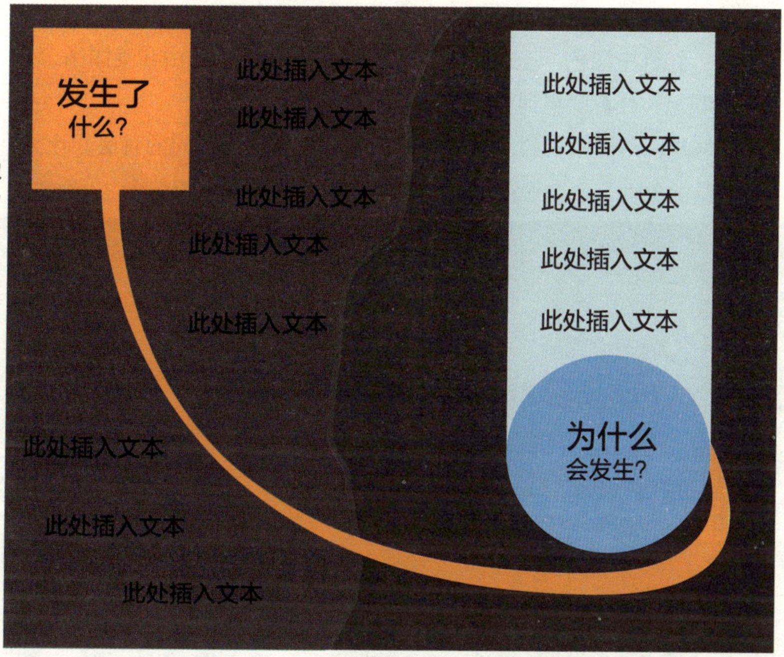

文本的字号逐渐变大，能够让构图显得更有动感、更有深度。

橘黄色的线条也能够展现构图的韵律感和流动性。要注意线条粗细的变化，这样才能创建一个更有动感的图像。在这里还可以使用一个箭头，当然还有更有趣的选择。

颜色是一个非常复杂的概念。不同的颜色在不同的历史时期对不同文化背景的人来说，有不同的意义。所以，拥有不同文化背景的人对同一种颜色会作出不同的反应，产生不同的个人联想，也会有不同的感觉。

颜色联想包括以下几种。

- 物体和环境联想（比如，蓝色会联想到水，绿色联想到草）。
- 组合：红色 + 绿色 = 圣诞节，红色 + 白色 + 蓝色 = 自由和美国国旗。
- 概念联想：红色联想到火或高温。
- 文化联想：不同国家的人对颜色的内在含义也会有不同的看法。比如，在美国白色被看作是纯洁的象征，而在亚洲的一些地区，白色代表死亡或悼念。

蓝色

英国/美国：镇定、和平、阳刚、保守、合作、温柔、智慧和灵感。

中国：不朽、阴柔。

俄罗斯：忠诚、城市、完美、智慧。

紫色

英国/美国：皇室、神灵、财富、名望、荣誉、自大、尊严。

日本：特权阶级、财富。

巴西：死亡与哀悼。

红色

英国/美国：能量、幸福、爱、激情、警告、停止、愤怒、挑衅、权利、危险、力量。

中国：好运、庆祝、仪式和节日的颜色。

俄罗斯：布尔什维克和共产主义

黄色

英国/美国：想象力、能量、乐观、幸福、荣誉。

中国：神圣、帝王、皇室、荣誉、阳刚。

俄罗斯：悲伤。

互补
（色环上相对的两个颜色）

和谐色、相近色
（色环上相邻近的两个颜色）

三色系
（在色环上成等边三级形的三个颜色）

几年前，马克的一个学生在一个亮红色的背景上放置了一把鲜绿色的手枪。这样做的效果是通过“攻击人们的感观”来证明一个观点，或者说是通过刺激人的视网膜。虽说如此，在大多数情况下，你并不需要用很强烈的颜色才能刺激到观众的感官；相反，你可以用少量的、强烈的颜色，来起到突出重点的作用。

一般来说，在一幅图中使用三种颜色的效果最佳。因此，你可以考虑使用较浅的颜色作为背景，选择一个较深或鲜亮的颜色作为另外两种颜色。你所选择的三种颜色（或与其相同，只是深浅不同的颜色）和灰色搭配起来会很和谐，因为灰色这种不太突出的颜色不会影响你为了突出重点所使用的颜色。所以，如果你需要一种不影响你其他颜色的颜色，那么灰色是最佳选择。

Adobe 公司的 Photoshop 软件的颜色选择可以作为数码颜色混合的例子。选择红色时，同时可以选择亮度（上）、暗（下）、饱和度（右上）。

别盯着看太久！

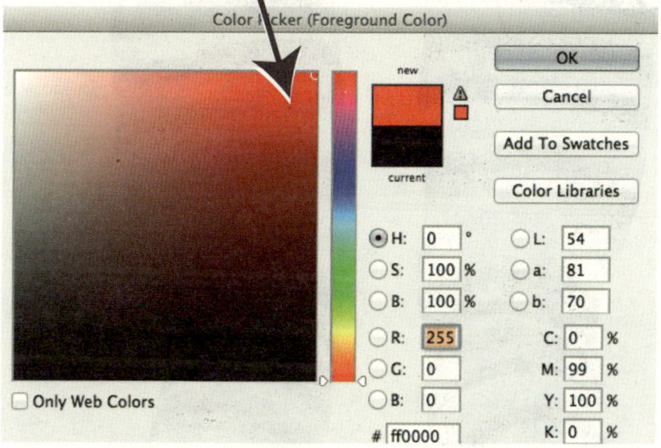

这样做的效果会是什么样的呢？那就是和谐且有连贯性，且不会显得混乱，或过于突兀。在颜色的使用上，一定要保持一致，特别是当你用不同的形式来制作可视化故事的时候。因为这样做能够起到品牌效应的作用，让你的内容更加深入人心。想一想一些大公司是如何挑选带有合适字体、形状、颜色的标志来作为商标的？这样做的好处就是让你的信息能够正确有效地得到传达。

有些人可能会分不清绿色和蓝色，甚至是绿色和红色。你可以事先调查一下，你的听众中是否有成员是色盲，或者你也可以假设有些听众是色盲，然后避免使用容易被混淆的颜色。关于选择颜色的重要性，我们可以一连写上好几页，但在这里我们只想用一个真实的例子来进行说明。马丁其实是个色盲。有一天他在撰写这本书的时候，妻子朱尔斯把他拦住了，告诉他，他脚上穿的两只袜子的颜色不一样，而马丁根本没有觉得两只袜子有什么不同。想想看，如果你在设计中使用不同颜色来代表不同的事物，而听众却看不出它们的区别，会怎么样？听众中将会有多少人没有得到你传递的这层信息？

通过选择能够支持你的论点的颜色来说服你的决策人。

组织故事的内容编码

第 4 课

现在让我们来思考一下，如何用高质量的图像来呈现你的数据。你会选择什么？是照片还是卡通画（如果你的可视化故事最终要出版，那么你需要确保你获得了使用这些图像的权力）？你将如何用图像来代表故事中的不同人物？你的故事中可能既要描述人物，也要描述过程和一系列其他内容，以及这些内容之间发生了什么，有什么关系。

举个例子，如果你需要介绍一个方法流程，那么你将如何传达流程最终的结果？你可以使用下一页的“图像元素检查清单”来看看你是否能够让听众了解到你通过图像所要传达的声音。

让听众了解你想说什么的最佳方式是什么？对页面设计进行内容编码能够让你传递的信息更加具体。在有限的空间内呈现某些信息确实比较困难，因此你应该在对听众有所了解的情况下认真思考。

所有这些密码元素会创造出一种密码系统。这些密码系统不但能够将你的信息组合在一起，并且如果应用适当的话，能够让你的听众有多重方式来理解信息的深度，以及信息所设计的数据来源。数据形成信息，而信息是能够让听众作出行动的关键。

符号学是研究字符和符号的学问，是一门很有意思的学问。比如，你所演讲的内容是火，那么你可以使用词语“火”或一张火的图片来代表火。你也可以试着不用那么明显的方式表达，比如，通过使用“烟”来象征火。如何才能通过符号编码让听众能够清晰地明白你所有传达的意思？

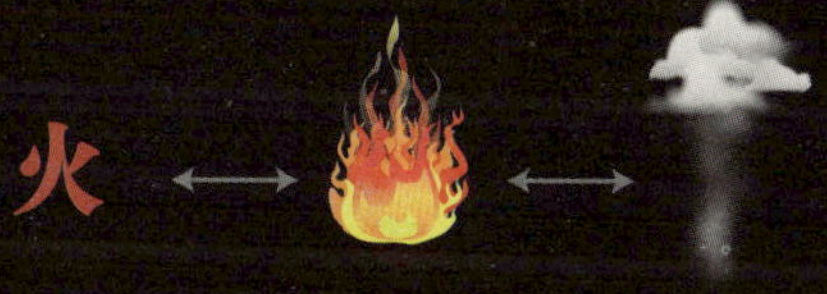

编码选择

图像元素检查清单

- ? **节制地使用子弹头列表。** 你试过在你的幻灯片中避免使用子弹头列表吗？你的听众是否先听你的讲述，然后再通过幻灯片来加深他们的理解？请记住，你的幻灯片是你讲述故事时的提示卡，而对于听众来说，幻灯片是一种连接你和你的信息的中介。让你的幻灯片变得更富有互动性，以便实时地和听众交流，而不要把幻灯片中的内容做得过于详细。
- ? **有目的地选择图标和符号。** 你的图像能否对听众产生最佳效果？图标可以是非常直白的，也可以是非常含蓄的。无论是直白还是含蓄，只要能够引发人们思考，图标就有其自身的意义，比如一个股东或决策人，而图标的意义很大程度上和已经被听众所接受的或是整个世界所认可的内容相关。
- ? **照片，为了内容和颜色。** 一张黑白照片可能胜过千言万语。相较文字而言，黑白照片能够提供一种不同的学习方式。选择图像来讲述故事的时候，向听众展示照片背后的故事，然后再用文字进行描述。
- ? **使用中心图片。** 使用一个中心图片作为你所有元素的最基本的核心。这种方法能够让你不需要任何文本或任何附属的图片，因为这些图片可能对数据型图片来说过于繁琐。中心图片就像是你最爱的歌曲中的和声部分一样，会一直盘旋在脑海。所以，你需要把中心图片放在页面的焦点位置。你可以把中心图片放在正中央，或者是信息图的最后，来抓住听众的注意力。
- ? **适当的时候使用不同角度或三维效果。** 这是一种在介绍高层次的过程时展现细节的方法。单单使用图片也可以达到目的，但是有些时候运用一个细节特写，或是用另一个角度或 3D 效果来呈现，能更好地展示信息。
- ? **使用流动型的图标来引导观众的视线。** 如何在描述过程或流程的时候更加直白？使用箭头、线条、流程图和不同的颜色来引导观众的视线。
- ? **通过使用卡通、插画和线条画来增加幽默感。** 使用这些特殊的图片来为你的故事增加一些幽默感，让听众对你的内容印象更加深刻。

第 5 课

是时候给你的设计添加一些装饰了。穿上你的跑鞋，快速地移动，使用显微镜快速地进行放大。在你意识到之前，你已经又回到了起点，回到了宏观的视角！这就是我们所说的完形测试（Gestalt Test）。我们从眯眼测试开始，最后又重新回到这些概念。设计师、画家、雕塑家、艺术家和摄影师们在创作的过程中，都在不断地转换他们的视角，从局部到整体。在创建你的可视化故事时，你也应该这样做。

完形心理学的理论可以应用到很多领域，在这一章我们已经直接或间接地涉及了。这种方法的关键在于，你如何把页面上的所有元素作为一个整体来看待。虽然这不总是能够被客观地测量，但可以被主观地感受到。眯眼测试是在观察信息的流向，而完形测试观察的是每一个部分是如何汇集到一起，最终作为一个整体出现的。

我们建议你客观且系统地审视页面排版的整体效果，但也不要花太多的时间纠结于此。尽快让你的作品进入测试阶段。在测试后可能会有很多需要改动的地方，所以越早进行测试越好。

所谓完形测试，即指将所有相关联的部分整合在一起进行观察。但请注意一点，整合在一起的效果并非只是各个部分相加的总和。各个部分之间的空白和各部分的组合一样重要。我们很少会在一个设计中使用所有的图像元素。如果你使用了过多的内容，那么你所传递的信息可能会显得杂乱无章。你会使用很多元素，以不同的方式重复同样的内容很多遍吗？有些时候，同时使用图像和与之相配的文字可能会显得不必要；而有些时候，如果不这样做的话，就会显得不够充分。

当你客观地审视你的设计时，首先要从宏观上看看有没有需要做出改动的地方。修改在设计过程的任何时候都可以进行，而这里所谓的过程不光是直线型的——也可以是曲线型、有机型、系统型以及重复型的。这就意味着，过程中的任何一个部分都可以在设计上和版式上进行改动和调整。

当你学完这一课时，请记住这个清单里的内容。清单中剩余部分传递的最关键的信息是，尽可能多地去掉图像元素，从而避免在你的观点和听众之间有可能产生障碍的任何东西。所以，请你一直重复这句话：“少即是多。”请检查每一个细节，确保你所选择的每一个元素都是为了信息的传递服务的。

通过完形测试把所有的元素整合到一起

? **直接在你的版面上选择颜色。**选择的时候一定要直接，并且针对你的听众。

? **智商。**通常来说，你需要根据听众的智商来设计，并且需要考虑到在演讲的时候和他们一起探讨你使用的图片。有些时候，对一张图片进行过多的解释可能看上去是在向听众说教。你应该在整个演讲的过程中假设听众都是高智商的，只在需要的时候才作出适当的解释。

? **对于人与人之间的联系，使用真人的脸。**人与人之间的联系有多重要？人类已经能够熟练地认出其他人和动物的脸，所以在设计中使用人脸可能会让你的演讲令人难忘。

? **提取关键词。**什么样的词能够扎根在听众的脑海里？把关键字放大，突出重要的数据，促使听众作出反应。

? **某种特定的字体。**还记得我们关于字体的内容吧。重复某一种字体是否会对听众的记忆有帮助？

? **某种特定的图形或线条。**图形和线条在讲述事物的发展时，能够起到很重要的作用。所以，请根据这一点事先做好计划。

? **不同方法的融合。**你是否曾注意听众的特殊需求？在第 9 章，我们介绍了不同的学习和做决定的方式，了解了不同人作出反应时的不同方式。在视觉设计上，你也要考虑怎样把不同的元素结合到一起，来满足听众们不同的需求。

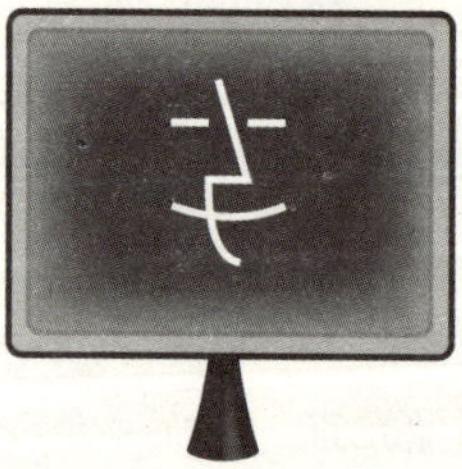

现在到了检验一下你的设计是否成功的时候了。你所选择的测试听众应该尽可能地符合不同学习和做决定的方式的特点。

如果你想检测听众是否理解你的设计，那么请注意他们阅读的方式，并且询问他们对你的内容理解多少。在演讲结束后，你可以问听众一些问题，如果可以的话，找人帮你做一下笔记。然后，针对听众的反馈对你的构图和内容编码做调整。

如果可以的话，这一过程可以分步骤来完成。也就是说，最开始进行设计草稿，凭你最初的感觉选择图形、形式和颜色，等等。然后找一些听众进行测试，听听他们的想法，或者你也可以找值得信赖的工作伙伴来充当你的听众。

使用开放式或封闭式问题。你的版面设计需要改变吗？你会由于某些特殊的联想意义而改变某种颜色的选择吗？

谁是最重要的决策人？这些人喜欢图画、插画，还是更喜欢三维立体图？你选择的方法和所有的图像除了适合你传递的信息，也适合你的听众吗？

需要考虑的方方面面很多，但最重要的是，要保持客观的态度，且要明白你的设计仍在制作中。当然我们不希望看到测试之后你需要从头来过，但这也是进行测试的重要性所在。在研究 CAST 方法的那十年里，我们创建了许多可视化故事。有些时候，我们最开始的设计是完全不可行的。我们知道，最难做的事就是保持客观，找出你设计的不足之处。甚至彻底扔掉你已经完成的设计，重新再来。

测试你的讲述文稿

第 6 课

关于研究写作风格的书很多，我们只能在几页纸的内容里介绍些皮毛。如果你时间紧迫的话，改变你的写作风格估计也来不及了。所以，在这里我们只介绍三个最重要的原则，它们分别是：保持简洁，直接与听众对话，个性化。

不同的演讲形式所涉及的文字和图片的比例是不同的。**所以不能简单地总结，到底是使用文字更好，还是图片更好，还是两者都使用更好。**你需要根据当前的情况，作出最恰当的选择，使用文字和图片来表达你的想法、内容和支持性信息。如果听众对某个问题存有疑问，那么你应该使用多种图像元素来解释这个概念，让听众有更多的机会理解你的信息。

对于海报和信息图来说，出色的文字内容起到了决定性作用。图注和标题等能够引导听众理解内容。一页纸的设计通常可以用来制作海报，在这种情况下不存在演讲者，所以海报上的文字就显得更为重要了。

保持简洁

伟大的演讲家深知简洁之道。但你可能也听说过这个笑话：“我很抱歉给你写了这么长的一封信，因为我没时间写一封短信。”这句活的背后想表达的意思是，简洁比复杂更难。保持简洁意味着你有很强的意志和勇气。在以大型企业、学院和政府为背景的演讲中，简洁往往是很难达到的一种效果。人们在演讲中选择的词语，通常只是为了描述一个现象，或者是隐藏我们未经深思熟虑的想法，而不是清晰地向听众传授信息本身。

请在听众能够理解的范围内，写出你的故事。

测试

一种最常见的阅读水平测试工具叫做 Flesch-Kincaid 可读性测试。得 60 分或以上表明能够被 13 岁 ~15 岁的学生理解。得分越高，说明文本越容易理解，可读性越强。《读者文摘》（*Readers Digest*）的可读性得分在 60 分左右，《时代杂志》（*Time Magazine*）在 50 分左右，哈佛大学的法律评论文章得分为 30 分左右。本章的得分是 60.6 分。

我们并不是在要求你把文字写得连傻子都能看懂。我们的意思是说，你的文字应该做到让信息能够毫不费力地传递到读者的大脑，不需要让听众花太多的精力去理解文字。而这一层次的可读性水平也是获普利策奖（Pulitzer Prize）的最优秀作品的可读性水平。

你修改文稿所花的时间应该比你写出草稿所花的时间还要多。你使用的每一个词都应该能够支持你的观点，并且在句子中是不可代替的。当你觉得已经写完了，请试着去掉你写下的最后一行。因为很多时候我们会写一些不需要的文字，而这会削弱结尾的力度。在开始部分也可以这样做，这样能更好地抓住听众的注意力。

商业领域的语言中有许多类似“最佳效应”（best of breed synergies）和“全面能力”（comprehensive capabilities）之类的词语。当你试图使用行业术语的时候一定要小心，作家使用术语是因为它有神奇的力量，或者能够让文章显得更正统。但大多数时，术语的使用就像随手加入沙拉的佐料，并没有考虑它们能对整道菜起到什么作用。**简洁不意味着无聊**。你应该仔细挑选一些和行动相关的动词。这些词能够为你的语言增添活力，并有可能激发出全新的视角。如果你已经使用了“divide”（分开），那么你可以试着用“carve”（切开）、“splinter”（分裂）或“slice”（切片）等词。当然，使用过多这样从字典找来的词语会让你的内容听上去有点卡通，但却能添加一些趣味。

在词语的选择上，请一定记住一个简单且简短的词永远好过一个又长又复杂的词。当用“十分激动”就可以的时候，就不要用“无与伦比的激动”。否则的话，如果真的有什么超级令人激动的事情需要形容的时候，你就词穷了。

和你的听众对话

你的演讲风格一定要符合听众学习和做决定的习惯。如果你的听众属于分析型或指导型，那么你所写的文字应该是十分有逻辑性的，而不能让你的观点跳跃性太强。这就好像一份家具组装说明书一样，如果你没有按照一定的逻辑顺序陈述你的观点，而是突然间提到一个陌生的概念，那么你的演讲肯定会让人一头雾水。

要使演讲能影响人们做决定，关键的一点是要能够引起人们的关心。这也就是说，你需要使用描述性的文字引起听众的共鸣，从而抓住他们的注意力，而不是告诉他们应该有何种感觉。如果你使用的图像非常好，那么听众自然而然会产生感情。比如，如果某个地方的工作环境很差，那么用语言描述一下如何差，而不是仅仅说“工作环境太糟糕了”。你需要使听众感同身

2005 年的时候，英国政府承认他们允许把原先打算建造成绿化带的土地中的 4% 建造为住房，这些新建住房占地面积每年有 2 400 英亩。有人知道这有多大吗？大多数人都不知道。那么你应该如何描述这些数据才能让听众明白？

在英国，高价值的绿化带地皮，大概一英亩能建 8 栋房子。通常来讲，将这种数据可视化的最好办法是用一种听众有切身感受的度量单位。以这个例子为例，2 400 英亩这个数字意味着在 8 760 个小时中，共建造了 19 200 栋房子，相当于每 30 分钟就建成一栋房子。想象一下吧！

受，才能引发他们的共鸣，而不仅是让他们了解结果是什么。

使用文字把信息可视化也同样重要。对大多数听众来说，大量的数字太抽象了。在一些纪录片中，数据的大小被比作一辆伦敦的公交车，或大象的重量。所以，最好把你的演讲设计成能够让听众能够感同身受的演讲，但也要避免使用太多俗套的比较。

个性化

内容越具体就越能吸引听众。**越具体，你的演讲和听众产生的联系就越强。**想象一下，有一个关于美国卡车司机的可视化故事，它的开头是这样的：

> 68% 的职业货车司机每周有三天的时间在客车里过夜。据估计，在美国至少缺少 28 400 个卡车停车位。也就是说。每个卡车司机平均每天会花掉 40 分钟的时间寻找过夜的停车位和一些如厕所、餐厅之类的设施。

再想象一下，如果开头变成这样，会怎么样：

> 我给大家讲讲比尔的故事吧。比尔已经当双拖斗卡车业主运营商近 9 年了。他在丹佛的家中有妻子和两个孩子。比尔的工作意味着一周有三天的时间不能在家过夜，而是睡在他的车里。每周有两天他能够找到一个相对安全的、坐落在服务区的停车位，而有一天他不得不停在路边。比尔不得不冒着风险选择他的停车地点，而这肯定让他的家人十分担心。

哪一个版本更能引起你的共鸣？在第二个版本中，关于比尔所引发的同情心，对听众来说能够产生巨大的影响，不管这是一个代表普通卡车司机虚拟的角色，还是一个真实的人物。比尔有一种个人的特质，能够引发听众的共鸣。返回到第 8 章，看看那些关于你与听众的共同背景的讨论吧。你所使用的个人化例子，必须与听众们共同的背景相关联。在这个例子中，我们可能并不了解卡车司机的生活，但我们一定能够理解家庭的情感，以及个人安全问题。

在本章后面关于私人教练的例子中，你会看到玛丽娜是如何使用大量文字来创建一个一页纸海报的，并且她还打算用一页笔记来帮助她进行最终的演讲。

在这里给出的关于写作的建议来自汤姆·法默（Tom Farmer）。汤姆在几年前帮助玛丽娜改进了很多的内容。汤姆是一个出色的记者、编辑、作家，曾经为《拉里·金现场秀》（*Larry King Live*）担任多年的制片。

形式

- □为早期的听众见面会设计幻灯片——然后用到最终的演讲中。
- □为护士创建一个一页纸的海报或讲义。
- □创建一个能够在三分钟内完成的简短版本，其中包括了所有的重点内容。

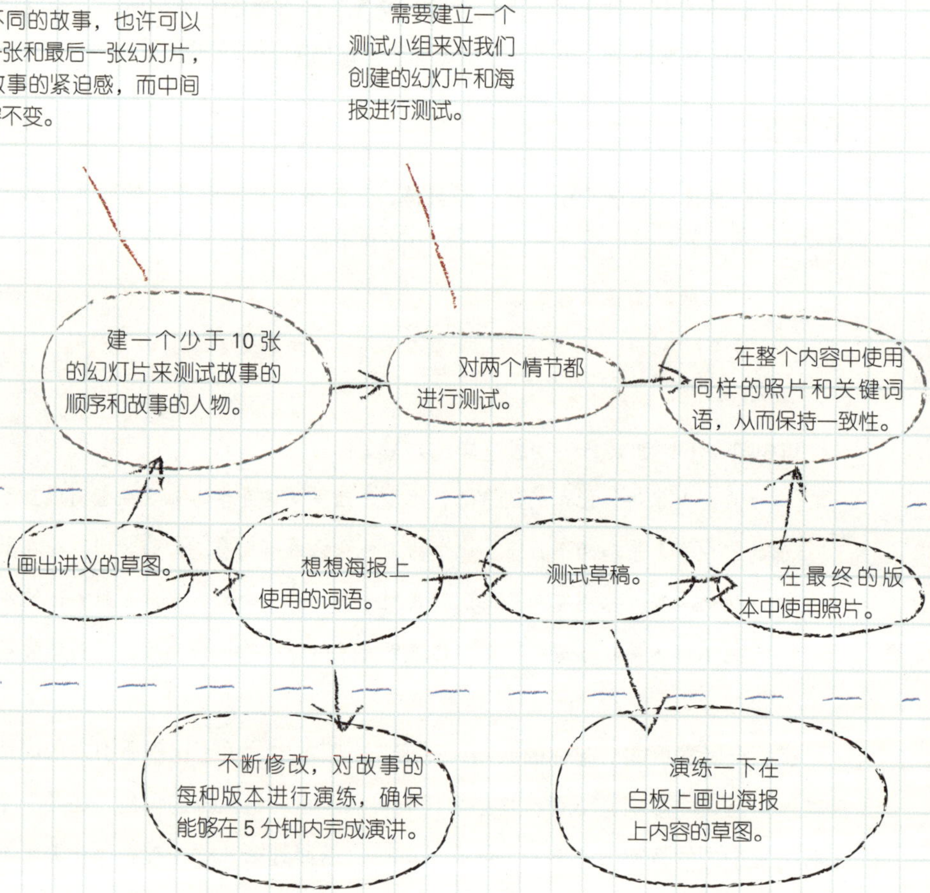

汤姆先把他所需的不同演讲形式列了出来。演讲的草稿要尽可能早地做出来，但在这之前，汤姆计划和拉尔夫一起再探讨一下整个故事，思考一下一页纸的海报设计。

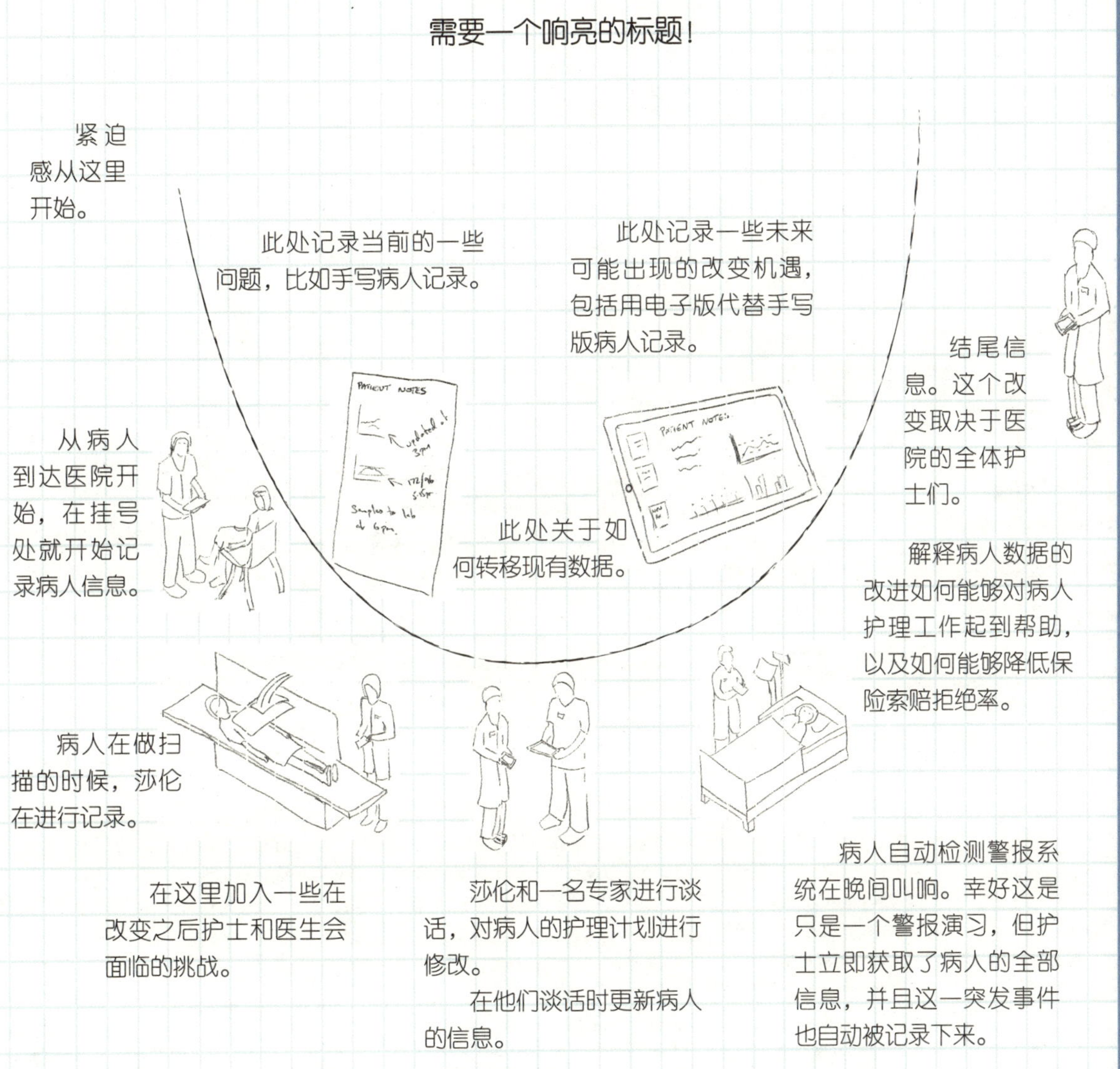

汤姆和拉尔夫花了几个小时时间来找出能够最好地支持故事讲述的页面排版。以上就是他们最终确定的版本。汤姆和拉尔夫都不会画画，但是他们可以使用像简笔画似的照片来代替，并且和团队们一起想想该配上什么文字。这个海报主要是为护士们设计的，但其中提到了保险索赔，至少这一点可以和可视化故事联系到一起。

玛丽娜和尼克设计了这个故事的幻灯片，并且为可视化故事的布局创建了一个草稿。这个故事将要打印在一张大纸上，并在演讲的时候分发给听众。这张纸也可以在我们的网站上下载。

讲述 Optimal Balance 的故事

黑暗势力

故事的开始先介绍一下私人健身工作室的现状。所使用的数据包括每年有多少的工作室经营不下去，以及它们倒闭的原因。

讲一下有很多私人教练因为必须花大量精力处理商务上的事宜，而没有时间关注每一个客户的需求。

暂时的成功

介绍兰德尔。兰德尔是一个私人健身教练，他本以为凭借着之前在健身房工作的经验，自己可以成功地运营私人工作室。

一开始，因为有老客户和亲友的支持，他的生意还算不错。这些客户对他早期工作上的失误非常包容，生意看上去很成功。

生不如死

合约问题和账单错误降低了客户满意度，这也间接影响了来自当地医生推荐的客户和新客户。运营好健身房的生意比兰德尔一开始想象的要困难得多。

显著的胜利

介绍佩妮。佩妮向兰德尔介绍了她的公司使用的服务，并让他了解了 Optimal Balance。

介绍弗兰克。弗兰克也是一个教练，并且也有自己的私人工作室。弗兰克向兰德尔讲述了他经多年创建的一套运营他工作室的系统，因此兰德尔认为他不需要外界的帮助。

奇迹般的救赎

兰德尔认为只要他能够照搬弗兰克的方法，并且每天晚上在健身房工作到很晚，完成那些文书工作的活，他的工作室就能成功。

佩妮给兰德尔放了 Optimal Balance 的视频，向他展示了可视化故事。兰德尔预约了一对一的见面会，由此明白了加入 Optimal Balance 的好处，以及它将如何改变他的生活。

兰德尔购买了 Optimal Balance 服务。不久之后，他就有时间来关注于客户的健身训练了，让人们为自己健康的身体感到骄傲。

尾声

结尾时介绍私人工作室拥有者们遇到的困难和所面临的压力，从而增加紧迫感。

强调心理上的障碍比身体上的障碍远要更难跨越。心中的压力和焦虑让每日所必须完成的商务事宜变得困难，而最终放弃工作室往往只是个时间问题。

玛丽娜和尼克使用可视化故事进行了演示。他们也以一页纸的形式作为在第一演讲时的提示。

当心

按照这些步骤，确保你的设计能够充分地影响听众。

①“但是我不会画画！”克里斯·班戈(Chris Bangle)是世界上最有影响力的设计师之一，曾是宝马公司的首席设计师。克里斯总是使用简笔人物画和文字向人们解释他的设计。无论他的听众是高层管理者还是工厂的普通员工，他都使用这一方法。使用简笔人物画的好处是能确保图像让所有人看懂，同时这也迫使他必须准备他讲述的内容。

①你的设计是否能够在演讲时很好地对你进行提示？使用一页纸的可视化故事作为你演讲时的提示。如果你的幻灯片全部是一个接一个的子弹头列表，那么你就可以闭上嘴让听众自己去读了。图像的目的是帮助听众理解，而不是代替演讲者。如果你希望听众认真聆听，并对你的信息作出反应，那么你的可视化故事的每一部分必须在设计的时候考虑到听众的需求。

①是否应该把设计工作交给他人去做？很多次，我们看到人们把一沓资料交给图像设计师，希望他们能够创建出完美的图像。事实上，除非你把任务交给了与此相关的专家，并且他们和你一样对故事的信息有较深刻的理解，否则的话，你最终得到的会是一幅漂亮的图，而不是一个能够影响听众的故事。相反，如果你递交给设计师的是你自己的可视化故事图、你的论证材料、你的一页纸可视化故事的草图，那么你得到的结果可能会出乎意料地好。这两者的区别显而易见，后者最终呈现的是一个好的故事，而不仅仅是图像。

检查清单

- ☑ 选择合适的演讲形式来支持你的讲述计划。
- ☑ 使用头脑风暴或是思维导图来找出一些相关的并且有创意的方法（如果可以的话，和几个人一起来完成）。
- ☑ 围绕着故事结构和核心人物，创建一个一页纸的可视化故事。
- ☑ 看一看图像元素检查清单，寻找最佳的方式为内容编码（这一步可以和创建一页纸的可视化故事一起完成）。
- ☑ 为你的演讲打一个草稿，然后在你的想法定型之前，向你的测试观众展示你的草稿。
- ☑ 修改你的设计，加入一些文字，然后再次进行测试，如此往复。

最后的准备：测试与演练

所谓经验就是你曾想干某事但未能成功后所积攒下的东西。

查尔斯·萨奇 (Charles Saatchi)，全球广告公司盛世长城（Saatchi and Saatchi）的创办人之一

只有会讲故事的人才会有好的故事。

艾拉·格拉斯 (Ira Glass)，美国广播节目“美国生活”（This American Life）主持人，拥有 170 万听众

15

如果这是你第一次使用本章中定义的测试标准来对你的可视化故事进行审阅，那么我可以肯定这绝不会是最后一次。测试是 CAST 方法的最后一步，但在这一阶段很可能需要时不时回到前几步来解决一些遗留问题。所以，测试是整个 CAST 方法中必不可少的一个环节。

请想一想音乐家是如何作曲的。音乐家先弹奏曲子，接着自己聆听，从别人那里得到反馈，然后试弹不同的版本，一步一步慢慢地接近最终完成的版本。同样，不断地测试，重复对可视化故事的创作也是十分重要的。我们经常会告诉人们，CAST 方法的秘诀是：以最快的速度打出一个草稿，然后不断测试、修改、重复……

创作一个成功的演讲或一个优秀的一页纸讲义取决于多种因素。花太多时间考虑某一因素，而不去考虑其他因素的影响，很有可能会在之后的创建过程中引发一系列的问题。

最好的办法是，先创建一个草稿，对它进行测试，听听别人的反馈，然后再重复这一过程，这样你的故事就会逐渐形成。听听别人对你的故事的理解能够让你对故事真正传递出的信息有更深的了解。测试的意义在于聆听和观察，不仅要听听众对你的故事的看法，也要观察他们对故事的反应。他们在听的时候是否走神了？去查看邮件了？他们看上去很吃惊？还是感到有些无聊？

在选择测试听众的时候，也要像你制作讲述计划一样仔细。测试听众可以是你真正听众中的关键成员，也可以是和演讲毫无关系的人。

> 你必须讲故事才能得到故事。
>
> 肯·梅茨勒（Ken Metzler），《创造性采访》（*Creative Interviewing：The Writer's Guide to Gathering Information by Asking Question*）的作者

当听到一个故事的时候，人们通常会联想到自身的相关经历并分享给大家。这种分享故事的冲动似乎是身处不同文化中的人们所共有的一种本能。来自听众的分享可以让你的故事与众不同，带有感情色彩，也能为故事提供一些事例。如果这些例子能够很好地支持某一个观点，那么就应该赶紧把它记录下来，以便日后反复使用。当然在使用的时候你最好能够说明其来源，从而提升故事的整体可信度。

演练其实是另一种形式的测试，通常的目的是对口头的讲述进行修改。演练最好在公司内进行，你也可以自己一个人进行演练，但所获得的反馈恐怕就是单方面的了。关于演练还有一个很好的办法，那就是把故事讲给完全不了解这一领域的人听，比如你的爱人、你的祖母或孩子（但我们不建议用你最新的可视化故事代替给孩子们讲的睡前故事）。在演练中，你会十分关注故事的内容和你讲述的方式，因此在你讲故事的时候就会自然而然地带着感情。

就算你创建的是一页纸海报或其他不需要口头演讲的可视化故事，你也可以进行演练。把你创建的内容分发给测试听众，让他们通读一遍。在他们看完之前，不要讲任何东西。之后，花 3 分钟的时间向测试听众讲一些和你演讲内容毫无关系的东西，然后收回你的讲义，让听众把他们刚才看到的故事复述出来，并告诉你他们的感受如何。你的故事设计得越好，听众所能回忆起的内容就会越多，但你也要注意听众没能回忆起来的部分。无论如何，在听众回忆的时候，可千万不要提示他们！

关注开头、结尾和时间安排

大多数的演讲培训师都会强调开头和结尾的重要性。当然这样做没什么不对，毕竟开头和结尾是抓住听众注意力最重要的时刻。如果一个演讲的开头和结尾非常糟糕，那么其他部分简直就是在浪费时间。而开头一般来说有多长时间？不会长过 1 分钟，很多时候甚至更短。而你的听众就在这几秒钟的时间内作出选择，决定是否继续认真地听完你的演讲。

那么，应该如何开始呢？在网络上你可以找到上百个关于如何进行演讲的网页或书籍。你会找到许多各种各样的建议，像如何介绍自己、避免开玩笑、保持微笑，等等。但是让我们先明确一点：你面前的听众大老远赶来听你讲故事，他们首先需要了解的一件事是，你的故事对他们来说有什么意义。你可以在一开始介绍一下关键的信息，或是询问听众一个问题，让他们感受到紧迫感，你也可以非常开门见山地说："让我给你们讲个故事吧。"

一个故事的结尾甚至比它的开头更为重要。一个皆大欢喜的结尾是强有力的。如果你的结尾是一个消极负面的结尾，那么你很有可能会毁了这个故事。我们使用 CAST 方法所创建的可视化故事是关于如何影响他人做出决定和改变的。你的结尾可以是在呼吁大家行动起来，或是简短地说出需要做出的选择（让你的听众自己推断）。无论如何，在结尾处一定要给听众一个机会让他们迈出明确、具体而又积极的一步。

小贴士： 如果你想让演讲之后听众有一种积极的感受，那么就早点结束演讲！在一个 30 分钟的演讲中，只讲 25 分钟，这样听众就能从容不迫地离开，而不用着急忙慌地赶往下一个地方。虽然这只是一个很小的细节问题，但其产生的效果却是十分显著的。

如果你是用幻灯片的形式来讲述你的可视化故事，那么你可以看一看由风险资本家维纳·科拉斯（Vinad Khosla）所给出的建议。科拉斯通常会让观众盯着一张幻灯片看 5 秒钟，然后让他们进行描述。这可能会让你想到在第 14 章提到的“眯眼测试”（还有眼睛对红色和绿色的不同反应的例子）。一个满篇全是文字，充满子弹头列表的幻灯片是不可能通过这一测试的。一个内容过多的幻灯片也不会通过测试，并且让人看不出使用幻灯片的意义何在。使用幻灯片的真正意义在于增强演讲的影响力。当听众们在阅读幻灯片上的文字时，他们不可能听你讲话。如果你提供的数据或一张图表需要花 5 秒钟以上的时间才能理解，那么就闭上嘴巴，先让听众们阅读。这样一来整个演讲的焦点就从你身上转移到了屏幕上。所以你必须要在听众读完之后，再次把听众的注意力吸引过来。千万不要在演讲时直接一字不落地阅读你幻灯片上的内容。

如果你想了解专家们是如何使用图像讲故事的，那就看新闻吧！在新闻节目中，你见过子弹头列表吗？你可以试着计算一下每幅图像在屏幕上停留的时间，试着把自己想象成坐在那里的新闻主播，用相似的方式把你的故事娓娓道来。

重复

在第 13 章，我们讨论了重复讲述故事的重要性。如果想要影响他人的行为，那么你就需要用不同的方法，采用不同的媒介，多次地讲述故事。广告客户们深知这一点。只有通过不断地重复，才能让信息牢牢扎根于人们的脑海，从而采取实际行动。虽然这听上显而易见，但我们还是会经常看到高级客户经理们不断地重复相同的内容，之后又发送后续邮件，并且奇怪人们做的事为什么和他们承诺的不一样。

很多人会发现，过多的重复可能会导致接受者对信息的反感。要想避免这一点，首先你需要用尽可能多的不同形式来进行演讲。其次，每次讲完故事的时候，要求听众采取切实的行动。

当你明确了演讲的目的，并完成了 CAST 方法的所有步骤时，整个故事对你来说会变得十分清晰易懂。然而，当听众阅读或聆听你的故事时，他们并没有经历你创建故事的整个过程，而且在听故事的时候他们还可能会遇到各种干扰。对你来说，你的故事是重要的，所以你的听众必须也要觉得它是重要的，并且相信你的故事中的紧迫感。然而，不得不说明一点，你所传递的信息，和听众听到的信息之间很可能有很大的不同。

当你觉得你已经重复了太多遍时，忍住，再重复一遍即可。

记忆

你的故事承载了很多信息吗？你的听众该如何记住这些信息？人们在短期能够记住的东西是有限的，通常只能记住 5~10 件不同的事情。那些教授人们提高记忆力的技巧大多是关于如何用视觉方法记忆时间顺序，把内容编成故事，把不同内容分成族群来帮助记忆。

同样的技巧也可适用于可视化故事。无论是幻灯片演讲，还是一张海报，你都需要把不同的信息分组，以便让听众更容易记住。

在第 11 章中，我们介绍了故事中的人物如何可以有自己的动机、行动和个性。请确保你所有的人物都有一个名字，这样人们才能记住和不同人物相关的信息。在你对故事进行测试的时候，检查你是否把故事的内容和人物相互关联起来，从而帮助听众更好地记忆。CAST 方法被分为四大部分，每部分有 2~4 个活动，每个活动会涉及几个技巧，这样的分组方式不是随机的，之所以这样设计，是为了让你能够轻而易举地回忆出整个过程。

听众在一次演讲之后能吸收的重点不会超过一到两个。在大多数情况下，听众记住的往往是最后一个重点。所以，你可以通过设计你信息的排列方式，来增加听众所能记住的内容，如果你的故事被清晰地分为几个部分，而每个部分都有明确的开头和结尾，那么听众能够记住的信息量也会相应增加。

小贴士：当为可视化故事打草稿时，可以列举出 5 个最重要的信息，来帮助你抓住故事的重中之重。在演练的时候把这 5 个信息编上号码，但请记住在最终的版本中把号码去掉，除非编号的顺序代表了这些信息的重要性，而且你有意识地想让听众了解这一点。

抓住 6 个关键测试点

天才是 1% 的灵感加 99% 的汗水。

托马斯·爱迪生，美国发明家、企业家

在设计这本书的时候，我们特意在每一章的末尾附上了一个检查清单，来帮助你检查一些重点内容。如果你一直都在按照检查清单进行检查，你可能会发现，本章讲的并不是关于 CAST 方法中的某一个步骤，而是告诉你如何将整个可视化故事完好地整合到一起。

创建一个好的可视化故事需要花不少工夫，但听众并不会看到你的努力。如果你的故事设计得足够好，那么所有可能导致听众做出错误决定的内容都会设计得不让听众察觉出来。你的听众可能会觉得你所创建的可视化故事看上去相当简单。

然而，做到简单却是一件难事。为了帮助你达到这一点，我们找出了 6 个关键的测试点，来保证你关注的都是最最重要的内容。

所谓完美，并不是没有可以再加入的内容，而是没有可以再去掉的内容了。

安东尼·德·圣埃克苏佩里，法国作家、诗人和飞行家

你必须确保听众席上没有人会对你故事中引用的数据提出任何异议。如果有人提出的话，你就有大麻烦了。尤其是那些分析型听众，他们会很快对你的故事失去信任。

如果你的故事中使用了一些事件作为论据，那么一定要确保你引用的事件是真实的。如果你的数据来源于一些研究或是第一手材料，那么一定要清楚详细地注明它们的来源。

你的数据所基于的样本是否足够大，以至于能够作为**可信的**证据？或者你的数据只是从很小的一些样本中总结出来的？

你所提供的证据来自于无名专家和群体吗？还是一些没有根据的观点？在使用一些词语的时候一定要多加小心，如“专家称……”。

你所得出的观点是否是因为那是一个普遍认同的行为或观念？举个例子，很多人都认为人类只开发了大脑的 10%，但目前并没有确凿的证据来证明这个观点。

这样看来，你是否需要在可视化故事中对你**引用**的所有数据和观点提供出处？不需要！但你必须能够知道如何支持你的观点。随着网络的发展，人们可以查找到的资源变得越来越丰富，获取资源也变得越来越容易，整个世界确实有了很大的改变。在互联网上，只需要几分钟的时间，你的听众就能找到无数能够支持你观点的信息，当然也很可能找到反驳你观点的信息。如果对于数据的准确性不能 100% 地确定，那么就向听众提供你所引用的数据的来源吧。

如果你的可视化故事中每一项数据都通过了第一项测试，那么下一步就应该考虑如何把这些数据巧妙地结合起来。数据的集成应该从 CAST 方法中“内容”行中的**活动**开始。在你按照 CAST 方法一步一步完成可视化故事的过程中，总会出现一个潜在问题，那就是听众中可能不是所有的成员都能十分清楚地明白你传递的信息，这是由你构建可视化故事中的人物和活动的方式所决定的。如果你的数据整合得不尽如人意，有偏见的听众有可能很快对你的故事失去兴趣。

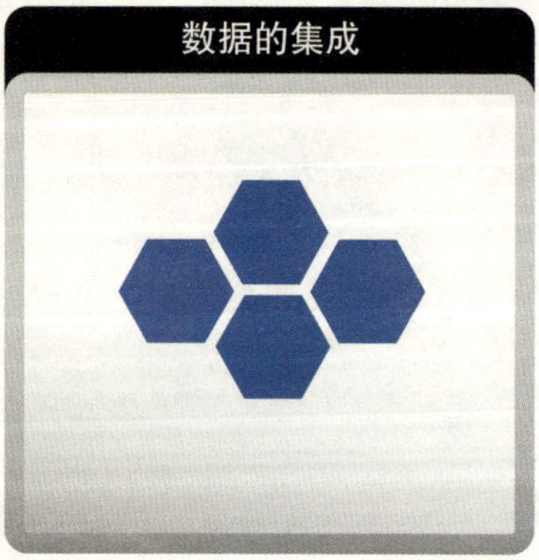

不要以为只有一种方法来整合数据。考虑一下有没有其他方法，能够让听众感到惊喜。

你是否挑选出了最佳数据来支持你的观点？

一个故事中的事件通常会有一个发生的前后**顺序**。因此，人们会期待在整个可视化故事的发展中，看到一个清晰的因果关系。当然，你并不需要像侦探片中破案人员那样，把所有看似不相干的证据都联系起来。在你的故事中，你只需避免不要出现太明显的错误即可。

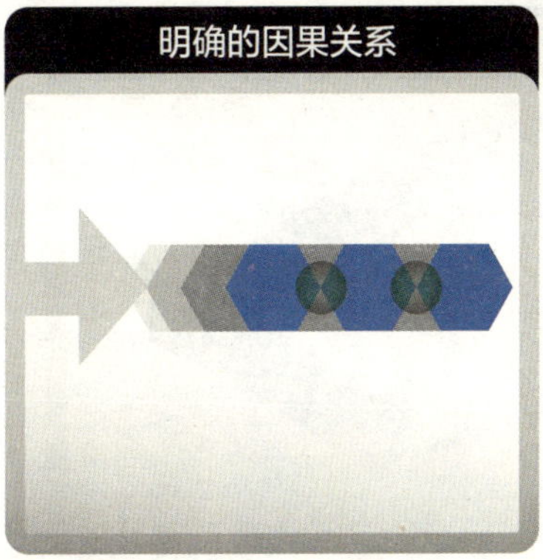

你是否在使用一系列互不相关的结果来推断出未来的结果？这也是赌博人士经常陷入的一个陷阱，以为骰子之前所掷出的点数意味着下一次会掷出的点数。同样，一件事情有很大的发生概率并不意味着这件事就一定会发生。

你的听众会不会错误地认为，因为你的故事中有两件事情同时发生，或是先后发生，这两件事就必须有因果关系？

你故事中事件发生的原因是不是有一些还没被包含在内？

当你假设，故事开始时的一小步会引发一连串的后续事件时，你需要注意了，你的假设是否合理？

故事中事件之间的因果关系确保了良好的信息流动性，但这是否能够确保听众做出最后的决定？如果听众听完后虽然很喜欢你的故事，但却不知道该如何去做，那么不得不说你的演讲失败了。

你的可视化故事是否在还没有提供充足的相关证据时，就得出**结论**了？

通往一个决定或一个改变的道路不止一个。你是否考虑过其他可能性？其他可能性永远都有，你是否在故事中也针对它们做了公平又清楚的描述？你可以贬低其他可能性，但请不要嘲讽和你相反的观点。除此之外，请检查一下是否把其他可能性想象得过于简单了。

在听完故事后，听众们有没有可能得出错误的结论？你是否有意识地避免使用一些能够引导听众作出不同结论的证据和相关信息？

如果读者看不懂一本书，这通常是因为作者没有很好地抓住读者的注意力。

威廉·津瑟（William Zinsser），关于如何提高写作水平方面的权威作家

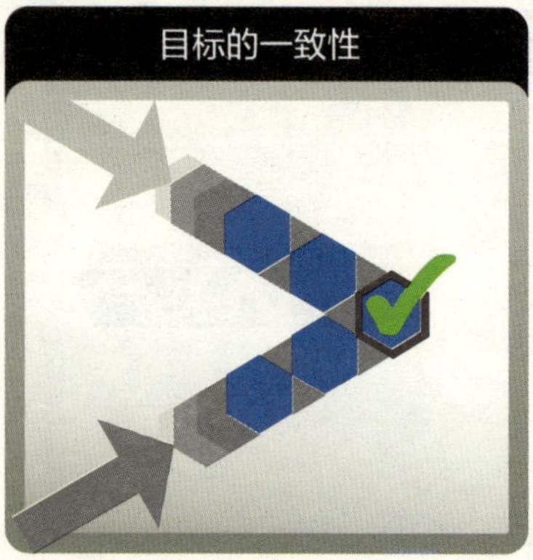

在很多情况下，一个可视化故事需要把不同的信息组合在一起，来达成一个**一致的**目标，从而让不同的听众成员作出改变或决定。当你把不同听众不同的目标组合到一起的时候，你很可能不得不在故事中作出妥协，从而满足不同人群的需要。

很多时候在两个合理的选择之间作出妥协而产生的结论往往是没有道理的。

尼尔·斯蒂文森（Neal Stephenson），科幻小说作家

你是否曾在创建可视化故事的过程中作出妥协？你的目的是满足某一特定观众的需求，结果却是削弱了故事对其他听众的影响力。

你是否曾经只解释问题，而没有解释应该如何解决这些问题？

听众中的不同人群有没有可能得出不同的结论，而这些结论又是彼此矛盾的？

所谓意料之外的结论指的是可视化故事中的活动得出的结论并非你期望看到的结论，无论该结论是好是坏。好的意料之外的结论通常被视为幸运，而坏的意料之外的结论有可能产生副作用，甚至有可能让情况变得糟糕。当然，没有人有完美的**预见能力**，能够避免所有可能的意料之外的结论，但你可以在创建故事的过程中，不时查看你的内容是否有可能引导听众走上另一条路。这里有一些关于人们从未料到的事件的例子：

- 第二次世界大战末期，将舰只在潜水区沉没是一种简单的处理舰只的方法，而其产生了意料之外的好结果，那就是为海洋生物提供了新的栖息地；
- 1971 年发明的电子邮件最初是为了人们沟通的便利，但当时没有考虑到如何防止垃圾邮件和钓鱼邮件等一系列今天出现的安全问题；
- 骑自行车时强制戴头盔挽救了无数人的生命，但不时尚的头盔也导致骑自行车的年轻人数量减少；
- 抽干湿地能够为住房和农业开辟新地，但也会增加洪水泛滥的危险，因为这损害了土地控制水流的能力。

你可能在第 7 章中找出一些潜在的、意料之外的结果。在测试和演练中，你可以试着询问听众，听听他们是如何看待不同可能性最终的发展结果的。

当心

按照这些步骤，确保你把可视化故事做到了最好。

- 判断测试。不能因为你的可视化故事通过了一次测试，就假设它完全没有问题了。在你每次讲述故事的过程中，尽一切可能从你的听众中收集反馈，使用6个关键测试点来对听众进行提问。
- 建立你自己的测试系统。每个人都有自己的盲点。你可能很擅长文字的撰写，但却不善于解释事物之间的逻辑关系，或者你很擅长版式设计，但却是色盲。把你创建的每一个可视化故事都做个记录，从每一次遇到的问题中学习，最终建立一套属于自己的测试系统。
- 打破规则。任何一种测试系统都只是针对为它所设计的演讲建立的。当测试之后，如果你发现适当改变一下测试系统会对你的可视化故事更有利，那么你可以试着“打破规则”——但前提是你要有合理的理由才能这么做。

检查清单

- [x] 检查你引用数据的有效性和可信度。
- [x] 要明确数据之间的关系和数据的整合。
- [x] 确保故事中每一部分之间的因果关系都很明确。
- [x] 检查你的故事是否能够引导听众做出一个明确的决定或行动。
- [x] 看看为某些听众而作出的妥协是否有可能导致不同的结果。
- [x] 考虑一下你所提出的改变或决定是否有可能出现意料之外的结果。

CAST 方法实例：用一天的时间创建可视化故事

身先士卒是影响他人的主要因素，而且是唯一的因素。

阿尔伯特·史怀哲（Albert Schweitzer），神学家、哲学家，诺贝尔和平奖得主

做事情之前要先学习，不做就永远无法学习。

亚里士多德，古希腊哲学家，其著作《诗学》有可能是最早关于故事讲述原则的描述

16

第 1 章中关于两页纸的可视化故事是一个真实的故事。我们使用这个故事是为了引导快速地找到创建可视化故事的原因和其中所要涉及的活动。我们的目标十分简单：创建一个你熟悉的环境，用一个可视化故事来告诉你如何找到解决办法，让你有兴趣在这一领域探索更多的内容。

如果按照本书的顺序一页一页地读到了这里，那么你可能已经意识到我们使用了 CAST 方法中的很多技巧来创建这个故事。在接下来的 8 页中，我们将详细地看一看鲍勃和他的团队是如何从星期四到星期五为他们重要的演讲来做准备的。

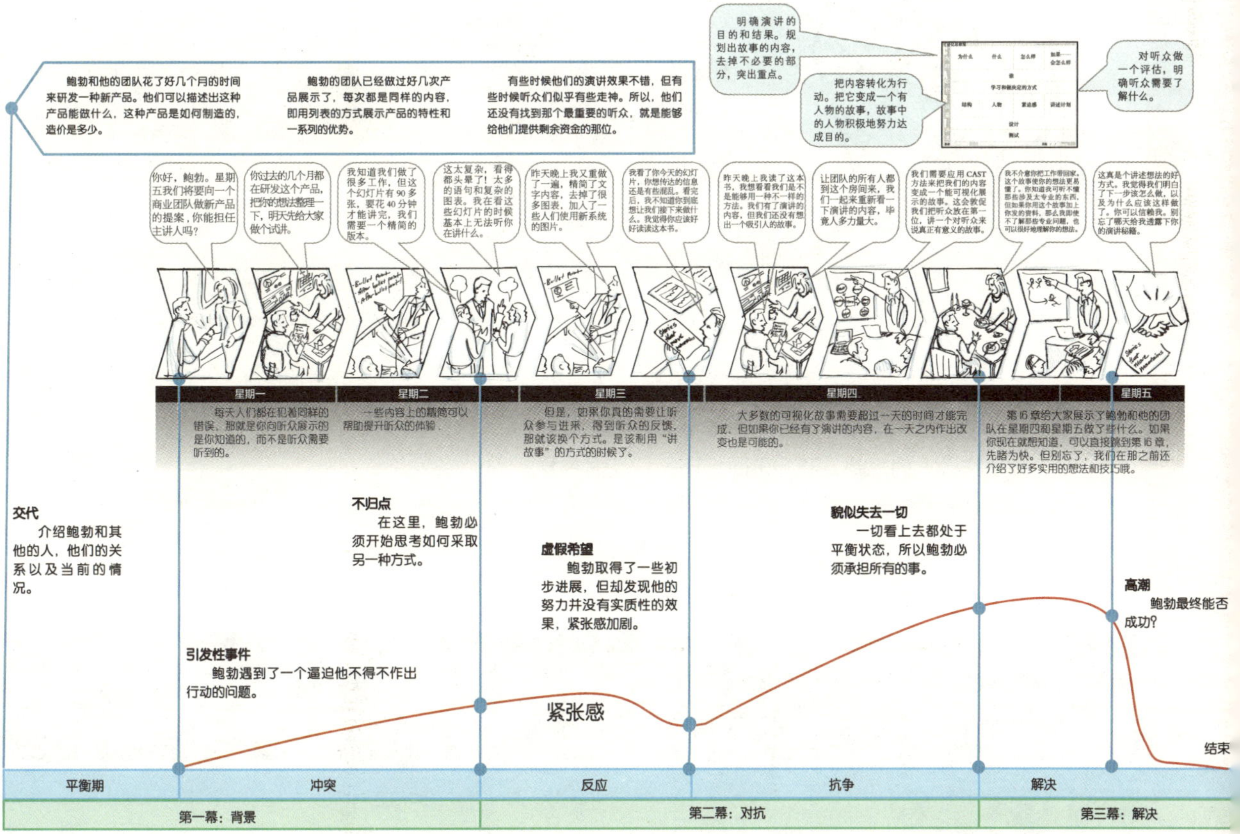

星期四到了，鲍勃首先打电话召集团队所有的成员，告诉大家他想用一种和以往截然不同的方法来做星期五的演讲。这个方法需要花费团队所有人一整天的时间，而他们必须从研究一开始到现在已经完成的工作作为开始。

鲍勃的团队一直以来都在起草一项为他们的客户发展新装置和新的在线服务的提议。这一产品将会是一个全新的移动装置，能够帮助人们减肥，并坚持他们的减肥计划。

鲍勃的团队为了这个演讲做了大量的详细分析，收集了大量的数据，就算你根本不了解他们的新产品，他们的努力也是显而易见的。

团队做了深入的市场调查与市场分析，仔细研究了竞争对手成本分析、产品设计和产品计划，并且准备一个完美的商业案例来支持他们的项目提案。

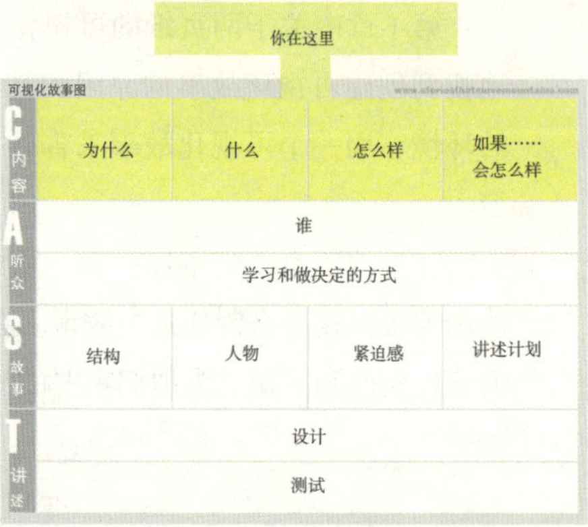

CAST 方法中的第一步就是要审阅内容，找出重点是什么。

鲍勃已经知道了演讲的听众是谁，所以他打算先从“内容行”的配对开始，并且确保自己清楚地知道到每一个听众都对现有新产品的提案了解多少。

然而，鲍勃仍然面临一个严峻的挑战。他们在周五要面对的审核小组经常会从第二张幻灯片开始打乱演讲人的思路，开始不断提问，并且很容易因为缺乏细节性的信息而拒绝一项提案。

0800 星期四

大多数的可视化故事在一天之内是做不完的，但是如果你已经准备了足够的内容，那么在一天之内完成也并非不可能。

常见的一种情况是，一个团队或一个人已经做足了功课，准备了很多材料，需要在最后一分钟为一个有影响力的听众群演讲。

CAST 方法会让你在开始创建幻灯片之前，先找出对某一特定听众群来说非常重要的内容。

鲍勃从使用结果配对技巧开始，来找出为什么他们的提议是重要的。如果你已经有了丰富的内容，那么使用这个技巧就十分有效。后来，团队使用了“五个为什么”方法，来确保他们清楚明确地描述了他们的思路。

鲍勃主持了一个关于项目提案的讨论，讨论如何将不同信息分组。每一个组群都需要有一些事件或复杂性问题，以及为达成一个解决方案所应采取的行动。之后整个团队会把这些组群进行排序，来找出能够支持每一个观点的证据和一些故事。

这个项目包括为新内容建立在线商店。

复杂性问题：人们想要个性化的个人装置。我们如何能够帮助他们做到这一点？

解决方案：在现有产品上创建链接，链接到新产品上，让客户的个人装置更加个性化。

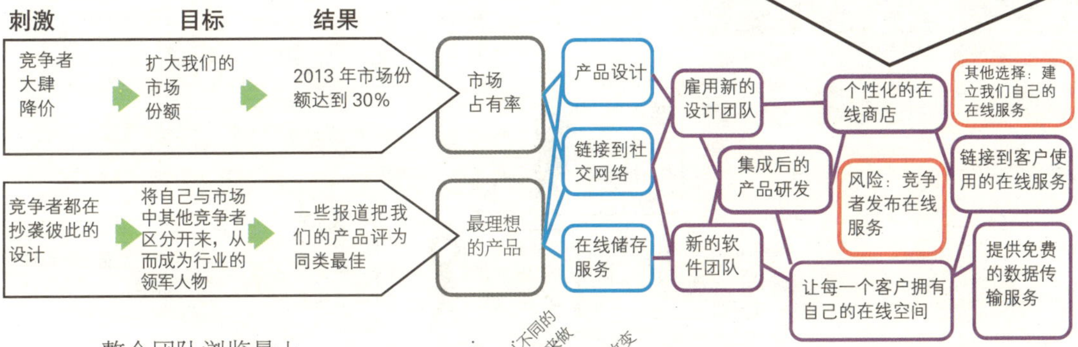

整个团队浏览量上百页的资料，来挑选对新产品的成功至关重要的改变。这些改变将会对之后故事人物的行为提供重要的信息。

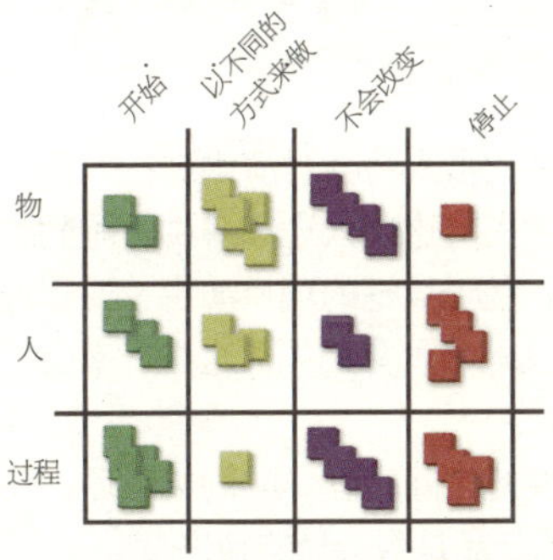

在团队审阅故事的内容时，也会发现项目的风险以及其他的可能性。这些问题是听众很有可能在演讲时询问的内容。

1000 星期四

你可以在第 4 章到第 7 章中可以找到关于如何审阅和过滤内容的技巧。如果你只有一天的时间，那么可以粗略地使用这些步骤，在几个小时内浏览这些内容，找到你应该关注的焦点。

在时间紧迫的情况下，请时刻记住你是在对已有的内容进行创作。现在已经没有时间从头开始新的分析或是组织新的材料了。

通常来说，最初的材料是不会按照“为什么—什么—怎么样”的顺序排列的，所以要有所准备你会在整个过程中不断地进行反复，并且最终还要对内容审阅和过滤一遍。

在分析了听众不同的学习和做决定的方式之后，整个团队认为他们应该把重点放在概念型听众上，而至于那些分析型听众，要确保数据的可靠。这次演讲考虑更多的是听众不同的做决定方式，由于大多数的听众已经对这项技术有所了解，因此这次会议主要关注的是决定背后的思考过程。

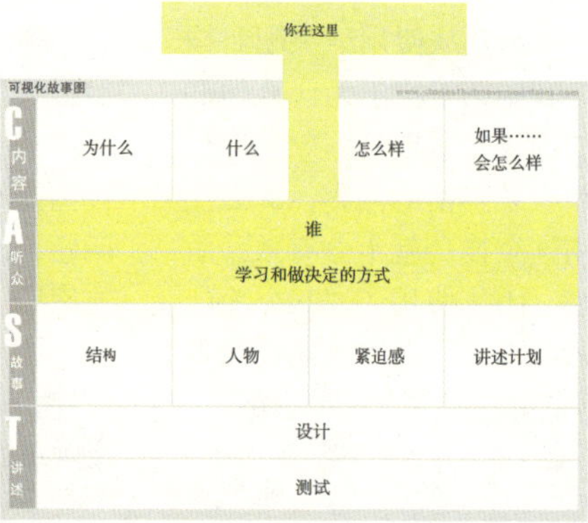

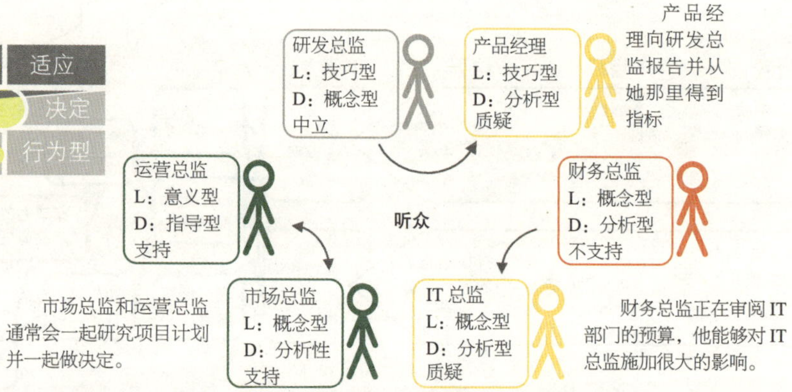

鲍勃和他的团队了解到，听众中有六个人将会对演讲进行评估。所有对这一提议有决定性影响的关键人物都会聚集在一个房间。关于该如何对这些人进行演讲，鲍勃和他的团队进行了艰难的讨论。这些关键决策人已经习惯了那些十分详细、基于数据的项目演讲，要想说服他们可不是件容易的事。以讲故事的形式进行演讲需要把所有的数据放入个人背景中，这样一来会更容易吸引听众的注意力，这些都是用故事的方式做演讲的好处。

在了解了听众的个人风格和他们彼此之间相互影响的关系后，团队紧接着开始回忆之前与听众中一些成员的经历，以此来评估他们对新的产品是否会持支持态度。

1200 星期四

如果你有了充分的资料，并已经开始准备演讲了，那么你有了很好的出发点。况且你已经知道听众是谁。所以请不要浪费时间，好好使用这一重要的资源来更有针对性地准备你的故事。

权力影响图比企业结构图要重要得多。你的听众会互相交流，互相影响，请利用这一点。

把听众的学习和做决定的方式作为你如何演讲的指示表。但请记住不要过度分析。

战胜怪物	追寻	旅行与回归	喜剧
悲剧	重生	白手起家	

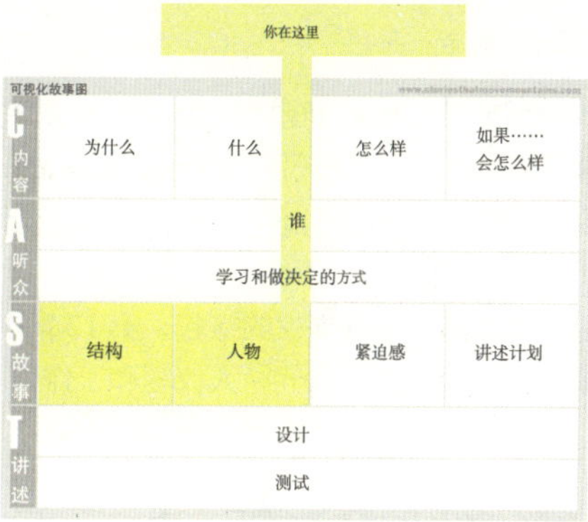

团队中的每一个人都试图在七个基本情节中找到一个适合演讲内容的情节。在对每一种情节讨论了几分钟后，他们做出了决定。“追寻”故事情节似乎最适合他们设计的新产品，但“重生”故事情节也能够很好地展示公司现有产品是如何被竞争者的产品超越的。因此，团队决定保留“重生”故事情节，因为这可能在向其他听众介绍公司产品的下滑时有帮助。

团队也在考虑故事中的“坏人”到底应该由什么来充当。是公司的内部流程阻碍了创新？还是竞争者的产品过于强大？团队决定把竞争产品作为看得见的“坏人”来描述，描述时着重介绍产品的特性和性能，让听众都能很容易地理解。他们还决定，故事的主人公由他们将要研发的新产品来担当。事实上，主人公一开始会是公司现有的旧产品，但在开始寻找其他出路的过程中，会发现必须对旧产品进行革新才能使之成为市场上领先的产品。新的软件设计团队将会在故事中扮演“帮助者”的角色，社交媒体网站将扮演“捐献者”的角色。

召唤	踏上旅途		到达与挫折			最后的考验	达成目标
描述当前的市场和公司想要成为市场领导者的决心	雇用新的设计团队	新的软件团队	集成后的产品研发	让每一个客户拥有自己的在线空间	个性化的在线商店	链接到客户使用的在线服务	提供免费的数据传输服务，把竞争者产品上的客户数据传输到我们的产品
平衡期	冲突		反应	抗争		解决	
第一幕：背景			第二幕：对抗			第三幕：解决	

1400 星期四

当你已经准备好很多内容，你中可以快速测试你选择的基本情节与主题和内容的一致性，然后选择两个完全不同的情节测试。

将你搜集到的内容安排在情节结构中，并测试每个情节的复杂性和解决方案，从而使内容安排有意义，最终能发展出一个完整的故事。

随着故事的推进，人物也陆续出现。尽早出现主人公能使观众明白应该支持谁，而反派应在第一幕结束时出现。

鲍勃就紧迫感的问题和团队其他成员进行沟通。一开始他在白板上写下了文氏图[①] (Venn Diagram)。他对团队成员们说，若想营造出紧迫感，并找到一个让听众支持项目的理由，他们必须从三个不同方面进行分析，且要组织好语言。这三个方面是：这项提议的缘起，第 12 章中不同类别的检查清单，以及他们对听众们私人议程和工作议程的了解。

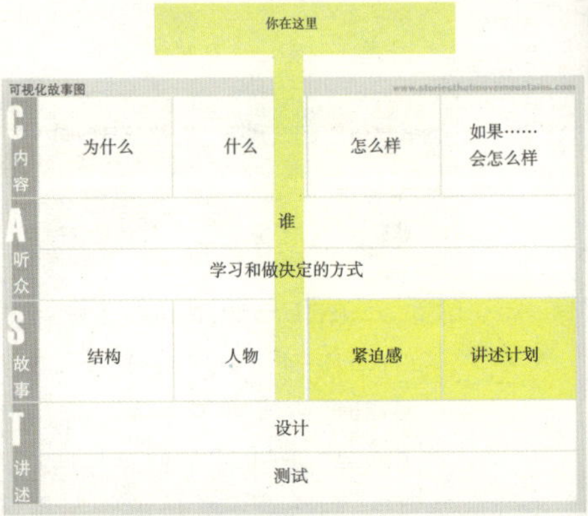

鲍勃决定只有在展示新产品的图片时才使用投影仪。他还决定要创建一个一页纸的可视化故事讲义，上面写明所有花费的细节、市场分析以及整个项目发展的时间表。

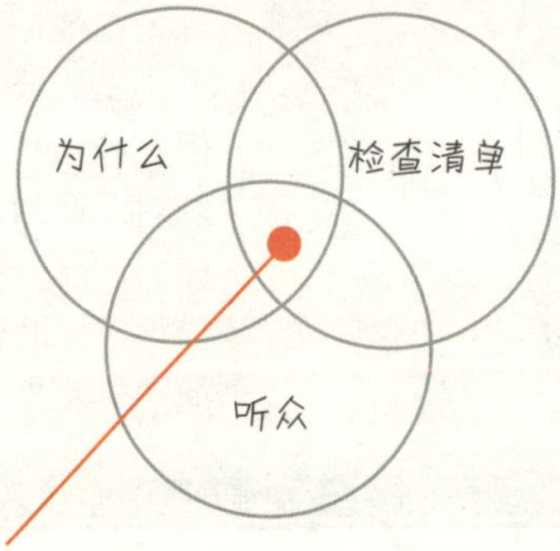

经过长时间的辩论后，最终大家一致认为最强有力的紧迫感应该是，随着竞争者推出了更好的新产品，公司当前的产品在上个月被淘汰了，因此导致市场占有率的急剧下滑。

鲍勃知道要说服听众中的某些人做出决定不是件简单的事。财务总监会是最难说服的，然而他对 IT 总监有关键性的影响。因此，在整个演讲中，鲍勃计划与财务总监达成协议，让他明白他们不想让产品销售的营业额下降，而是会尽力维持当前的营业额，从而让他支持新产品。

为了让听众对演讲事先有所了解，鲍勃还决定事先以电子邮件的形式给每个听众发送最近的市场分析报告，上面显示了最近快速下滑的市场份额。这样做应该能够产生较强的紧迫感，让听众意识到危机的存在。

星期四 1600

紧迫感应该是和可视化故事的初始原因以及和听众的痛点紧密相关的。所以，请确保你解决的是听众真正面临的问题。

你需要让听众感到他们必须在当下就把问题解决。所以，你关于紧迫感的措辞必须能够影响听众在当下作出行动。

不论何种演讲，请事先做好讲述计划，在演讲前把一些信息传递给听众，提供一些听众可以带走的资料，这些都会对你的演讲取得成功十分有益。

① 用封闭曲线（内部区域）表示集合及其关系的图形，也称韦恩图或维恩图。——译者注。

鲍勃今天已经工作了很长时间，但他还在为可视化故事忙碌。晚餐期间，他向妻子讲述了整个故事。

整个团队已经从头到尾将故事检查了一遍，确保所有的引用和数据都正确无误，并且有一定的逻辑顺序。鲍勃的妻子是一个十分注重细节的会计师，很容易受其他人的影响。她正好可以作为一个测试听众，因为她的学习和做决定的方式与鲍勃恰好相反。在听完鲍勃的故事之后，她向鲍勃指出了所有财务总监有可能反对项目提案的原因，并且找出了一个有可能发生的意料之外的结果，那就是新产品的特性有可能导致公司当前的另一个产品被淘汰。

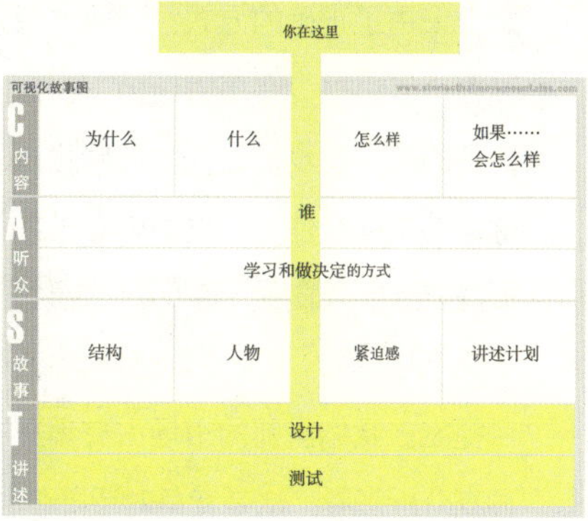

形式　在这个例子中，形式是由讲述计划决定的。一天晚饭时，鲍勃在餐巾纸上边画边向他的妻子解释整个流程。鲍勃觉得在画草图的过程中能够增加与听众的互动，因此他决定在白板上画出草图，并将之作为演讲的一部分。

构思　团队中的每一个成员在白板上画出一个大概的草图。最终他们达成一致，决定画一个简单的时间线。

构图　鲍勃在白板上画出时间线，而其他的成员把做内容分析时写下的便笺贴在时间线上，并移动调整位置，直到所有的内容符合故事的发展。

内容编码　公司品牌库中使用的图片提供了很好的基调。每一种颜色和线条都经过精心挑选来适应可视化故事，并且整个页面都是一致的。

文字　页面上会有很多文字，但一定要让这些文字简单易懂、意思明确。这些文字大多数都是从现有的材料中摘取的，但团队人员对其进行了编辑和修改，以免由于一些复杂难懂的用词或术语导致内容含糊不清或晦涩难懂。

现在改写故事还不算太晚。鲍勃连夜修改故事线，并且反复练习他明天要在白板上画出的草图。他的团队已经完成了一页纸的讲义，且已经打印出来以备明天使用。

1800　**星期四**　**2000**

如果这是你的第一个可视化故事，那么页面布局和使用的图像尽量越简单越好，你应该把重点放在建立故事情节的逻辑顺序上。

演练是至关重要的，请记住一定要反复练习。每一次的演练都会让你更好地提炼语言，调整时间分布，考虑把重点放在哪。

想了解那些顶尖演讲者是如何演练他们的演讲的吗？在你第二遍看一个演示，就会注意到那些看上去十分自然的地方其实都是经过演讲人精心设计的。

评议小组的成员逐个步入会议室，鲍勃问自己：“我是否采用了正确的方式？”他曾做过无数次的演讲，但过去一年里很少有演讲让他下如此大的工夫来准备，而之前的演讲也没有让他如此紧张过。现在，他唯一能够确定的事就是他对演讲的内容了如指掌，这都得归功于那些演练！当最后一名听众坐定时，鲍勃开始了演讲。

“早上好，今天我们想向大家介绍一个新产品的项目提案。我们当前的市场占有率正在迅速下滑。从市场调查分析来看，这是竞争对手降低价格造成的。”

鲍勃接着把可视化故事的讲义分发给大家，然后打开投影仪，展示公司当前产品的图片和竞争对手的产品图片，并继续说道：

“我们的讲义上提供了关于今天演讲内容的关键信息。现在让我向大家介绍一下新产品的设计理念，以及它将对公司意味着什么。”

鲍勃又继续讲述了 15 分钟，向听众介绍了当前的市场行情，以及为什么竞争对手有能力降低价格。

鲍勃接着介绍了他推荐的软件和设计团队。这几个团队将一起工作，找到一个和社交网络紧密相关的解决方案。一开始新团队看上去似乎工作得十分顺利，然而鲍勃接着讲述了团队在把不同公司的信息和数据整合到一起时所面临的挑战。这成为了目前面临一个复杂性问题，而其解决方案是采取一种综合的产品研发方法。

鲍勃以这种方式又讲述了几分钟，介绍了每一个复杂性问题，每一个问题之后也都介绍了一个他提供的解决方案。

最后，在演讲结束之际，鲍勃走到白板前，画出了他昨晚练习了很多次的模型草图。这个草图展示了把新产品与客户们正在使用的在线服务相链接的方法，以及如何把客户当前使用的个人设备中的内容传输到他们研发的新产品中的方法。

0900 **星期五**

如果你想抓住听众的注意力，那么可以以一个有争议性的观点作为演讲的开始。如果你想与听众达成共识，则应该以一些大家都认同的事实作为开始。

一个 15 分钟的可视化故事是呈现一系列的复杂性问题和解决方案，并把故事和一页纸的讲义相关联的最理想形式。

在演讲中利用白板来展示一些简单的模型可以加强与听众的互动，让听众觉得你清楚地了解你的演讲内容，这无疑会增加可信度。

15 分钟的演讲马上就要结束了，鲍勃和他的团队在结尾说道：“这不是一条简单的路，但它最终能够引导我们步入市场领导者的地位。我们今天希望大家能够对这项提议进行评议，并最终同意项目进入下一阶段，让新的软件和设计团队开始工作。”

当鲍勃说完这番话时，他突然意识到，整个演讲中他没有被打断一次，而现在听众们的问题出现了。和之前的经验相比，这一次的演讲中一页纸的可视化故事产生了不一样的效果。这一次，听众们有了能够帮助他们做出最终决定的材料和数据。

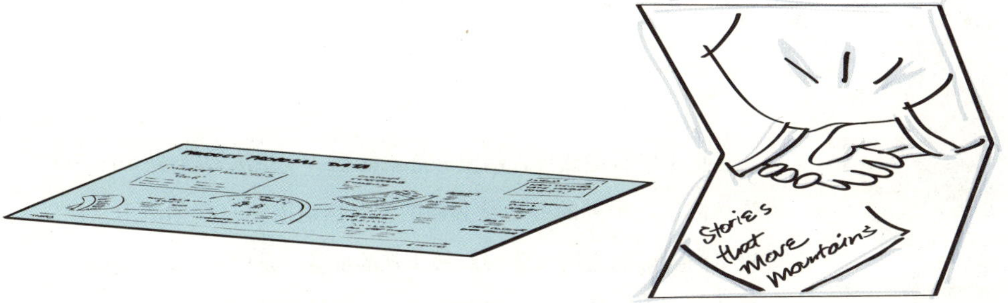

在回答听众问题的过程中，鲍勃也选择从可视化故事中的内容入手。不一会儿，听众们彼此之间就开始讨论提案中的一些细节了。

最终鲍勃得到一个有利的决定了吗？是的，鲍勃最终获得了财务总监的同意和支持，但带有附加条件——财务总监想要亲自确认一下他们引用的数据。就在同一天，财务总监叫来鲍勃，询问他是否能够对财务部门再进行一遍关于提案的演讲，这一次他希望鲍勃能在演讲中更多地解释一下当前产品为什么很快会被淘汰。

鲍勃回到可视化故事图，决定对内容进行快速的调整，并使用“重生”故事情节来做一个 10 分钟的介绍。其中前半部分的故事以“初始成功”为背景，接着介绍当前产品最近的失败。然后用“追寻”故事情节接上“重生”故事情节中“奇迹般的救赎”的部分，讲述该如何对竞争者予以有力的回击。

在那一刻，鲍勃似乎忽然明白了该如何使用一个可视化故事来进行演讲。

星期五 1200

要想让一个群体达成一致的观点，关键的一步就是讨论和互动。试着用讨论的形式来结束你的演讲。

一个可视化故事的讲义提供了讲述内容的框架结构，并且提供了供听众讨论的数据和一些关键信息点。

永远记住，一定要让听众清楚地了解你希望看到的结果。如果你不向他们说明，那么听众只能自己去猜结果会是什么。

结论：创造鲜活的可视化故事

17

如果人们知道我为了追求完美曾付出了多少努力，那么我的作品就不会看上去那么不可思议了。

米开朗基罗

这世上没有魔法棒，随便一挥就能把一个想法转换成一个可视化故事。辛勤的劳动是必需的，当然也需要一些创造力。讲故事的大师们之所以能够取得非凡的成就，是因为他们汲取了各种不同方法的优点，而且他们创造的故事非常接地气，能够迎合听众的需求。

熟能生巧，不断练习是关键

很多人以为要想提高讲故事的技巧，就得多练习、多做演讲。这是一个错误的观念。做很多个质量不好的演讲并不能保证下一个演讲能做得好。尽管可能每次会有些进步，但你仍然是在毁坏你的名声，失去影响听众的机会。

如果你想得到真正的提高，那么就要每天练习。齐格·齐格莱 (Zig Ziglai，美国作家、销售专家、演讲家）曾开玩笑说："人们总说热情不会持续很长时间。的确，但洗澡也不会啊。所以我们建议每天都要练习，就像每天都要洗澡一样。" CAST 方法中使用了很多不同的技巧，而你不需要使用所有的技巧才能达到一定的效果。每一次选择一种技巧来练习，用这个技巧创建一些东西，然后记录你的表现，看看有没有可提升的空间，并把反馈记录下来。不断的练习和有目的的记录反馈才是关键。

作为一名音乐家和艺术家，我之所以能够成为一名演讲者，归功于从其他人的作品中汲取营养。我从他人的工作中汲取灵感，然后发展成自己的风格。

无论你是什么风格的演讲者，最优秀的故事讲述者知道如何把现有的内容和新的内容联系起来。这就是改变发生的地方——也就是人们被你所感动的时刻。采取积极主动的策略来记录你周围发生的事，并把它们融入到你自己独有的方法中。

巧用工具，让讲故事成为一种习惯

成为一名故事收集者，抓住每一个机会来创建可视化故事吧。随身带一个笔记本，记录下每一个听到的故事和奇闻逸事。你可以在未来的演讲中使用这些材料，增添演讲的趣味性。

随身带一份可视化故事图，它就是为了帮助你而设计的。

在你创建可视化故事的过程中，可视化故事图能够帮助你记住关键的活动并记录下要点。你已经看到了创建一个可视化故事所需要的细节，而这些细节不可能最终全部呈现在一页纸上，但你可以在创建过程中记录下关键点，以便之后能够快速浏览查询。

既然你一定要讲一个故事，那么你不妨多加练习，把它做到最好，用一种让你引以为傲的方式去讲述这个故事。

赛斯 · 高汀（Seth Godin），美国企业家、作家

你怎样做才能够到卡内基音乐厅演出？练习，练习，不断地练习

可视化故事还可以作为审阅他人创建的故事的辅助工具。仔细聆听别人的故事，对其进行分析，找出关键信息，了解故事的内容和故事中的人物是如何构架出来的。故事中的图像部分是否对整个故事起到帮助？如果你所看到的演讲只是一系列子弹头列表组成的幻灯片，那么你也可以试着记录下要点，然后想一想可以怎么样重新设计这个演讲。

虽然 CAST 方法最初是针对有关企业改革的可视化故事而设计的，但经过多年的观察，我们发现 CAST 方法对个人改变方面的故事同样适用。这些个人的改变包括减肥、戒烟，甚至可以是使如何写一封求职信或简历。CAST 并不是解决问题的万能钥匙，但它能让你看到如何通过一个故事来抓住人们的注意力，得到你想要的结果。

CAST 方法是我们从一些专家那里学到的东西中创建出来的方法。虽说如此，但 CAST 方法也可以不断融入新观点、新方法和新技巧来使之进一步完善。当你创建自己的故事时，可以想想你过去曾使用过的技巧。不用害怕，尽管大胆地把它们与 CAST 方法结合到一起使用。

最后，我们想告诉大家最重要的一个信息：这本书中所囊括的一切内容只是一个指南，它不应该被盲目地遵从。作为作者，我们在撰写这本书的过程中学到了很多。尽管人类讲故事的历史已经有上千年了，但还是有许多值得研究的地方和有待发现的内容。在你设计故事的过程中，可以时不时地跳出来这个框架来，在你认为合适的时候试着打破一些规则。在适当的时候打破规则，研究这样做带来的效果和反馈，你最终会讲出最好的故事。

我们会继续探索可视化故事的科学和艺术，以及它在影响人们和使改变发生上所起到的具体作用。你可以登录我们的网站，来了解我们的一些个人故事，也许能从中获得新的技巧和想法。

http://www.storiesthatmovemountains.com

你是你人生故事的讲述者，你可以创造出属于你自己的传奇故事。

伊莎贝尔·阿连德（Isabel Allende），美籍智利裔作家、教育家

附录：让故事鲜活的秘籍

参考一下这些书和网站，我们保证（至少马丁可以保证）它们都是非常有用的资源。

一个好故事的产生需要创造力。

你可以把讲故事的过程简化成几个简单的公式，或是一些必备的故事元素。

你可以使用那些经时间证明是最有效的技巧和模式。

一些书会列出很长的参考文献，但在这里我们只打算介绍几本真正能够帮助你理解 CAST 方法中的技巧和模式的书。

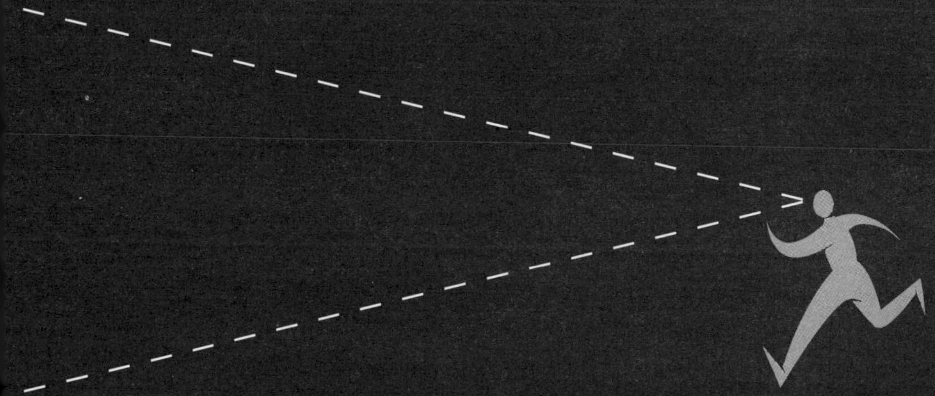

“我们就像是站在巨人肩上的小矮人。我们之所以能看得更多、看得更远，并不是因为我们有更好的视野或是比巨人更高，而是因为他们举起了我们。”

索尔兹伯里的约翰（John of Salisbury），12 世纪神学家

为什么	什么	怎么样	如果……会怎么样
谁			
学习和做决定的方式			
结构	人物	紧迫感	讲述计划
设计			
测试			

《构思优秀的演讲》

（*Advanced Presentations by Design: Creating Communication That Drives Action*）

安德鲁·阿贝拉

（Andrew Abela）

本书引用了大量的研究成果，来理解做演讲的不同方法。虽然这本书提供的方法和 CAST 方法有所不同，但其中的很多概念和技巧都有重叠或互补的地方。

《沟通：用故事产生共鸣》

（*Resonate: Present Visual Stories that Transform Audiences*）

【美】南茜·杜瓦特

（Nancy Duarte）

这本书也是在关注演讲本身，介绍了许多种有关讲故事的技巧。你可以通过使用这些技巧和听众建立紧密的联系，并影响他们作出行动。

为什么	什么	怎么样	如果……会怎么样
谁			
学习和做决定的方式			
结构	人物	紧迫感	讲述计划
设计			
测试			

《4MAT 循环》

（*Teaching Around the 4MAT® Cycle: Designing Instruction for Diverse Learners with Diverse Learning Styles*）

伯妮斯·麦卡锡

（Bernic McCarthy），

丹尼斯·麦卡锡

（Dennis McCarthy）

人们的学习方式是和他们在理解和审视经历时的偏好相关的，经过全球教育工作者们长达 25 年的测试和实践，4MAT 循环方法能够帮助你了解如何组织信息，以及如何评估人们不同的学习方式。你可以在 www.aboutlearning.com 上了解到更多关于 4MAT 循环方法的内容。

为什么	什么	怎么样	如果……会怎么样
谁			
学习和做决定的方式			
结构	人物	紧迫感	讲述计划
设计			
测试			

《故事：材质、结构、风格和银幕剧作的原理》

（*Story: Substance, Structure, Style and The Principles of Screenwriting*）

罗伯特·麦基

（Robert McKee）

麦基的这本书是为了舞台剧作者和影视剧作者们撰写的。本书中那些最好的故事案例都来自于这本书。这本书能够让你明白人们为什么需要故事，什么是讲故事的正确方法，什么是错误的方法。

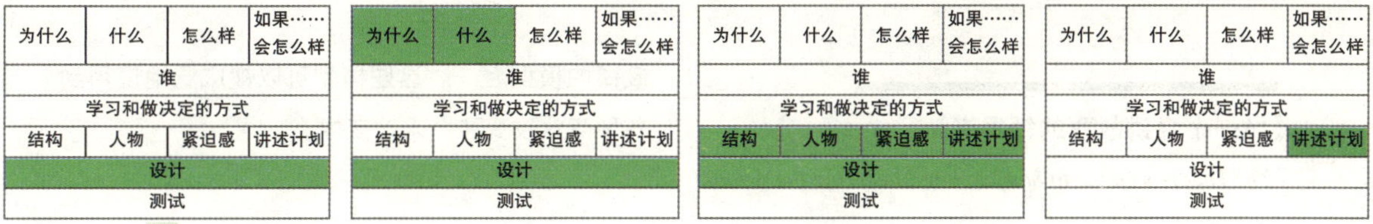

《通用设计法则》

（*Universal Principles of Design: 100 Ways to Enhance Usability, Influence Perception, Increase Appeal, Make Better Design Decisions and Teach Trough Design*）

威廉·立德维尔（William Lidwell），克里斯蒂娜·霍顿（Kritina Holden），吉尔·巴特勒（Jill Butler）

这本书可谓是一本设计理念的百科全书。和其他那些只是一页页展示不同的设计图的书不同，这本书清晰地描绘了一个概念后，然后再使用一个例子来进行说明。不管是对专业的设计师还是初学者来说，书中的一些理念都很有帮助。

《美丽的证据》

（*Beautiful Evidence*）

爱德华·塔夫特（Edward R. Tufte）

这只是爱德华·塔夫特所撰写系列丛书中的一本。丛书中的每一部都已成为经典。书中详尽地介绍了不同的设计原则，以及如何提高故事的有效性和故事的质量，因此对可视化故事讲述者来说很值得一读。对一个可视化故事来说，通常必要的内容在塔夫特看来是可以省略的，但这必须是经过深思熟虑后的决定，或必须是目的性设计过程中的一部分。

《让创意更有黏性：创意直抵人心的六条路径》

（*Made to Stick: Why Some Ideas Survive and Others Die*）

奇普·希思（Chip Heath），丹·希思（Dan Heath）

在你了解了一个好的故事需要什么之后，这本书将告诉你如何能让你传递的信息根深蒂固地扎根在听众的头脑中。

《影响力》

（*Influence: Science and Practice*）

罗伯特·西奥迪尼（Robert B. Cialdini）

这本书是作者根据大量对人类行为所做的研究写成的。在本书介绍的 6 个原则中，作者对每一个不同的技巧都进行了清楚的描述。你可以在演讲中使用这些技巧来取得让听众行动起来的效果。

《做一个会讲故事的领导者》

（*The Leader's Guide to Story telling:Mastering the Art and Discipline of Business Narrative*）

斯蒂芬·丹宁（Stephen Denning）

这本书讲的是如何在商业环境中讲故事，以及对企业领导和影响者们来说故事的重要性。可以看作是罗纳特·麦基的著作《故事》的商业人士版本。

《奇妙的展示》

（*Presenting Magically*: *Transforming Your Stage Presence With NLP*）

塔德·詹姆斯（Tad James），大卫·谢泼德（David Shephard）

这本书在如何讲述 PPT 上提供了很多宝典的意见，这些建议同样适用于可视化故事的讲述。该书基于 4MAT 的方法，向读者解释了如何组织不同的信息，从而更有效地讲述。

《福利管理》

（*Benefits Management*: *Delivering Value from IS & IT Investments*）

约翰·沃德（John Ward），伊丽莎白·丹尼尔(Elizabeth Daniel)

这是一本关于如何讲述 IT 投资价值的书，乍一看似乎与可视化故事没什么关系。效益管理（Benefits Management）是处理 CAST 第一部分的另一种方法。该书所介绍的如何把企业和个人的利益与改变联系起来的方法是我们所用过的最棒的模型之一。这些模型可以被广泛地使用到各种商业改变和个人改变中。

《商业模式新生代》

（*Business Model Generation*: *A Handbook for Visionaries, Game Changers, and Challengers*）

亚历山大·奥斯特瓦德（Alexander Osterwalder）

本书介绍了如何有效地将文字内容和图像设计结合起来，其针对的主要是商业领域的听众。如果你的故事是关于一项商业模式上的重大改变，那么这本书中的信息能够告诉你如何找到正确的内容来传递你的信息。

《故事的剖析》

（*The Anatomy of Story*: *22 Steps to Becoming a Master Storyteller*）

约翰·特鲁比（John Tgruby）

本书重点关注的是电视和电影中的故事设计。书中介绍了一个 22 步的故事结构，这一结构决定了电影中事件的发生顺序。本书还介绍了创建核心人物和内容的 7 个步骤方法。书中前几章的内容对如何找出关键人物、人物行动的原因和他们面临的选择方面会有帮助、

PechaKucha 项目

http: www.pecha-kucha.org

PechaKucha 20×20 项目展示了 20 张图像，每一张展示时间为 20 秒。2003 年，由 Asttid Klein 和 Mark Dytham 在东京发起的这一项目曾

引起不小的轰动。基于一个核心故事，充斥着大量图片的幻灯片式演讲成为了一种趋势。我们有一个同事，他采用了这种方式，用图片填满一个 70 分钟的演讲。这种方法与其说是幻灯片式的演讲，不如说是动画的形式。但他的演讲每一次的故事都很精彩。 不管怎么说，KechaKucha 向人们展示了一种讲述故事的完全不同的方法。

可视化方法的周期表

A Periodic Table of Visualization Methods

http://www.visual-literary .org/periodic_table/periodic_table.html

如果你正在寻找一个能够很好呈现故事核心信息的结构，那么看看这个网站吧，也许你能从中找到灵感。

《目标》

(*The Goal*: *A Process of Ongoing Improvement*)

艾利 · 高德拉特 (Eliyabu M. Goldratt,)

如果是你，你会怎样介绍管理学中的约束理论，并将之写成一本人人爱看的书？答案是把书中的内容编成故事呈现出来。用虚构的故事来解释一些理论和原则，中间使用来自家庭生活中的例子来进一步阐释生产过程中的复杂性。尽管这本书展示了如果使用了正确的讲述方法，即使是最无聊的管理学理论方面的书，人们也会对其爱不释手。

《七大基本情节》

(*The Seven Basic Plots*: *Why we tel stories*)

克里斯托弗 · 布克 (Christopher Booker)

这本书历经了 4 年完成，超过 700 页，显然不是本易读的作品。事实上，我从未仔细地读过这本书。这本书可以算是关于故事的参考书，估计是市场上已有的书中最全面的一本。每当我需要一些例子来阐释故事的基本情节时，都会第一时间从这本书中寻找。

《理解漫画》

(*Understanding Comics*: *The Invisible Art*)

斯科特 · 麦克劳德 (Scott McCloud)

任何年龄段的人，来自任何文化背景的人都喜欢看漫画，这是为什么？斯科特 · 麦克劳德在这本书中对漫画提出了自己的见解，并解释了漫画到底是如何工作的。这本书能够轻松地把一些技巧和理念植入到你的大脑，从而帮助你改善讲述故事的方式。在读完这本书后，我敢保证你会想用漫画的形式来做一次演讲。

Visual.ly

http://visual.ly

在这个网站上你能够找到上百个信息图的例子，而且今天还在不断地更新。当你感到创造力缺乏的时候，来浏览一下这个网站找些灵感吧。

《故事技巧：叙事性非虚构文学写作指南》

（*Storycraft*: *The Complete Guide to Writing Marrative Nonfiction*）

杰克·哈特（Jack Hart）

杰克以一个记者的角度来研究写作。阅读此书，你会发现一些十分独到的见解，从如何撰写案例分析到如何写白皮书都有。这本书主要讲的是文字故事的写作，而不是视觉故事。对要想成为大师级故事讲述者来说，这本书非常值得一读。

《营销关键点：赢得复杂营销的六个步骤》

（*Hope Is Not a Strategy*: *The 6 Keys to Winning the Complex Sale*）

里克·佩奇（Rick Page）

本书中关于"讲述"的章节解释了为什么在架构你的故事讲述方式时，具有销售意识是十分重要的。关于销售技巧的书有很多，但这本书清晰地介绍了一个有效的方法（过程）。

《管理决策》

（*Managerial Decision Making*: *A Guide to Successful Business Decisions*）

艾伦·罗（Alan J. Rowe），詹姆斯·布加利德斯（James D.Boulgarides）

介绍由罗和布加利德斯创建的做决定的方式的书有很多，但这本书是第一本把我们在第9章介绍的内容全部综合在一起的书。

《电影剧本写作基础》

（*Screenplay*: *The Foundations of Screenwriting*）

悉德·菲尔德（Syd Field）

麦基的关注点在于人物和故事，而悉德·菲尔德从三幕剧的结构入手，重点介绍了剧本写作中的结构和视觉元素，这对可视化故事的创建会是十分有用的。

译者后记

在中国人民大学出版社的安排下，我有幸承担了《鲜活的故事》的翻译工作。对我个人而言，这不仅是再次接受了一项富有挑战的翻译工作，在翻译的过程中，从书中了解到的关于如何做可视化演讲的知识，更是让我收获良多。

首先要强调的是,《鲜活的故事》是当今市面上为数不多的介绍“说服性”演讲的著作之一。书中关注了一个无论是在商业领域，还是在个人生活中常见的问题：如何通过可视化演讲来说服听众，让听众接受你的想法、信息、提议，最终作出改变。正如作者在前言中谈到的那样，在这个信息化的时代，人们逐渐对传统的“教育式”演讲失去了兴趣，人们对较长的文本失去了阅读的耐心。在这个背景下，传统的演讲方式显然已经不再奏效。本书提出的“可视化故事”的演讲模式顺势而出，为很多经历过失败的演讲者提供了一个新颖、独特的演讲方法。

在翻译的过程中，着实遇到不少困难和难题。在此我要感谢曾经给予我帮助的人。感谢李行、李霞对本书的翻译和修改提出建议；感谢李汉文、李古川、李伟、李心映、李歌、王楠、王云祥、曹雪芬等对本书的翻译工作提供了帮助和支持。最好，再次感谢中国人民大学出版社的编辑对我的信任和帮助！

李桐

北京阅想时代文化发展有限责任公司为中国人民大学出版社有限公司下属的商业新知事业部，致力于经管类优秀出版物（外版书为主）的策划及出版，主要涉及经济管理、金融、投资理财、心理学、成功励志、生活等出版领域，下设“阅想·商业”、“阅想·财富”、“阅想·新知”、“阅想·心理”以及“阅想·生活”等多条产品线。致力于为国内商业人士提供涵盖先进、前沿的管理理念和思想的专业类图书和趋势类图书，同时也为满足商业人士的内心诉求，打造一系列提倡心理和生活健康的心理学图书和生活管理类图书。

阅想·商业

阅想·商业

《白板式销售：视觉时代的颠覆性演示》（“商业与可视化”系列）

- 用一支笔的力量，终结 PPT 时代，开启视觉时代强大演示；
- 超过 20 多个国家、5 万多名专业销售人员都在用的销售利器。

《自媒体时代，我们该如何做营销》（“商业与可视化”系列）

- 一本将营销技巧可视化的图书，被誉为“中小微企业营销圣经”，亚马逊 2008 年年度十大商业畅销书《自媒体时代，我们该如何做营销》可视化版；
- 作者被《华尔街日报》誉为“营销怪杰”；第二作者乔斯琳·华莱士为知名视觉设计师；
- 译者刘锐为锐营销创始人；
- 国内外诸多重磅作家推荐，如丹·罗姆、平克、营销魔术师刘克亚、营销策划专家何丰源等。

《大数据经济新常态：如何在数据生态圈中实现共赢》

（“商业与大数据”系列）

- 一本发展中国特色的经济新常态的实践指南。
- 客户关系管理和市场情报领域的专家、埃默里大学教授倾情撰写。
- 中国经济再次站到了升级之路的十字路口，数据经济无疑是挖掘中国新常态经济潜能，实现经济升级与传统企业转型的关键。
- 本书适合分析师，企业高管、市场营销专家、咨询顾问以及所有对大数据感兴趣的人阅读。

《大数据供应链：构建工业 4.0 时代智能物流新模式》

（“商业与大数据”系列）

- 一本大数据供应链落地之道的著作。
- 国际供应链管理专家娜达·桑德斯博士聚焦传统供应链模式向大数据转型，助力工业 4.0 时代智能供应链构建。

- 未来的竞争的核心将是争夺数据源、分析数据能力的竞争，而未来的供应链管理将赢在大数据。

《大数据产业革命：重构 DT 时代的企业数据解决方案》

（“商业与大数据”系列）

- IBM 集团副总裁、大数据业务掌门人亲自执笔的大数据产业宏篇巨著。
- 倾注了 IT 百年企业 IBM 对数据的精准认识与深刻洞悉。
- 助力企业从 IT 时代向 DT 时代成功升级转型。
- 互联网专家、大数据领域专业人士联袂推荐。

《碎片化时代：重新定义互联网 + 商业新常态》

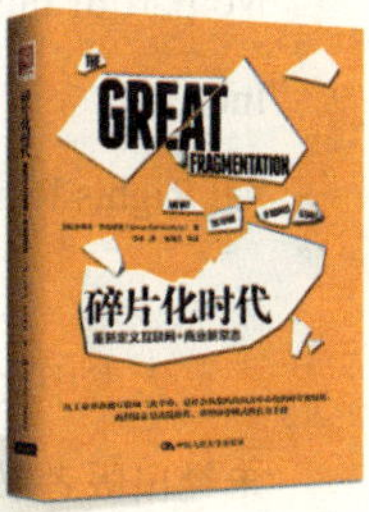

- 《碎片化时代》就是关于技术革命的企业生存指南。
- 本书作者史蒂夫·萨马蒂诺被公认为是科技和商业领域思想领袖，他能帮助企业摆脱工业时代的思维，获得互联网时代所需要的观念和流程。
- 智囊传媒总裁傅强倾情作序
- 经济学者何帆、心理管理学家、互联网商业研究专家陈禹安联袂推荐

阅想·新知

《数据之美：一本书学会可视化设计》

- 《经济学人》杂志 2013 年年度推荐的三大可视化图书之一。
- 《大数据时代》作者、《经济学人》大数据主编肯尼思·库克耶倾情推荐，称赞其为“关于数据呈现的思考和方式的颠覆之作”。
- 亚马逊数据和信息可视化类图书排名第 3 位。
- 畅销书《鲜活的数据》姐妹篇。
- 一本系统讲述数据可视化过程的的普及图书。

《数据新闻大趋势：释放可视化报道的力量》

- 数据新闻和数据可视化的领军人物、Google 趋势数据主编分析师西蒙·罗杰斯的扛鼎之作。
- 喻国明、金兼斌、黄志敏、陈为、沈浩、周葆华、马金馨、吴晓琪、张静波、兴宝、马轶群众多传媒精英联袂推荐。
- 这是一个搜索、数据可视化与文字报道相结合的全新领域。
- 本书将引领你走上一条传统媒体走向互联网转型和数据开放的未来之路。

Stories That Move Mountains: Storytelling and Visual Design for Persuasive Presentations

ISBN: 978-1-118-42399-8